Mitgift
Autobiografisches anderer Art

Paul M. Zulehner

Mitgift
Autobiografisches anderer Art

Patmos Verlag

VERLAGSGRUPPE PATMOS

PATMOS
ESCHBACH
GRÜNEWALD
THORBECKE
SCHWABEN

Die Verlagsgruppe
mit Sinn für das Leben

Für die Schwabenverlag AG ist Nachhaltigkeit ein wichtiger Maßstab ihres Handelns. Wir achten daher auf den Einsatz umweltschonender Ressourcen und Materialien.

Umschlaggestaltung: Finken & Bumiller, Stuttgart
Druck: GGP Media GmbH, Pößneck
Hergestellt in Deutschland
ISBN 978-3-8436-0542-7 (Print)
ISBN 978-3-8436-0543-4 (eBook)

DU siehst, ich will viel.
Vielleicht will ich Alles:
das Dunkel jedes unendlichen Falles
und jedes Steigens lichtzitterndes Spiel.

Es leben so viele und wollen nichts,
und sind durch ihres leichten Gerichts
glatte Gefühle gefürstet.

Aber du freust dich jedes Gesichts,
das dient und dürstet.

Du freust dich Aller, die dich gebrauchen
wie ein Gerät.

Noch bist du nicht kalt, und es ist nicht zu spät,
in deine werdenden Tiefen zu tauchen,
wo sich das Leben ruhig verrät.

RAINER MARIA RILKE

Inhalt

3. Satz: Lento
Wofür ich stehe und einstehe

Coda:
Die Unvollendete

Ouvertüre

Mitgift

Mitgift – ich kann dieses Wort drehen, wie ich will: Es bleibt schillernd.
Als Brautgabe besitzt es Wohlklang. Es lässt an Hochzeiten des Lebens
denken. Oder an das von Jesus offerierte himmlische Hochzeitsmahl. Es
weckt Gefühle von überraschendem und unverdientem Beschenktsein.
Als würde unerwartet ein Mensch ins Leben treten, den man als immer
schon vertraut erkennt. Dieses Gefühl hat für mich eine warme Farbe
und einen sanften Ton. Rainer Maria Rilke muss es gekannt haben. Wie
hätte er sonst gedichtet:

DU kommst und gehst. Die Türen fallen
viel sanfter zu, fast ohne Wehn.
Du bist der Leiseste von Allen,
die durch die leisen Häuser gehn.

Man kann sich so an dich gewöhnen,
dass man nicht aus dem Buche schaut,
wenn seine Bilder sich verschönen,
von deinem Schatten überblaut;
weil dich die Dinge immer tönen,
nur einmal leis und einmal laut.

Oft wenn ich dich in Sinnen sehe,
verteilt sich deine Allgestalt:
du gehst wie lauter lichte Rehe
und ich bin dunkel und bin Wald.

Du bist ein Rad, an dem ich stehe:
von deinen vielen dunklen Achsen
wird immer wieder eine schwer
und dreht sich näher zu mir her,

und meine willigen Werke wachsen
von Wiederkehr zu Wiederkehr.

RAINER MARIA RILKE

Mit Gift

Andererseits: Kaum zerlege ich das Wort in zwei Teile, verändern sich Ton und Farbe von Grund auf. »Mit Gift« signalisiert mir dann ganz anderes. Tiere wie Schlangen oder Spinnen kommen mir in den Sinn. Die Atmosphäre kann vergiftet sein, ökologisch wie zwischenmenschlich – etwa nach einer Trennung oder Scheidung. Giftige Vorgänge beschädigen auch in Organisationen, politischen Parteien, Unternehmen, Fakultäten, aber auch christlichen Kirchen das Klima. Wer wie ich jahrzehntelang in einer Kirche gedient hat, kennt solches Kirchen-Gift besser als viele, welche bisweilen die Kirche ätzend von außen kritisieren und dabei gar nicht bemerken, wie sehr sie eigene seelische Nöte der Kirche aufladen.

Ich werde mich freilich hüten, in meinen Erzählungen selbst giftig zu sein und zu vergiften. Obwohl die letzten Jahrzehnte mir wiederholt Anlass gegeben haben, mich über Ereignisse zu »giften«. In der Zeit des Zweiten Vatikanischen Konzils erlebte ich einen unglaublichen Aufbruch. Und litt danach unter dessen schleichendem Abbruch. In diesen dunklen Zeiten tröstete mich ein Spruch von Karl Valentin. Mitten in den grausamen Jahren des Nationalsozialismus rief er den Leuten von der Bühne herab zu: »Hoffentlich wird es nicht so schlimm, wie es schon ist.«

Dieses doch ziemlich ohnmächtige Kirchen-Gefühl hat mich in den letzten Monaten gänzlich verlassen. Der Grund hat einen Namen und ein lateinamerikanisches Gesicht: Franziskus, Bischof von Rom. Ich hätte mir nicht träumen lassen, eine solche Zeit der Kirche in meinem fortgeschrittenen Alter noch einmal zu erleben. Es fühlt sich an, als ob man sich nach Jahren eingewohnter Einsamkeit »unsterblich« in einen Menschen verliebt, der den Lebensweg unvorhergesehen kreuzt.

Eine Autobiografie anderer Art

Ob es Sinn macht, aus meinem Leben zu erzählen und die Geschichte(n) auch noch zu drucken? Dienen Memoiren nicht lediglich der Befriedung eines ungepflegten Narzissmus? Andererseits will ich nicht einfach eine Pflichtautobiografie abliefern, sondern riskiere eine »Autobiografie anderer Art«. In ihr wird mein Leben wie ein Faden sein, der größere gesellschaftliche wie kirchliche Themen zusammenhält. Viele dieser Ereignisse haben mich geprägt, andere wiederum konnte ich selbst in bescheidenen Grenzen mitgestalten. Vieles habe ich freudig erlebt, anderes dunkel durchlitten. Zwischen diesen Polen verlief der ganz normale Wahnsinn des Alltäglichen. Und all das schicke ich mich an zu erzählen und spirituell und theologisch zu bedenken. Ich stehe mit meinen Erfahrungen nicht allein da. Das ist mir in vielen Vorträgen – einmal kam ich in einem Jahr auf fast 160 – , auf zahlreichen Kursen, in langen nikodemischen Nachtgesprächen klar geworden. Es mag also durchaus sein, dass manche im Spiegel meiner spirituell wie theologisch ausgeleuchteten Geschichte sich selbst ein wenig besser verstehen. Schön wäre es für mich, wenn sie dank meiner Erzählungen mit dem, was sie zumal in der Kirche erfreut und was sie erlitten haben, gelassener zurechtkommen.

Ich werde mein Leben vom »Ende« her aufrollen. Ich erzähle zunächst, was mich *jetzt* bewegt und erst danach, was ich die Jahre hindurch geworden bin. Von dem, was ich heute bin, schaue ich an die Anfänge meines Lebens zurück. Ich versuche zu verstehen, was mir widerfahren ist und was ich damit zu machen trachtete. Ich habe Günter Anders im Ohr, der mahnte zu bedenken: »Ja, was tue ich denn da eigentlich? Ja, was tut man mir denn da eigentlich?«[1]

Ich will Sie gewinnen, mir nicht nur beim Erzählen wohlwollend zuzuhören, sondern zumal bei den Deutungen skeptisch zu begleiten. Vieles, was mir nahegegangen ist, haben andere anders erlebt. Ich kann nur von meiner Warte aus den langen verschlungenen Weg überblicken. Manches kann ich erklären, vieles wird als unerklärlich stehen bleiben. Während des autobiografischen Erzählens werde ich da und dort innehalten. Dann werde ich mich über das Erlebte »zurück-beugen«, also das

1   Anders, Günter: Die Antiquiertheit des Menschen. Über die Seele im Zeitalter der zweiten industriellen Revolution, München 1956 (⁶1983), 101.

Erlebte »re-flektieren«. Das kann ich als Praktischer Theologe einfach nicht lassen. Denn die erlebte Praxis ist eine der besten Erkenntnisquellen.

Wenn ich mein Smartphone einschalte, begrüßt mich der Anfang des von Johann Sebastian Bach so grandios vertonten Chorals »Wer nur den lieben Gott lässt walten«. Dieser spirituelle Text hat mich über viele Jahre begleitet. Seit Jahren habe ich mir angewöhnt, jeden Morgen um sechs Uhr zu meditieren. Jeden Montagmorgen singe ich den Choral als Lied, hoffend dass auch jemand anderer mitsingt, um die anhebende Woche unter sein Motto zu stellen. Dieser Liedtext ist mir behilflich, das viele Unerklärliche, das Helle und Dunkle, in meinem Leben auch dann anzunehmen, wenn ich es nicht begreife. Erst wenn ich auf der anderen Seite des Todesufers angekommen bin, werde ich mein Leben in Gottes Armen und mit seinem Erbarmen erklärt bekommen.

Arbeiten und Lieben

Mir ist es immer dann gut gegangen, wenn meine beiden Lebensbeine gesund waren. Diese sind »Arbeiten und Lieben«[2]. Beim Lieben berührt mich das Zweckfreie: die Anbetung, die Gottesliebe, die Beziehungen zu anderen Menschen, zur Mitwelt. Beim Arbeiten beschäftigt mich Zweckvolles: Da will ich schöpferisch sein, ein Werk hervorbringen, meine eigene Geschichte schreiben und mich selbst ein Leben lang »erschaffen«. Diese »Selbstverwirklichung« erlebe ich als Gottes große Zumutung. Sie weist mich als Ebenbild des schöpferischen Gottes aus. Wenn sich Lieben und Arbeiten in meinem Leben ergänzen und tragen, dann »geht« es mir buchstäblich gut.

Was aber ist, wenn eines der beiden Lebensbeine lahmt? Wie ginge es mir, wenn ich nicht mehr arbeiten könnte? Was macht es mit mir, wenn eine liebevolle Beziehung zerbricht? Immer wenn solches geschah, ging es mir nicht gut. Es macht mir bis heute zu schaffen, wenn eines der beiden Lebensbeine beeinträchtigt ist. Ich spüre, wie dann das andere überlastet ist und in Mitleidenschaft gezogen wird.

---

2   Vgl. Sölle, Dorothee: Lieben und arbeiten. Eine Theologie der Schöpfung, Stuttgart 1985.

Ich beginne mein autobiografisches Erzählen mit dem »Arbeiten«. Es bildet nach dieser Ouvertüre den ersten Satz meiner autobiografischen Lebenssinfonie. Dafür entscheide ich mich schon allein deshalb, weil es mir leichter fällt, davon zu berichten. Die Arbeit war und ist zudem mein Lebensschwerpunkt. Manche sagen mir seit meiner Emeritierung: »Jetzt bist du in Pension und hast viel Zeit.« Ich erwidere: »Ich bin nicht in Pension. Ich bekomme eine.« Mich hat meine Arbeit immer fasziniert und gepackt. Ich habe gern gearbeitet und mache das noch immer. Die Emeritierung hat daran nichts geändert. Würde ich sonst dieses Buch schreiben?

Spät oder zu spät habe ich entdeckt, dass ich lange Zeiten meines Lebens hindurch in die Arbeit geflohen war. War für mich Arbeit manchmal Zuflucht, ja Flucht? Gar vor dem Lieben? War ich ein »Liebesflüchter«, ein »Beziehungsmuffel«? Darüber mehr im zweiten Satz der Sinfonie, in dem ich von meinem Lieben erzählen will.

Arbeiten und Lieben im Gleichgewicht zu halten, betrachte ich als eine der hohen Lebenskünste. Mir ist das lange nicht gelungen. Der Weg zur Balance verlief über aufkeimendes Leiden und wachsende Unruhe. Spät in der Nacht, nach einer Heimkehr aus Brixen nach Passau 1980, habe ich ein Gedicht verfasst. Ich fühlte mich damals wie ein Workaholic, der von einer Vortragsreise müde in seiner leeren Wohnung ankam.

DIE HÄNDE AUSGESTRECKT
müde gerädert
dem nachtzug entstiegen
leer die wohnung
niemand der wartet

der körper ermattet
doch das herz auf reisen
es flieht aus der leere
und sucht deine nähe

vergeblich das läuten
keine verbindung
du bist selbst auf reisen
von arbeit gebunden

leer bleibt die wohnung
erschöpft auch der körper
spiegel der seele
herr, sag, wo bist du?

Allerdings verblieb ich nicht beim Klagen. Ich spürte, wie das Erlittene sich zunehmend in Widerstand wandelte. Ich wollte nicht mehr nur »Arbeitssklave« sein. Ich ahnte, dass mein Leben dabei war, in ein »Gelebtwerden« zu kippen. So machte ich mich auf die Suche nach einer besseren Balance zwischen Arbeiten und Lieben.

AUFRUHR
ich komme heim
auf dem tisch liegt post
ich mache sie auf
und lese bedrängt

bildungswerk bonn
einen vortrag zur buße
fortbildungskurs
jahrgang 50
in münster
eine akademie
plant zwei tage
zur scheidung
dazwischen verlangt
ein beirat die zeit

sie packen zu
besetzen mein leben
sie nehmen die zeit
als wär es die ihre
sie zwängen mein leben
hinein in termine
die wenn sie kommen
mein leben verbrauchen

mir geht blitzartig auf
ich werde gelebt
ist es wirklich mein leben?
ich plane den aufruhr
so geht es nicht weiter
ich selber will leben
mein eigenes leben
ich!

ganz unten im berg
von amtlicher post
liegt ein brief
ich öffne ihn zaghaft
in warmer erwartung
erahne befreiung
im lesen der zeilen
durchschreit' ich ein tor
in der mauer
zur freiheit
zum leben
zu dir

aufruhr im gang
ich beginne zu leben

An diese beiden Sätze, das Presto des Arbeitens und das Menuett des Liebens, schließe ich einen beschaulichen dritten Satz an. In diesem Lento fasse ich zusammen, wofür ich heute stehe.

Viele Sinfonien enden schließlich mit einer Coda. Auch diese meine autobiografische Sinfonie. Sie bleibt als Ganzes gesehen eine Skizze, eine Unvollendete. Zu Ende komponieren werde ich Sie erst, wenn ich sterbend in die Liebe des eigentlichen Komponisten meines Lebens hineinfalle.

1. Satz: Presto
Arbeiten

»Er führte mich hinaus ins Weite« (Psalm 18,20)

Weltbürger

Meinen Umfragen zufolge haben die Wiener einen enormen Hang zum Provinziellen. Zwar hatte die Stadt zu Beginn des 19. Jahrhunderts einen offenen Geist, der noch die Weite der K.-u.-k.-Monarchie atmete, aber dieser scheint inzwischen verflogen zu sein. Der Wiener zählt sich zu allererst auch nicht einmal zu Wien, sondern zu seinem *Grätzel*[3]. Sie oder er sind Ottakringer oder Favoritener, Meidlinger oder Sieveringer. Selbst Wien ist vielen schon zu weit. Geschweige denn Österreich oder gar Europa, von der weiten Welt ganz zu abgesehen.

Dass ich als geborener Wiener nicht diese Provinzialität geerbt habe, hat einen biografischen Grund. Ich hatte das Glück, dass schon meine Familie wiederholt den Lebensort gewechselt hatte. Das sind die vielen Stationen: Wien – Niederbayern – oberes Mühlviertel – Ottensheim – Wien. Auch innerhalb Wiens haben wir mehrmals den Wohnort gewechselt. Von Wien zog die Familie später nach St. Thomas bei Waizenkirchen weiter.

Nach der Matura 1958 im Wiener Wasagymnasium lebte ich ein Vierteljahrhundert hindurch nie mehr als acht Jahre an einem Ort: Innsbruck – Wien – Bamberg – Passau waren meine befristeten Lebensorte. Erst als ich 1984 an die Universität Wien heimberufen wurde, kam die längste sesshafte Zeit meines Lebens. Ich habe ein kleines gemütliches Haus gebaut und wurde leidenschaftlicher Hobbygärtner.

Wichtige Studienreisen haben meine fachliche Entwicklung gefördert. 1968 ging es mit dem Institut für Sozialethik nach Prag und Russland, um vor Ort die Lage der Religion im kommunistischen Sowjetsystem und im Prager Frühling zu studieren. 1983 besuchte ich die Philippinen. Mit der Prälatur Infanta auf der Hauptinsel Quezon und ihrem Bischof Julio Labayen bestand eine Partnerschaft mit dem Vika-

---

3 Wienerisch für Stadtteil.

riat Wien-Süd. Ich stützte mich bei meiner Antrittsvorlesung in Wien auf diese »Begegnung mit Infanta«. Erzbischof Franz Jachym hatte damals den Kopf geschüttelt und gemeint: »Ihr macht eben in eurer Generation Pastoraltheologie anders.« Der Kontakt mit den Philippinen wurde von Veronika und Gunter Prüller-Jagenteufel noch länger am Leben erhalten. Die Studienreisen mit ihnen haben eine ganze Studentengeneration bereichert.

Im Rahmen meines ersten Besuchs auf den Philippinen hat uns eine Schwester namens Teresia Estallila zu den Dumagats mitgenommen. Dieser bedrohte Stamm pflegt bis heute seine Steinzeitkultur. Unsere Reisegruppe schlief wegen der Kälte »in Bündeln«, um einander zu wärmen. Wir erfuhren von fremden Sitten und Gebräuchen, von der Feldarbeit der Frauen und der Arbeit der Männer mit den Kindern. Sehr beeindruckt hat mich das Eheschließungsritual. Der Vater der Braut und jener des Bräutigams setzen sich an einem Tisch, vor sich haben sie ein Holzbrett. Sie stoßen zwei Dolche in das weiche Holz. Die Botschaft ist klar: Wer untreu wird, muss mit dem Tod rechnen. Denn Untreue bedroht das Überleben des Stammes.

Nach den Philippinen ging die Reise weiter nach Taiwan. Ich begleitete Missionarinnen und Missionare bei ihrer jährlichen Fortbildungswoche. Sie waren nach dem Sieg von Mao Zedong vom chinesischen Festland auf die Insel geflohen. Dort wurden viele chinesische Festlandsflüchtlinge, aber auch malaysische Ureinwohner getauft. Die einen wegen des Reises, die anderen, weil sich die Missionarinnen und Missionare nachhaltig um den Erhalt ihrer Kultur gekümmert haben. Ihnen ist der Erhalt der einheimischen Sprachen zu verdanken, die sie auch in der Liturgie verwendeten. Ich habe in Abständen insgesamt sieben Mal mit dieser Gruppe von Missionarinnen und Missionaren gearbeitet und dabei Freundinnen und Freunde gewonnen. Ich bewundere, dass sie ihr ganzes Leben auf die Karte der Mission gesetzt haben. Ob ich das könnte, so radikal alles zu verlassen? Aber zugleich habe ich erlebt, was diese Mutigen gewinnen. Luis Gutheinz zum Beispiel, ein Tiroler Jesuit, ist in die taiwanesische Kultur so sehr eingetaucht, dass er inzwischen mehr Chinese als Europäer ist. Er hat eine beeindruckende Chinesische Theologie verfasst, und das mehrere Jahrhunderte nach dem gescheiterten Versuch seines jesuitischen Mitbruders Matteo Ricci, der das Christentum mit dem Konfuzianismus versöhnen wollte. Dessen Grab in Beijing ist heute wieder zugänglich, obgleich es auf dem Gelände der Kommunistischen Parteiakademie liegt.

Zur Reisegruppe gehörten neben mir Sr. Lea Ackermann, Fritz Köster SAC sowie Eduard Puffer – ein Arzt aus Bad Schallerbach in Oberösterreich. Drei Jahre später reisten wir zusammen nach Mombasa in Kenia. Dort studierten wir die Lage von Kinder-Prostituierten. Sr. Lea hat mit Solwodi eine Organisation gegen Frauenhandel und Kinderprostitution gegründet und ist dafür mehrmals geehrt worden. Ihr verdanke ich eine köstliche »feministische« Erzählung: Als sie Theologie studierte, fragte sie ein Mitbruder aus dem männlichen Zweig der Weißen Väter, ob sie nicht mit ihm in die Mission gehen möchte, um dort den Haushalt zu machen. Sie darauf: »Magst nicht du mit mir in die Mission gehen und den Hausmeister machen?« Sr. Lea lebte viele Jahre mit dem kürzlich verstorbenen Pater Fritz im Pfarrhaus Andernach am Rhein. Sie machte nicht die Hausfrau und er nicht den Hausmeister.

Meine Pastoraltheologie wurde zudem geprägt durch eine Bildungsreise nach Peru und Bolivien mit Fachleuten von Misereor im Jahr 1983. Den Verantwortlichen lag auch an fundierter Bildungsarbeit für die Menschen im Geberland Deutschland. Zur Vorbereitung jeder zweijährigen Bildungsoffensive fuhr eine Gruppe in das jeweilige Schwerpunktgebiet. Ich wurde als Pastoraltheologe mitgenommen. Wir besuchten das umstrittene Megastaudammprojekt in Cajamarca in Nordperu. Unter Beteiligung deutscher Firmen und mit Geldern der Bundesregierung wurden dort weite Gebiete überflutet. Viele Menschen verloren dadurch ihre Lebensgrundlage. Ein Treffen mit Gustavo Gutierrez in Lima hat mich sehr beeindruckt. Als bedrückend erlebte ich den Besuch in einer Silbermine in Potosi (Bolivien), wo die Arbeitsbedingungen der Bergarbeiter gefährlich und ausbeuterisch waren. In einem Dorf hoch in den Bergen begegnete ich einem spanischen Jesuiten. Ich erlebte eine einheimische Hochzeit mit. Zu meinem Erstaunen erfuhr ich vom spanischen Missionar, dass in diesem christlichen Dorf die Zeit vor der Trauung keinesfalls kirchennormkonform verlief: Um zu beweisen, dass das Paar Kinder zeugen konnte, musste(!) es vor der Eheschließung zusammenleben. Als der Missionar bei seinem Beichtbefähigungsexamen in Spanien von diesem Brauch erzählte, fiel er durch.

Bei der Trauung spielte sich eine berührende Zeremonie ab. Die Frau hielt einen leeren Hut, der Mann schob seine beiden Hände darüber. Der

Priester legte in die Hände des Mannes mehrere Goldstücke, die der Mann durch seine Hände hindurch in den Hut fallen ließ. So wurde rituell beschworen, dass das Paar und seine Familie immer ausreichend viel Geld fürs Leben haben möge.

So bin ich, in überschaubaren Verhältnissen aufgewachsen, durch viele Wohnortswechsel und Bildungsreisen mit der Zeit doch ein Weltbürger geworden. Einzig in Australien war ich (bisher) nicht. Und nicht in Israel (leider!). Die weltweiten Reisen haben mein Denken katholisch im Sinn von allumfassend gemacht.

Beijing

Ich kann von Glück sagen, dass ich in den Jahren 2008, 2010 und 2011 zu Vorlesungen ins Priesterseminar in Beijing eingeladen worden war. Diese Reisen waren theologisch besonders prägend. Peter Neuner, Dogmatiker und Ökumeniker aus München, mit dem ich seit Passauer Zeiten befreundet bin, war schon vor mir dort tätig. Er hatte den damaligen Studienleiter Johannes Chen-Binshan in München promoviert. Jetzt brauchte dieser im Rahmen des Umbaus des Priesterseminars in eine theologische Fakultät mit Diplomabschlüssen jemanden für Pastoraltheologie. Ich habe mit freudiger Neugierde zugesagt, in diesem mir fremden Land Pastoraltheologie zu unterrichten.

Die drei Aufenthalte in China blieben nicht ohne Auswirkungen auf meine Pastoraltheologie. Auf dem Nabel der Welt im Park des Tempels des Himmlischen Friedens zu stehen ist für uns Europäer, die sich weltkirchlich für das Zentrum der Welt halten, bewegend und ernüchternd zugleich. Das chinesische Imperium verstand sich als »Reich der Mitte« mit einer jahrtausendalten Kultur. Viele Kulturschätze Chinas wurden zwar durch die Kulturrevolution unter Mao Zedong (1966–1976) zerstört, doch heute werden sie in bewundernswerten Genauigkeit wiederhergestellt. Davon konnten wir, Peter Neuner und ich, uns in dem von China einverleibten Tibet überzeugen. Nach dem bislang letzten Kurs in Beijing im Jahre 2011 haben wir Tibet eine Woche lang bereist und bestaunten die mit hohem Aufwand wiedererrichteten Tempel und Kulturdenkmäler.

Die Lektion chinesischer Studierender

Eine der ersten Fragen, die mir die Studierenden in Beijing stellten, war: Wie steht es um das Heil der Buddhisten, Maoisten, Kommunisten, Daoisten – also der Mehrheit der Menschen in China? Zwar wächst die Zahl der Christen in China relativ rasch, weil das Christentum in Verbindung mit der bewunderten westlichen Technologie für viele Intellektuelle die dazugehörige »Erfolgsreligion« darstellt. Aber die in eine der christlichen Kirchen Hineingetauften bilden im chinesischen Milliardenvolk nach wie vor eine marginale Größe. Mich verwundert, dass die mächtige Kommunistische Partei Chinas in der katholischen Kleinstkirche eine derart große Gefahr sieht und sie verfolgt, einen beträchtlichen Teil in den Untergrund treibt und den anderen Teil in josephinischer Manier über die »Patriotische Vereinigung« von innen her rigoros kontrolliert.

Ich bin in einem katholischen Land groß geworden und auch meine ersten Jahre an der Universität verbrachte ich in den katholischen Gegenden Bambergs und Passaus. Bei den Franken war zudem der Anteil der evangelischen Christen groß. Durch die Ausbildung von Priestern und Pastoralreferentinnen und -referenten sowie das Training von Pfarrgemeinderäten und engagierten Mitgliedern in Gemeinden und Verbänden fokussierte ich meine fachliche Arbeit auf die katholische Kirche. »Katholisch« klang für mich von Kindesbeinen an konfessionell. Das war eine Nachwirkung der Reformation. Denn als sich in der einen »weströmischen« Kirche im Zuge der Abspaltung der Protestanten in Augsburg um 1530 eine neue Konfession bildete, mutierte auch die katholische Kirche spätestens auf dem Konzil von Trient zu einer solchen. »Katholisch« meinte dann nachreformatorisch im Vergleich zu den anderen christlichen Kirchen jene »wahre Kirche«, außerhalb derer es kein oder nur in seltenen Ausnahmen Heil gab. Als Bürger eines katholischen Landes beunruhigte mich das nicht ernsthaft. Ich konnte hoffen, dass Gott alle rettet, die mir lieb und teuer sind. Und die wenigen Nichtkatholiken im Land? Diese zu retten überließ ich der weisen Kluglist Gottes.

Ich merkte rasch, dass die chinesischen Studierenden das ganz anders wahrnahmen. Wenn die Katholiken auch in China ein Heilsmonopol haben, wenn also nur getaufte Mitglieder der katholischen Kirche gerettet werden: Kann es dann wirklich Gottes Plan sein, dass nur eine Minderheit des chinesischen Riesenvolks zum Heil kommt? Und die vielen anderen? Sie rührten mit ihren Fragen an ein auch in meiner Biografie sehr wirkmächtiges Thema. Das Heilsmonopol der christlichen Konfessionen wurde mit einer fatalen theologischen Ansicht des Kirchenlehrers Augustinus erklärt: Aus der großen Zahl der Menschheit werde Gott nur eine kleine Schar retten. Augustinus meinte zu wissen, dass es so viele sein werden, als Engel gefallen waren. Die Übrigen würden am Ende eine unübersehbare »massa damnata« bilden, die große Zahl der Verdammten. In der westkirchlichen Tradition des Christentums wurde diese Ansicht des Augustinus über Jahrhunderte offiziell gelehrt, in Katechismen gedruckt und Kindern beigebracht. Auch ich habe es Kindern in der Volksschule gelehrt. Um es auch den Getauften nicht zu leicht zu machen, wurde das »Durchkommen« an viele moralische Details gebunden. Schwere Sünden brachten einen rasch ins Heils-Out, das Beichten hingegen führte auf die Heilsspur zurück. Weil das Sündigen angesichts des reichhaltigen Sündenkatalogs nicht selten war, wurde die häufige Beichte eingemahnt – am besten vor jedem Kommunionempfang, mindestens also einmal im Jahr zur österlichen Zeit. Wer angesichts der ungewissen, weil an moralische Integrität gebundene Heilsaussicht ganz sicher gehen wollte, feierte die Herz-Jesu-Freitage, was ich auch machte. Oder ich betete inständig den Rosenkranz. Von Seherkindern aus Fatima belehrt, fügten wir hinzu:»Führe alle Seelen in den Himmel, besonders jene, die deiner Barmherzigkeit am meisten bedürfen.« Zu diesen Heilsbedürftigen zählte man in erster Linie sich selbst. Das alles habe ich getreu mitgemacht. Richard Rohr, franziskanischer Mystiker aus New Mexico in Kalifornien karikiert solche heilsängstliche Spiritualität als »worthiness-contest«.

Diese Pastoral zeitigte freilich bei mir wie bei vielen Katholiken beträchtliche Kollateralschäden. Ich erinnere mich, in meiner Kindheit eine lähmende Höllenangst entwickelt zu haben. Einmal träumte ich – und dieses Traumbild sehe ich bis heute plastisch vor mir – in einem Fass eingeschlossen zu sein, als es darum ging, in den Himmel einzuziehen. Ich hatte riesige Angst, dass ich nicht rechtzeitig aus dem Fass herauskäme. Diese kindliche Höllenangst sehe ich heute für gar nicht jesuanisch an. Angst ist Enge, wie ich aus ihrer bedrängenden Erfahrung weiß. Ich hatte in meinem Glauben nicht befreiende Weite, sondern beängstigende Enge gelernt. Was ich in Predigten gehört, im Religionsunterricht gelernt und später in den moraltheologischen Vorlesungen des Kasuistikers Josef Miller SJ[4] in Innsbruck studiert habe, waren die bedrohlichen Reden Jesu vom engen Nadelöhr, vom Gericht, von der fürchterlichen ewigen Hölle, vom Heulen und Zähneknirschen. Die Heilslage selbst jener Getauften, die mit ihrem Mund bekennen: »Jesus ist der Herr« und in ihren Herzen glauben »Gott hat ihn von den Toten auferweckt« und die laut Paulus auf diese Weise »gerettet werden« (Röm 10,9), wurde mit Blick auf moralisches Versagen dennoch als prekär angesehen. Die vielen kontrastierenden Texte der Hoffnung gar für alle Menschen wurden den Gläubigen – auch mir – wohlweislich vorenthalten.

Wenn es in meinem gläubigen Leben und theologischen Denken eine bedeutende Entwicklung gegeben hat, dann war es »Weitung«. Ich kann heute den Psalm 18,20 sehr gut nachvollziehen, in dem es heißt: »Er führte mich hinaus ins Weite, er befreite mich, denn er hatte an mir Gefallen.« Solche Weitung widerfuhr mir an den Wurzeln meines Glaubens und damit an den Quellen meines Lebens. Die Studierenden aus dem Priesterseminar in Beijing haben mir dazu den letzten längst fälligen Anstoß gegeben.

Natürlich war mir der Beitrag von Karl Rahner, »Der Christ und seine ungläubigen Verwandten«[5], bekannt. Aber ich hatte seine existenzielle Tragweite in meiner Studienzeit in Innsbruck noch nicht verstanden. Dass zur bleibenden Bedeutung des Zweiten Vatikanischen Konzils die von der kirchlichen Autorität nicht verworfene Frage gehöre, ob wir hoffen dürfen, dass Gott am Ende alle rettet, war in meinem Kopf zwar angekommen, aber hatte noch nicht mein Herz und damit auch nicht meine Pastoraltheologie revolutioniert. Dazu brauchte es fragende chinesische Studierende, die in ihrer Verwandtschaft, unter den Familienmitgliedern und den Angeheirateten fast nur »ungläubige Verwandte« hatten. »Ungläubige« im Sinn des Evangeliums, versteht sich, aber nicht »Ungläubige« im Sinn ihrer religiösen Traditionen. Wer als Gläubiger Nichtgläubige wirklich liebt, kann wohl gar nicht anders, als nach deren Heil zu fragen und für sie fest auf dieses zu hoffen.

---

4   Joseph Miller unterrichtete nach der dicken »Summa theologiae moralis« von Hieronymus Noldin, in der alle nur erdenklichen Sünden aufgelistet waren.

5   Rahner, Karl: Der Christ und seine ungläubigen Verwandten, Sämtliche Werke, Band 10, Freiburg 2003, 274–289.

Katholisch: nicht konfessionell, sondern universell

Die Studierenden im Priesterseminar Beijing haben mir geholfen, das altehrwürdige Wort »katholisch« in seiner ursprünglichen Weise zu verstehen. Es hörte auf, konfessionell eng zu sein. Jetzt las ich es wieder universell. Das Thema war nicht mehr Gott und die Rettung der von ihm auserwählten Katholiken. Mein Denken wurde katholischer, denn es drehte sich nunmehr um Gott und die eine Menschheit. Zu Hilfe kam mir, dass ich mich just in dieser Zeit in die europäische Mystik vertieft hatte. Das verdankte ich nicht dem, was mir in meiner Kindheit oder Jugendzeit in meiner eigenen Kirche erschlossen worden war. Ich bekam einen Anstoß von außerhalb der Theologie. Der Zukunftsforscher Matthias Horx entdeckte einen Trend, den er »Respiritualisierung« genannt hatte. Für ihn war dies ein Megatrend der späten Neunzigerjahre.[6] Günther Nenning, selbst ein weltanschaulicher Vagabund, hatte über diese Zeit vermerkt: »Die Sehnsucht boomt, aber die Kirchen schrumpfen.«[7] Der spirituelle Markt sei also offen. Die Kirchen, und Günther Nenning meinte als gelernter Österreicher primär die katholische Kirche im Land, fänden jedoch zu diesem Markt keinen Zugang.

Ich widmete mich seit der Mitte der Neunzigerjahre der Erforschung dieser »Respiritualisierung«, wobei mich das »Re-« störte, weil ich überzeugt war, dass jeder Mensch spirituell sei und diese Begabung kulturell lediglich verschüttet, aber nicht zerstört werden könne. Aber Spiritualität sei in unserer Kultur wie Glut unter der Asche – und nunmehr werde sie wieder angefacht. Unterstützung fand ich bei diesem Forschen durch die Mainzer Kulturanthropologin Ariane Martin. Sie schrieb beim früh verstorbenen Kollegen Manfred Kremser eine Studie über die »Dimensionen zeitgenössischer Spiritualität« (in Deutschland). Den Titel ihrer wichtigen Arbeit lehnte sie an ein Gedicht von Nelly Sachs an: »Sehnsucht ist der Anfang von allem«.[8] Ich war bei diesem Dissertationsprojekt an der Universität Wien Zweitgutachter und befand mit dem Erstgutachter die Arbeit als sehr gut. Aus der Forschungsarbeit von Ariane

---

6 Vgl. Horx, Matthias: Trendbuch, Düsseldorf 1996.
7 Nenning, Günther: Gott ist verrückt. Die Zukunft der Religion, Düsseldorf 1997.
8 Martin, Ariane: Sehnsucht - der Anfang von allem. Dimensionen zeitgenössischer Spiritualität, Ostfildern 2005.

Martin habe ich für mein pastoraltheologisches Nachdenken großen Gewinn gezogen.[9]

Ich erforschte aber die spirituelle Dimension moderner Kulturen nicht nur theoretisch, sondern suchte praktischen Zugang zur aufkeimenden Spiritualität in säkularen Szenen. In einer deutschen Großstadt kam ich in Kontakt mit einer spirituellen Einrichtung außerhalb meiner Kirche. Die Erfahrungen, die ich dort sammelte, machten mich pastoraltheologisch nachdenklich. Teresa von Àvila, Meister Eckhart wie auch Johannes Tauler standen dort hoch im Kurs. Ich fragte mich, warum diese mystischen Texte außerhalb der katholischen Kirche derart geschätzt wurden, nicht aber in meiner eigenen Kirche? So begann ich, mich in Teresa von Àvilas »Innere Burg«[10] meditativ ebenso zu vertiefen wie in die Predigten von Meister Eckhart und Johannes Tauler. Später wandte ich mich der tiefen Mystik des Johannes vom Kreuz zu.[11]

Mystikerinnen und Mystiker faszinieren mich. Sie sind keine Konfessionalisten, sondern geborene Universalisten. Jeder Mensch hat, so ihre Überzeugung, die Möglichkeit zur Gotteinung. Jede und jeder ist berufen, auf diesem Weg »gänzlich Liebe zu werden«. Für die Mystikerinnen und Mystiker liegt die Gotteinung all unserem Tun gnadenhaft längst voraus, wie Karl Rahner es in seiner mystischen Seelsorgstheologie einprägsam formulierte.[12] Rahner war der Überzeugung, dass der Christ der Zukunft ein Mystiker sein werde, also einer der etwas erfahren hat, oder er werde nicht Christ sein können.

Es geht also in jedem einmaligen Leben darum, so lernte ich von Meister Eckhart, »zu werden«, was wir ewiglich in ihm gewesen sind«. Mich hat sehr berührt, wie Eckhart das in seiner poetischen Sprache er-

---

9 Ich habe meine pastoraltheologische Reflexion der kulturanthropologischen Erkenntnisse von Ariane Martin in meinem Buch *GottesSehnsucht. Spirituelle Suche in säkularer Kultur*, Ostfildern 2008, zusammengefasst. Dieses Buch ist auch in Ungarisch erhältlich: Zulehner, Paul M.: Vágyakozó istenkeresés, Kecskemét 2011.

10 Teresa von Avila: Wohnungen der Inneren Burg. Vollständige Neuübertragung, Freiburg im Breisgau 2005.

11 Erlesene Texte verschiedener Mystikerinnen und Mystiker habe ich wie Perlen aufgefädelt und als Anleitung zu einer spirituellen Reise für mich und später für eine breitere Öffentlichkeit zusammengestellt: Zulehner, Paul M.: Werden, was ich bin. Ein spirituelles Lesebuch, Ostfildern 2012.

12 Vgl. Zulehner, Paul M.: »Denn du kommst unserem Tun mit deiner Gnade zuvor ...«. Zur Theologie der Seelsorge heute; Paul M. Zulehner im Gespräch mit Karl Rahner, Düsseldorf 1984.

läutert. Er erzählt vom inneren Leben in Gott, vom trinitarischen »Tanz der Liebe« (Richard Rohr) und wie dieser uns Menschen unaufhaltsam erfasst. Über das innergöttliche Lieben und wie dieses die gesamte Schöpfung durchwaltet und gestaltet, schreibt er:

> … nicht aber so der Heilige Geist:
> der ist vielmehr nur ein
> Ausblühen aus dem Vater
> und aus dem Sohn
> und hat doch eine Natur mit ihnen beiden.
> Darum sollen wir niemals ruhen,
> bis wir das werden,
> was wir ewiglich in ihm gewesen sind …
> Darum sage ich,
> dass es des Vaters Wesen ist,
> den Sohn zu gebären,
> und des Sohnes Wesen,
> dass ich in ihm und nach ihm geboren werde;
> des Heiligen Geistes Wesen ist es,
> dass ich in ihm verbrannt
> und in ihm völlig eingeschmolzen
> und gänzlich Liebe werde.

Ähnlich sieht das die heilige Hildegard von Bingen, die 2012 von Benedikt XVI. zur Kirchenlehrerin der katholischen Kirche gekürt wurde. In einer grandiosen Vision schaut sie, wie sich die ganze Schöpfung im »Weltleib« Gottes entfaltet und vollendet: »In ihm leben wir, bewegen wir uns und sind wir« (Apg 28,18). Gott ist für sie ständig weltgebärend. Sie schaut, worauf diese Geburtsgeschichte der Schöpfung hinausläuft. Vollendet ist sie, wenn der Menschensohn als Ziel der Schöpfung zu seiner Vollgestalt erblüht ist. »Menschensohn« ist jener Name, den Jesus selbst für sich verwendete. Damit deutet er an, was in ihm steckt und Gott mit ihm vorhat. In seiner Auferstehung, die Jesus von Raum und Zeit frei machte, ist er »zum Christus eingesetzt« worden (Apg 2,36). Seit der Erhöhung über die Erde am Kreuz »zieht er *alles* an sich« (Joh 12,32). Der ganze Kosmos wird zum vollendeten Christus. Zum »kosmischen Christus« eben. Christus wird zum Namen der vollendeten Schöpfung. Wenn dieser Vorgang der Umwandlung der ganzen Schöpfung mit dem Ende der Zeiten vollendet sein wird, wird »Gott alles in allem« sein (1 Kor 15,28).

Bei meinen Vorbereitungen darauf, was ich den chinesischen Studierenden vermitteln sollte, stieß ich auf den Christushymnus im Kolosserbrief. Dieser hatte in meiner gesamten theologischen Ausbildung in Innsbruck[13] keinerlei Rolle gespielt. Mit der Vision Hildegards klingt dieser in hohem Maße zusammen:

Er ist das Ebenbild des unsichtbaren Gottes,
der Erstgeborene der ganzen Schöpfung.
Denn in ihm wurde alles erschaffen
im Himmel und auf Erden,
das Sichtbare und das Unsichtbare,
Throne und Herrschaften, Mächte und Gewalten;
alles ist durch ihn und auf ihn hin geschaffen.
Er ist vor aller Schöpfung,
in ihm hat alles Bestand.
Er ist das Haupt des Leibes,
der Leib aber ist die Kirche.
Er ist der Ursprung,
der Erstgeborene der Toten;
so hat er in allem den Vorrang.
Denn Gott wollte mit seiner ganzen Fülle in ihm wohnen,

13 Wobei zu erwähnen ist, dass die biblische Theologie bei den Jesuiten ebenso schwach wie die dogmatische Theologie herausragend war. Paul Gächter SJ führte uns wie ein Kriminalpsychologe in die Leidensgeschichte ein; wer bei der strengen schriftlichen Prüfung wusste, wie das Kraut, aus dem die Dornenkrone Jesu war, auf lateinisch hieß, konnte die Prüfung umgehend mit einem »sehr gut« verlassen. Vom Alttestamentler Josef Hofbauer SJ (1892–1972) blieb mir gar nichts in Erinnerung.

um durch ihn alles zu versöhnen.
Alles im Himmel und auf Erden wollte er zu Christus führen,
der Friede gestiftet hat am Kreuz durch sein Blut. (Kol 1,15–20)

Es ist kein Geringerer als Hans Urs von Balthasar, durch den ich verstehen gelernt habe, wie dieser Prozess der Vollendung aller verlaufen könnte. Wie bei Meister Eckhart ereignet sich nach seiner gut begründeten Überzeugung der Weg ins Heil, indem wir Liebende werden. Wer wahrhaft liebt, ist faktisch im Heil. Liebe ist, so riskiert Karl Rahner zu formulieren, »Heil im atheistischen Modus«. Er hat dabei die Gerichtsrede bei Matthäus auf seiner Seite (Mt 25,31–46). Gerettet werden die Liebenden. Wahrhafte Liebe ist, so der große, durchaus nicht »liberale« Theologe aus Luzern, gleichsam »verhülltes« Heil.[14] Wer immer liebt, ist auf dem Weg in seine Vollendung. Diese erreicht, wer völlig in den Heiligen Geist eingeschmolzen »gänzlich Liebe wird« (Meister Eckhart).

Die einzige Frage an das Leben eines jeden Menschen ist: Gibt es wenigstens kleine Spuren der Liebe? Findet Gott solche »bei Stalin, Hitler und mir«, wie ich in Vorträgen provozierend formuliere? Wird Gott etwas von dem antreffen, was er in jedem seiner geliebten Geschöpfe bewirken möchte und was er trotz unserer Ängste und der daraus erwachsenden Bosheiten vollenden wird? Dazu wird er von jedem »Memoiren anderer Art« lesen und all das auffinden, was unserem menschlichen »Richten« verborgen bleibt. In dem als Beleg für das Fegfeuer katholischerseits gern zitierten Schrifttext heißt es – meine zuversichtliche Hoffnung stützend:

… das Werk eines jeden wird offenbar werden; jener Tag wird es sichtbar machen, weil es im Feuer offenbart wird. Das Feuer wird prüfen, was das Werk eines jeden taugt. Hält das stand, was er aufgebaut hat, so empfängt er Lohn. (1 Kor 3,13f.)

Ich verstehe von da aus besser, warum Jesus mahnte: »Richtet nicht, damit ihr nicht gerichtet werdet« (Mt 7,1). Paulus hatte das präzise verstan-

---

14   Hans Urs von Balthasar spricht von den wahrhaft Liebenden »denen auf eine uns verhüllte Weise der Geist der Wahrheit geschenkt worden ist«: von Balthasar, Hans Urs: Spiritus Creator, Einsiedeln 1967, 159.

den: »Richtet also nicht vor der Zeit; wartet, bis der Herr kommt, der das im Dunkeln Verborgene ans Licht bringen und die Absichten der Herzen aufdecken wird. Dann wird jeder sein Lob von Gott erhalten« (1 Kor 4,5). Wenn Gott jeden lobt, dann wird er auch bei jeder und jedem fündig werden. Wie könnte er sonst loben?

Meine Theologie wird an dieser Stelle nicht naiv und blauäugig. Sie kennt die dämonischen Mächte, die das Reifen der Liebe verhindern. Dem »Erbheil« (Hermann Stenger) steht »Erbunheil« entgegen. Unsere Glaubenstradition hat dieses mit dem unglücklichen Wort »Erbschuld« mehr missverständlich denn einsichtig gemacht. Das Erbunheil trägt seit allem Anfang Züge von Gewalt, Gier und Lüge[15], die allesamt der Angst entspringen. Niemand entrinnt diesen Dämonen. Keiner ist in dieser Hinsicht ohne Sünde. Es gibt eine »sinnlose, von den Vätern (und Müttern) ererbte Lebensweise« (1 Petr 1,18). Jede ist so verwundet, dass sie des heilenden Erbarmens Gottes bedarf. Auch das gilt für jeden. Auch für mich.

Gott wirkt also im Inneren in der gesamten Evolutionsgeschichte. Er wurde in der Auferstehung zum Herzen jener Welt, in deren Innersten bislang »Tod und Vergeblichkeit saßen«. So haben es die Kirchenväter gesehen. Karl Rahner hielt darüber eine berührende Osterpredigt.[16]

Die Mitte meiner eigenen Gläubigkeit in diese Richtung zu öffnen und meine Pastoraltheologie von da aus zu fundieren: Das verdanke ich den chinesischen Studierenden. Ich traue es Gott vorbehaltlos zu, dass er am Ende aller »Äonen« (Ewigkeiten) alle rettet – und wiederhole formelhaft die Trias »Stalin, Hitler und mich«. Andere würden Polpott aus Kambodscha, skrupellose Diktatoren, aber auch gierige Finanzspekulanten hinzufügen. Gott wird bei diesen im Tod viel Reinigungsarbeit leisten müssen, um das Gold seiner Schöpfung zu reinigen. Solche Reinigung setzt mit dem Tod ein und kann sich dann eine »höllische Ewigkeit« lang hinziehen. Aber schließlich wird es nichts mehr geben, was nicht vollendet ist. Gottes Macht, so der griechische Kirchenlehrer Gre-

---

15 Vgl. Girard, René: Ich sah den Satan vom Himmel fallen wie einen Blitz. Eine kritische Apologie des Christentums, München 2002. – Renz, Monika: Erlösung aus Prägung: Botschaft und Leben Jesu als Überwindung der menschlichen Angst-, Begehrens- und Machtstruktur, Paderborn 2008.
16 Rahner, Karl: Kleines Kirchenjahr, München 1954, 87.

gor von Nyssa, wäre nicht vollkommen, gäbe es noch irgendeine widergöttliche Macht. Dass am Ende »Gott alles in allem ist«, verträgt sich nicht mit der Existenz von Sünde, Tod und Teufel. Ich habe nach Beijing angefangen, östliche Kirchenväter zu lesen. Heute weiß ich, dass ich damit nachgeholt habe, was die großen Gewährsleute des Zweiten Vatikanischen Konzils wie Joseph Ratzinger, Henri de Lubac, Ives Congar, Hans Urs von Balthasar und nicht zuletzt auch Karl Rahner getan hatten. Aus dem westlichen Heilspessimismus augustinischer Prägung haben sie sich herausgehofft und dabei durch Autoren der Mystik und des östlichen Heilsoptimismus Unterstützung erfahren.[17] Ich verstehe jetzt, warum Karl Rahner meinte, die Frage des Konzils nach dem universellen Heilsoptimismus habe eine bleibende Bedeutung.

Mich interessiert seitdem mehr als zuvor, auf welchen Wegen Gott mit Anhängern der großen Religionen der Welt, aber auch mit der wachsenden Zahl von Skeptikern, Zweiflern und Atheisierenden zurechtkommt. »Gott ist auch ein Gott der Atheisten«, so betitelte ich einen Vortrag, den ich erstmals in der deutschen Gemeinde in Brüssel gehalten und dann mehrere Male wiederholt habe. Ich erinnere mich auch, dass ich in Prag im Rahmen einer Veranstaltung der Konrad-Adenauer-Stiftung in der von Tomaš Halìk gegründeten Christlichen Akademie mit dem »Edelatheisten« Alfred Grosser diskutiert habe. Die Frage war, ob Atheismus und Gottesglaube zwei gleich gültige Weltanschauungen seien: *Gleich gültig* ist sprachlich und sachlich an *gleichgültig* dran. Alfred Grosser hat große Sympathie für das Christentum. Er arbeitet als Journalist bei der französischen katholischen Wochenzeitschrift »La Croix«. Wie in seinem lesenswerten Buch »Die Früchte ihres Baumes«[18] argumentierte er auch bei unserer Diskussion voller Sympathie für die engagierten Christen. Er lobt die vielen Früchte, die am Baum der Kirchen reifen, aber refrainartig fügt er am Ende der Kapitel hinzu: Das alles können wir Atheisten auch.

Ich habe ihm damals – es war schon nach meiner Erfahrung in China – zu sagen versucht, dass ich mir das als gläubiger Christ geradezu

---

17 Hilarion, Alfeyev: Christ the Conqueror of Hell. The Descent of Christ into Hades in Eastern and Western Theological Traditions, in: http://orthodoxeurope.org/page/11/1/5.aspx (Zugriff 2.2. 2014).
18 Grosser, Alfred: Die Früchte ihres Baumes, Göttingen 2005.

erwarte. Denn Gottes Geist, der Liebe ist und zur Liebe drängt, wirke unaufhörlich und erfolgreich in allen. Auch in den Atheisten. Gott sei für mich eben auch ein Gott der Atheisten. War das eine Vereinnahmung, die Hans Urs von Balthasar Karl Rahner wegen dessen Begriff von den »anonymen Christen« vorwarf?[19] Nein, meine ich heute: Es geschieht nicht eine Vereinnahmung der Menschen durch die Kirche, sondern eine radikale Verausgabung Gottes für alle. Schon Teresa von Àvila zeigte sich davon überzeugt, dass Gott dem Innersten der Seelenburg eines jeden Menschen einwohnt. Bei ausnahmslos allen.

Licht und Salz

Seitdem ich meinen Glauben fest auf diesem heilsoptimistischen Fundament gegründet erlebe, muss ich meine Pastoraltheologie umbauen. Wandert der Akzent vom befürchteten Heilspessimismus zum erhofften Heilsoptimismus, wandelt sich der Grundauftrag der Kirche. Ihre Mission muss neu definiert werden.

Den heilspessimistischen Kontext habe ich exklusiv erlebt. Die Kirche erschien mir als Nadelöhr der Rettung. Sie war wie ein schmales Tor zur bleibenden Stadt des himmlischen Reichs, durch das ein Kamel nur durch Gottes Zutun durchkommt. Heute werde ich den Verdacht nicht los, dass sich die heilspessimistische Theologie so lange gehalten hat, weil sie der Kirche und ihrem Klerus eine unermessliche Macht über die Herzen der Menschen gab. Heilspessimistische Konzepte sind höchst klerikalismusanfällig.

Mir war diese heilspessimistische Sicht geläufig. Als Kaplan habe ich in der Volksschule in Wiens 12. Arbeiterbezirk gleich nach dem Konzil (1965–67) den Kindern der zweiten Klasse vor der Erstkommunion die Sakramente der Kirche erklärt. Dazu verwendete ich eine Vorlage des Regensburger Katechetikers Josef Goldbrunner.[20]

Biografische Randnotiz: Dessen Lehrstuhl hätte ich im Jahr 1977 von Passau aus nach dem Willen der Fakultät in Regensburg übernehmen sollen. Bischof Rudolf Graber aber verweigerte mir das Placet, weil ich

19   Vgl. Balthasar, Hans Urs von: Cordula oder der Ernstfall, Einsiedeln 1967.
20   Goldbrunner, Josef: Katechismusunterricht mit dem Werkheft, München 1956.

mich in einem Interview für die Weihe von verheirateten Männern eingesetzt hatte. Das erschien mir unangemessen, weil er selbst großzügig konvertierte evangelische Pastoren ordinierte.

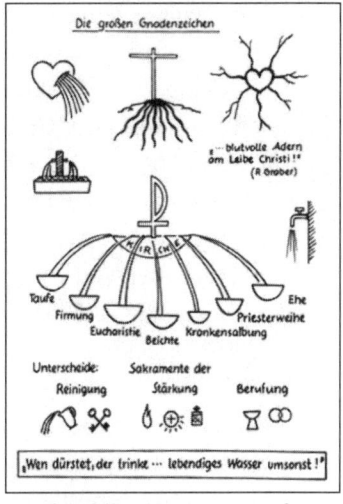

Das Schaubild von Josef Goldbrunner, das ich im Religionsunterricht eingesetzt hatte, trägt den Titel »Die großen Gnadenzeichen«. Unter der Überschrift zeigt es das Kreuz, von dem aus Gnadenströme fließen. Aus der Seitenwunde Jesu gelangt die Gnade in ein großes Becken – die Kirche. An dem Becken sind sieben Rohre angebracht. Es sind die sieben Sakramente. Durch diese sollte die rettende Gnade zu den Menschen gelangen. Der Clou:

Josef Goldbrunner, Die großen Gnadenzeichen

Am Rand des Bildes ist ein Wasserhahn gezeichnet, aus dem Wasser fließt. Die Anleitung zum Bild: Das Wasser fließt nur, wenn ein Priester den Wasserhahn bei der »Spendung der Sakramente« aufdreht. Er könnte den Hahn auch zulassen, wenn jemand die Bedingungen nicht erfüllt. Bei solchem Verweigern haben wir gern mit Jesus argumentiert: »Wem ihr die Sünden vergebt, dem sind sie vergeben; wem ihr die Vergebung verweigert, dem ist sie verweigert« (Joh 20,23).

Was aber, wenn Gott die Rettung der unzählig vielen, für die Christus Mensch geworden ist und sein Blut am Kreuz vergossen hat, auch ohne in der Taufe sichtbar gemachte Beziehung zur Kirche oder gar ohne ausdrückliches Bekenntnis zu Jesus dem Herrn vollbringen kann und, wie ich mit vielen hoffe, auch vollbringen wird? Wozu dann die Kirche – und damit meine Existenz in der Kirche, in deren Dienst ich mein ganzes Leben, und davon 50 Jahre im priesterlichen Dienst, gestellt habe? Verliert die Kirche im Rahmen des Heilsoptimismus nicht ihren Sinn?

Nach dem Zweiten Vatikanischen Konzil haben es viele genau so verstanden: Es genüge für die rettende Vollendung, wenn der Buddhist als ein guter Buddhist, ein Atheist als ein guter Atheist lebe. Niemand müsse mehr zum Evangelium bekehrt und Christ werden. In der Vollendung würden dann alle vereint sein. Es genüge, wenn sie dann erkennen, dass sie ein seliges Moment in jenem vollendeten »Weltleib« sein werden, deren »Haupt« der auferstandene Christus ist. Neuere Religionstheologien in Asien schlagen solche Erlösungskonzepte vor.

Nicht zufällig ist mir deshalb die Dogmatische Konstitution des Zweiten Vatikanischen Konzils über die Kirche wichtig. Sie zählt neben der Pastoralkonstitution »Die Kirche in der Welt von heute« und den Dekreten über die Offenbarung und die Religionsfreiheit zu den Hauptdokumenten der Kirchenversammlung. Die Mission der Kirche musste in einer vertieften Weise neu bestimmt werden. Dabei schließt sich der Bogen vom Konzil zur Belehrung der Jünger durch Jesus. In seiner programmatischer Rede auf dem Berg der Seligpreisungen erklärte er ihnen: »Ihr seid das Licht der Welt!« – »Ihr seid das Salz der Erde« (Mt 5,13f). In sakramentaltheologischer Sprödheit formulierte das Konzil: »Die Kirche ist ja in Christus gleichsam das Sakrament, das heißt Zeichen und Werkzeug für die innigste Vereinigung mit Gott wie für die Einheit der ganzen Menschheit« (Lumen genium Nr. 1).

Zeichen verbinde ich mit »Licht«. Oder mit dem Bild von Hans Urs von Balthasar: Die Kirche enthüllt das Verhüllte; also das, was Gottes Geist in allen seinen »Ebenbildern« bewirkt. Enthüllen meint, das Tuch, das verhüllt, wegzuziehen. Offenbar machen. Kirche ist Veröffentlichung dessen, was Gott mit allen vorhat und mit seiner Gnade vollbringt. Das »Zeichen« ist vor aller Welt aufgerichtet. Das macht für mich die Kirche zur Licht-Stadt auf dem Berg der ganzen Menschheit.

Und das Werkzeug? Ich sehe es lose verwoben mit dem Bildwort Jesu vom »Salz der Erde«. Das Salz, aus dem Toten Meer gewonnen, sollte leicht verderbliches Fleisch vor dem Verderb bewahren. Ich lese auch »Heilsalz« mit. Salz der Erde heißt dann, Wunden heilen, welche die Angst dem Leben schlägt und solidarisches Lieben unterbindet. Das macht die Kirche in der Nachfolge des Heilands zum Heil-Land. Es ist jene Kirche, die Franziskus, der heutige Bischof von Rom, herbeiwünscht. Eine Art Feldlazarett für alle in der einen Menschheit. Für jene, die an Leib und Seele verwundet sind. Den psychisch wie physisch Armen, deren Schrei an Gottes offenes Ohr dringt:

»Ich sehe die Kirche wie ein Feldlazarett nach einer Schlacht. Man muss einen Schwerverwundeten nicht nach Cholesterin oder nach hohem Zucker fragen.«
»Man muss die Wunden heilen. Dann können wir von allem anderen spre-

34

chen. Die Wunden heilen, die Wunden heilen ... Man muss ganz unten anfangen.«

»Ich sehe ganz klar, dass das, was die Kirche heute braucht, die Fähigkeit ist, Wunden zu heilen und die Herzen der Menschen zu wärmen – Nähe und Verbundenheit.«[21]

Diese Rückbesinnung des Papstes auf die Berufung der Kirche zum Heilen wärmt auch mein Herz. Zu lange haben wir uns von der Aufklärung die Mystik stehlen lassen. Die Kirche sollte bürgerliche Moral, Autorität und Ordnung liefern. Im Zuge weiterer Aufklärung in demokratischen Diskursgesellschaften hat die Kirche auch diese gesellschaftliche Aufgabe verloren. Bestenfalls für eine paar religiös »Unheilbare« macht kirchliche Moral noch Sinn. Politische »Einmischung« wird der Kirche abgesprochen.

Ich halte aber »Einmischung« der Kirche in die Formung einer humanen Welt seit der Menschwerdung Gottes in Jesus für unumgänglich. Mischt sie sich nicht ein, was auch aus eigener Bequemlichkeit oder Feigheit der Fall sein kann, dann verkommt sie zu einer Kirche der Selbstbeschäftigung. Sie wird krank, so Papst Franziskus als empathischer Kirchentherapeut. Nur wenn sie aus sich herausgeht, eine arme Kirche für die Armen ist, bleibt sie ihrer Berufung zum Heilen treu.

So klar wie ich das heute sehe, habe ich es den chinesischen Studierenden noch nicht vortragen können. Mit meinem Freund und Kollegen Peter Neuner habe ich versucht, den Studierenden den Dank mit einer Art »Lehrbuch über die Kirche« abzustatten.[22] Und weil wir beide der Ansicht sind, dass diese Vertiefung der Lehre der Kirche hinein in die jesuanische Weite vor allem im 40 Jahre durch den Kommunismus entwicklungsbehinderten Osteuropa noch nicht abgeschlossen ist, erscheint dieses Buch neben Chinesisch derzeit in einigen osteuropäischen Sprachen: in Slowakisch, Ungarisch, Kroatisch, Polnisch, Russisch. Bei dem Versuch, die Implementierung des Konzils im Leben der Kirche zügiger voranzubringen, als dies unter Johannes Paul II. und Benedikt XVI. geschehen war, haben

---

21 Spadaro, Antonio: Das Interview mit Papst Franziskus, Freiburg 2013, 9f.
22 Neuner, Peter/Zulehner, Paul M.: Dein Reich komme. Eine praktische Lehre von der Kirche, Ostfildern 2013. – Ungarisch: Jöjjön el a te országod. Gyakorlati egyháztan, Kolozsvár 2014. – Chinesisch: 愿你的国来临 – 实践教会学, 香港 2014. – Slowakisch: Cirkev c dnešnom svwete. Potreba alebo prežitok, Bratislava 2013.

wir Franziskus, Bischof von Rom, auf unserer Seite. So berichtete Radio Vatican auf seiner Homepage am 16. April 2013:

»Papst Franziskus feierte die Messe anlässlich des 86. Geburtstages für Benedikt XVI. Zum Beginn des Gottesdienstes, den der Papst mit einigen Mitarbeitern des Governatorats des Vatikanstaates in der Kapelle des Gästehauses Santa Marta feierte, sagte Franziskus: ›Der Heilige Geist drängt zum Wandel, und wir sind bequem.‹ Papst Franziskus hat in seiner Predigt am Dienstagmorgen deutlich Stellung bezogen und die mangelhafte Umsetzung des Zweiten Vatikanischen Konzils beklagt. Das sei vor allem ein geistliches Problem, so der Papst:

›Um es klar zu sagen: Der Heilige Geist ist für uns eine Belästigung. Er bewegt uns, er lässt uns unterwegs sein, er drängt die Kirche, weiterzugehen. Aber wir sind wie Petrus bei der Verklärung, ‚Ah, wie schön ist es doch, gemeinsam hier zu sein.‘ Das fordert uns aber nicht heraus. Wir wollen, dass der Heilige Geist sich beruhigt, wir wollen ihn zähmen. Aber das geht nicht. Denn er ist Gott und ist wie der Wind, der weht, wo er will. Er ist die Kraft Gottes, der uns Trost gibt und auch die Kraft, vorwärts zu gehen. Es ist dieses ‚Vorwärtsgehen‘, das für uns so anstrengend ist. Die Bequemlichkeit gefällt uns viel besser.‹

Wir seien heute viel zu zufrieden mit der angeblichen Anwesenheit des Heiligen Geistes, und diese Zufriedenheit sei eine Versuchung. Das gelte zum Beispiel mit Blick auf das Konzil:

›Das Konzil war ein großartiges Werk des Heiligen Geistes. Denkt an Papst Johannes: Er schien ein guter Pfarrer zu sein, aber er war dem Heiligen Geist gehorsam und hat dieses Konzil begonnen. Aber heute, 50 Jahre danach, müssen wir uns fragen: Haben wir da all das getan, was uns der Heilige Geist im Konzil gesagt hat? In der Kontinuität und im Wachstum der Kirche, ist da das Konzil zu spüren gewesen? Nein, im Gegenteil: Wir feiern dieses Jubiläum und es scheint, dass wir dem Konzil ein Denkmal bauen, aber eines, das nicht unbequem ist, das uns nicht stört. Wir wollen uns nicht verändern und es gibt sogar auch Stimmen, die gar nicht vorwärts wollen, sondern zurück: Das ist dickköpfig, das ist der Versuch, den Heiligen Geist zu zähmen. So bekommt man törichte und lahme Herzen.‹

Dasselbe gelte für das eigene geistliche Leben: Der Heilige Geist dränge zu einem Leben gemäß dem Evangelium, aber wir seien zu bequem, wir widersetzten uns dem. Dem Heiligen Geist dürfe man sich aber nicht widersetzen, denn er mache die Menschen frei, er gebe ihnen die Freiheit der Kinder Gottes und bringe sie auf dem rechten Weg voran.«[23]

Praxis-Erweiterung

Welche »Weitung« die chinesischen Studierenden bei mir angestoßen haben, kann ich selbst noch nicht abschätzen. Sie macht sich an vielen Stellen meiner Pastoraltheologie bemerkbar. Einige Zeit konnte ich zusammen mit der Theologin Petra Steinmair-Pösel an dieser Neuausrichtung arbeiten, bevor sie sich entschied, sich als Frau lieber in der Sozialethik denn in der Pastoraltheologie zu habilitieren. Aber unser gemeinsames theologisches Projekt war im Entwurf so weit gediehen[24], dass es sich auf meine pastoraltheologische Umorientierung ebenso wie auf Folgerungen für die kirchliche Praxis fundiert auswirken konnte. Ein Beispiel: Die Verantwortlichen der Kindertagesstätten in kirchlicher Trägerschaft hatten mich zu ihrer bundesweiten Jahresversammlung für ihre Mitarbeitenden eingeladen. Ich sollte ihnen erklären, was an ihrer Tätigkeit »typisch kirchlich« sei. Ich fragte im Vorfeld, was bei ihnen gemeinhin als kirchlich gelte. Was erwarten beispielsweise Pfarrer, in deren Trägerschaft Kindergärten sind, von ihnen? Martinsumzüge, Teilnahme an Kindergottesdiensten, Binden von Adventkränzen, war die Antwort. Ich versuchte, ihnen auf dem Boden meiner Vision von der Kirche in der Einen Welt von heute zu erläutern, dass ihre Aufgabe viel anspruchsvoller sei. Sie sollten an der Vollendung der ihnen anvertrauten Kinder mitwirken. Vollendung ist aber für mich wahrhafte Liebe. Das gilt unbedingt für alle, auch für die ausdrücklich an Christus Glaubenden. Auftrag von Kindertagesstätten in kirchlicher Trägerschaft sei es daher, unter Einsatz all ihren pädagogischen Fähigkeiten daran mitzuwirken, dass die ihnen anvertrauten Kinder handfest liebende Menschen werden. Zudem sollten sie daran mitwirken, dass eine solche Päd-

---

23 http://de.radiovaticana.va/news/2013/04/16/papst_franziskus_bemängelt_umsetzung_des_zweiten_vatikanums/ted-683281 (Zugriff 23.4. 2014)

24 Eine Zwischenbilanz des bis dahin gereiften Projekts findet sich in: Zulehner, Paul M.: »Seht her, nun mache ich etwas Neues«. Wohin die Kirchen wandeln müssen, Ostfildern 2011, 185–188. – Auch: Zulehner, Paul M.: Kirchenvisionen. Orientierung in Zeiten des Kirchenumbaus, Ostfildern ³2013, 41–54.

agogik des Reifens zu liebenden Menschen in allen Kindertagesstätten des Landes geschieht. Dann sind sie Licht der Welt und Salz der Erde. Martinsumzüge sind, vergleichsweise, ein leichteres Unterfangen.

Ein zweites vertiefendes Beispiel aus meiner praktischen Arbeit. In den letzten Jahren wurde ich oft zu Führungskräften kirchlicher Sozialeinrichtungen und Krankenhäuser eingeladen. Wie in allen Unternehmen wurden Leitbilder entwickelt. Wieder tauchte die Kernfrage auf: Was ist ein typisch christliches Leitbild für ein Krankenhaus von Barmherzigen Brüdern oder von Kreuzschwestern? Die Vinzenzholding in Wien ist ein riesiger Verbund mehrerer Krankenhäuser in kirchlicher Trägerschaft. Sie überschrieb ihr Leitbild lapidar mit »Menschlichkeit«. Wer wollte auch etwas anderes wollen, wenn er sich lang genug in die jesuanischen Erzählungen vertieft hat. Als ich beim Pflegepersonal eines säkularen Krankenhauses eingeladen war – wieder ging es das Leitbild –, erzählte ich stolz, dass die Vinzenzholding »Menschlichkeit« zum Leitwort gekürt habe. Die Reaktion war zu meiner Überraschung Ärger und Befremden. Um Menschlichkeit gehe es selbstverständlich auch in ihrem säkularen Krankenhaus. Um was sonst?

Sie haben Recht. Ich musste in der Folge auch in dieser Hinsicht am kirchlichen Leitbild weiterarbeiten. Typisch kirchlich ist nicht eine exklusive Menschlichkeit. Vielmehr praktizieren kirchliche Einrichtungen als »Licht der Welt« etwas, was Gottes Absicht für alle Krankenhäuser ist. Überall soll der Mensch aufkommen und nicht umkommen, nicht nur in kirchlichen Krankenhäusern. Der Kernauftrag der kirchlichen Einrichtungen ist von da aus zu definieren. Sie werden sich krankenhauspolitisch bemühen, dass im Gesundheitswesen einer Stadt die Menschlichkeit in keiner Einrichtung unter die finanziellen Räder kommt. Sie darf nicht dem Sparstift zum Opfer fallen, weil die Zeit der Ärzte und der Pflegekräfte teuer und daher »einsparend« einzusetzen ist. Die kirchlichen Krankenhäuser können also den anderen sagen: Wir alle haben die gleiche Berufung für die Kranken. In unseren kirchlichen Häusern verpflichten wir uns, dass wir dieser gemeinsamen Berufung trotz aller Hindernisse möglichst gut gerecht werden. Wie diese gemeinsame Berufung unter den heutigen Bedingungen eingelöst werden kann, können wir ein gutes Stück auch von den Bemühungen der nichtkirchlichen Krankenhäuser lernen. Und diese lernen vielleicht auch von uns. Typisch auch für kirchliche Einrichtungen ist also nicht, dass sie abgrenzend kirchlich, sondern entgrenzend universell sind: eben »katholisch« im ursprünglichen Sinn dieses griechischen Wortes. Auf diese Weise wird der Umbau des Christentums von konfessionellen Exklusivklubs zum Licht der Welt und zum Salz der Erde praktisch und konkret.

Orpheus und Eurydike

Meinem Lehrer Rolf Zerfaß verdanke ich den Zugang zum griechischen Mythos von Orpheus und Eurydike und dessen Ausdeutung durch Clemens von Alexandrien.[25]

Ich habe diese Geschichte und ihre spirituelle Deutung schon unzählige Male vorgetragen und in den »Kirchenvisionen« publiziert.[26] Kern dieser Erzählung ist die menschheitsalte Frage, was am Ende stärker ist: der Tod oder die Liebe? Bei Sigmund Freud, einem der vielen Großen aus meiner Heimatstadt Wien, heißt dieses Paar Eros oder Thanatos.[27] Im griechischen Mythos siegt am Ende der Tod über die Liebe. Denn der liebende Spielmann Orpheus blickt noch einmal zurück und verliert seine geliebte Eurydike für immer.

Clemens von Alexandrien, mit dem Evangelium im Herzen, gelangt zur gegenteiligen Antwort: Der wahre Orpheus ist Christus, der liebende Spielmann Gottes. Dieser konnte seine Eurydike zurücksingen in das Land des Lachens, der Hoffnung und der Auferstehung. Denn anders als der griechische Orpheus hat er sich nicht umgeschaut. Eurydike aber ist für ihn die Menschheit, die in der Gewalt des Todes war.

Clemens ist Universalist. Es geht ihm um Gott und die Welt. Die Kirche ist für ihn daher nicht mehr und nicht weniger als ein Instrument: die Lyra in der Hand des Christus-Orpheus, die Christi rettendes Lied bis ans Ende der Zeiten singt. Das ist wahrhaft katholisch und zeugt von der Leidenschaft Gottes für alle, die er geschaffen hat. Es zeugt von katholischer Weite.

---

25 Vgl. Zerfaß, Rolf: Ein Lied vom Leben. Orpheus und das Evangelium, in: Miteinander sprechen und handeln. Festschrift für Hellmut Geissner, hg. v. Edith Slembek, Frankfurt 1986, 343–350.

26 Vgl. Zulehner: Kirchenvisionen, 31–40.

27 Irion, Ulrich: Eros und Thanatos in der Moderne, Frankfurt 1987. – Clergue, Lucien: Eros and Thanatos, Boston 1985.

Wurzeln

»Wer nur den lieben Gott lässt walten« – dieses Lied des Vertrauens in Gottes Fügung hat sich schon in meiner Kindheit als zutreffend erwiesen. Ich bin 1939 in Wien in der Geburtsabteilung des Krankenhauses in Döbling zur Welt gekommen. Das war kurz vor Weihnachten, am 20. Dezember um 18.30 Uhr, was für die späteren Geburtstagsfeiern Vor- und Nachteil zugleich war. Die Pfarre St. Paul in Döbling führt meine Aufnahme in die Kirche am 22. Dezember 1939 und meine weitere sakramentale »Karriere« bis zur Subdiakonatsweihe am 19. Januar 1964 im Taufbuch auf.

Ich wurde auf den Kompromiss-Doppelnamen Paul Michael getauft. Paul wollte der Vater mit einer Sympathie für den großen Völkerapostel, die Mutter wünschte Michael. Dieser stand damals bei christgläubigen

Gegnern des gottlosen Nazi-Unrechtssystems als Patron des deutschen Volkes hoch im Kurs.

Zur Priesterweihe im Jahre 1964 übergab mir meine Mutter ihr »Erziehungstestament«, wie es, so vermerkte sie, früher allgemein üblich gewesen sei. Für sie war es ein Dokument, das, wie sie schrieb, »Eltern mit ihrem Segen den Kindern, die heirateten oder sonst aus dem Elternhaus in den Beruf starteten, mitgaben. Auch ›Omani‹ (der Kosename für die Großmutter; P. Z.) hat es getan und ich habe noch immer ihren Brief. Bei großen Dichtern, Künstlern, Staatsmännern kann man es in ihren Biographien nachlesen«. Sie vollendete dieses Erziehungstestament am Feste der Erscheinung des heiligen Erzengels Michael am 8. Mai. Das war ihr wichtig, denn sie vermerkte: »Du weißt, der hl. Michael ist nach meinem Wunsche Dein zweiter Namenspatron geworden.«

Dass ich in Wien zur Welt kam, war familiengeschichtlich eher zufällig. Wichtige Vorfahren kamen aus dem unteren Mühlviertel. Der geschichtskundige Spiritual des Passauer Priesterseminars und spätere Pfarrer im Nobelkurort Griesbach Oswin Rutz hatte mir als seinem Mitbewohner und Lehrer in seiner Promotionszeit einmal erklärt, dass das Wort »Zulehner« sich vom mittelalterlichen »Zu-Lehen« ableitete. Damals hatte nur heiraten können, wer Grund und Boden besaß. Dazu wurden Lehen geteilt. Das Resultat waren Kleinlehen, Zu-Lehen eben. Die »Zulehners« waren also arme »Kleinstbauern«.

Das Studium der Eltern verlagerte unsere Familiengeschichte von Oberösterreich nach Wien. Für eine universitäre Ausbildung waren meine Eltern von der Landeshauptstadt Linz in die Bundeshauptstadt Wien gezogen. Dort wurden sie nach ihrem Studium sogleich berufstätig. Der Vater arbeitete im Österreichischen Patentamt mit Schwerpunkt Elektrotechnik. Die Mutter arbeitete u. a. bei Hildegard Burian, der später Seliggesprochenen, und bei der Stadt Wien.

Fromme liebevolle Eltern

»Wie vieles habe ich nicht in dieses Buch geschrieben! Vieles, das meine Seele in froher Freude aufblühen ließ, vieles, das sie wie unter der Last eines schweren Kreuzes zusammensinken ließ« (Linz, am 15.5.1923). Dieses Zitat stammt aus einem der frühen Tagebücher meiner Mutter. Es

trug die Aufprägung »Denkwürdige Tage des Lebens. Luise Tauber« auf dem Buchdeckel. In ihm erzählt meine Mutter von ihrer zarten Liebesgeschichte zu meinem Vater. Die aufkeimende Liebes-Sehnsucht ihres Mädchenherzens hatte sie zunächst in feinfühliger Weise auf Gott gerichtet. Am 10. Juli 1922 schreibt sie:

»Himmelssehnsucht erfüllt mein Herz. Bei ihm zu sein, bei dem großen lebendigen Gott. [...] Mein Herz sehnt sich nach ihm, mein Herz sehnt sich, in ihm zu sein, ihn voll und ganz lieben zu können. O großer Gott, ziehe mein Herz an dein Herz, nähre meine Liebe, damit sie ganz werde, rein und fleckenlos, damit sie tief werde! – Dich lieben! Seele, was begehrst du mehr, als deinen Gott mit deinen ganzen Kräften und deinem ganzen Wesen lieben zu dürfen? Ihn lieben zu dürfen! O Seligkeit!«

»Geburtshelferin: die Musik«, so vermerkt meine Mutter später vor der Verlobung. Bei einem gemeinsam besuchten Konzert lernte Luise Tauber den stattlichen jungen Mann »Josef Zulehner (mon frère)« kennen. Am 30. Juni 1921 erwähnt sie ihn erstmals in einer Randnotiz mit aufkeimender Zärtlichkeit als »meinen Bruder«. Zum Beginn des Jahres 1923 hatte sie vom Herrn »drei Gnaden erbeten«, darunter »dass er mir die reinste und tiefste Liebe, die je ein Menschenkind für eine Schwesterseele empfunden hat, deren ein Menschenkind überhaupt fähig ist, zu meinem Bruder gebe« (Linz, 2. Jänner 1923). Die Liebe wuchs rasch. Weil sie für damalige Zeiten weit auseinander lebten und weit weniger Kommunikationsmittel hatten, als uns heute zur Verfügung stehen, kam zunehmend eine Zeit des schmerzhaften Vermissens. Luise lebte in Hinterschiffl, Josef, für sie der »Pepi«, in Linz. Ihre beginnende »Freundschaft« war durchdrungen von einem tiefen gläubigen Verbundensein. Dieses zeigte sich in den damals geübten Frömmigkeitsformen und uns Heutigen eher entfernteren Bildern. Das gemeinsame religiöse Suchen hat ihrer Liebe ein ganzes Leben hindurch ein starkes Fundament verliehen:

»Ich habe dich erwartet, lieber Bruder, gestern schon, heute noch und noch immer wartet meine Seele. Du hast telegraphiert, Mittwoch komme ich und da hab ich mich schon so gefreut, alles bereitgehalten zu deinem Empfange – doch du bist nicht gekommen gestern, am Mittwoch. Da wartete ich: Und du wirst bestimmt kommen am Donnerstag – und am Freitag gehe ich dann mit dir zum Heiland, du solltest mich am Freitag, dem Herz-Jesu-Freitag zum Heiland führen, nachdem ich so viel und so schwer gekämpft habe um des Heilands Liebe – aber du kamst nicht. Und meine Seele, die zwei Tage in unsäglicher Spannung und Erwartung sich hinquälte, empfand nun auf einmal einen tiefen brennenden Schmerz und ich mußte immer nach meinem Herzen greifen, das so wild zuckte und so unsäglich schmerzte: denn die ganze Erwartung und das unnennbare Heimweh, das ich immer zurückgedrängt verhalten habe, die nun in diesen 2 letzten Tagen hervorbrechen mußten, mußten weil mein Herz zu klein wurde, weil es in wilden Schlägen durchzuarbeiten drohte durch meinen Körper – – – das ganze Heimweh formte sich nun in die eine Frage: ›Bruder, Bruder, ich will verzichten auf die Freude, bei dir sein zu dürfen und mit dir zum Heiland zu gehen. Aber du lieber Heiland, segne uns, schütze uns …‹ Es brauchte lange, bis sich diese Ergebung herauskristallisiert hatte, denn mein Schmerz, mein Heimweh war zu groß, zu wild, zu furchtbar. Und jetzt noch, da ich das schreibe, zittert meine Seele und weint, weint zwar nicht mehr in qualvollem Nichfassenkönnen des ›der Mensch denkt und Gott lenkt‹, sondern weint voll Vertrauen auf das hlst. Herz Jesu um Schutz und Liebe dieses Herzens für dich. Ich werde morgen allein zum Heiland gehen, aber meine Seele wird durch das Opfer der eigenen Wünsche nur inniger mit dir vereint sein, bringt sie doch dies Opfer dar für dich, dass dir dann der Heiland soviel Heilandssehnsucht gebe, als deine

Seele zu fassen imstande ist. N. c. P. P. B. V. M.« (Hinterschiffl, 2. August 1923)

Feinfühlig näherten sie sich einander an bis hin zur »*Verlobung des Pepi und der Luise*« am 5. Oktober 1925 in Linz. Jetzt war aus der Sehnsucht des Mädchens die Liebe einer schönen und begehrenswerten Frau geworden. Es war eine berührend innige Liebe zwischen den beiden gereift.

»Heimweh. Was klagst du nach mir, mein Herzliebster du? Was trägst du in dir so rastlose Ruh? Was fragst du so bang: ›Liebst du mich denn noch? Obwohl ich dir fern, liebst du mich doch?‹ – Du Herzliebster mein! Ach wüßtest es du, wie sehr ich bin dein, du hättest dann Ruh! Doch du darfst es nicht wissen, welche Lust ich trag in mir, dich tausendmal zu küssen. Wie heiß mich's zieht zu dir! Und ich darf nicht klagen. Muss still verschwiegen es tragen. Und könnte dir schicken nur einen Blick, du bebtest zurück vor dem Weh, das sich daraus spiegelt. – – – Nur an deiner Brust könnt es gesunden! O nimm mich voll Lust an deine Brust, und alles Weh wäre mir dann Lust, die höchst selge Lust im du zu sein. So sehne ich mich nach dir heim!« (Hinterschiffl, 17.Sept. 1926)

Am 30. Oktober 1930 heirateten Pepi und Luise. Vierzig gemeinsame Jahre waren ihnen geschenkt: mit guten und mit bösen Tagen, bis im Jahre 1970 der Tod Luise von Josef schied. Die Gattin überlebte den Gatten um lange sechzehn Jahre.

Als 1932 als erstes von fünf Kindern Josef geboren wurde, blieb die Mutter fortan zu Hause. Sie war von da an ein ganzes Leben lang Hausfrau. Nach meinen späteren Studien unter Männern und Frauen ist sie den traditionellen Frauen zuzurechnen, wenngleich mit einer »modernen Unterbrechung«. Sie hatte dieses Frauenbild von ihren Eltern geerbt. Sie formulierte es selbst einmal so (Linz, 5. Okt. 1922):

»Eine Frau, die begreift, daß das Weib zum Opferleben geschaffen ist, die nicht vergißt, dass weibliche Tugend ohne Entsagung, Entbehrung, Bescheidenheit, Geduld und große Selbstüberwindung nicht vorhanden ist, trägt das Glück zufriedener Häuslichkeit in eine Familie hinein. Es herrscht Einigkeit, Liebe, Zufriedenheit und häusliches Wohlbehagen. Das ist der Boden, auf dem die gute Kindererziehung am besten gedeiht. Selbstüberwindung und Opferliebe des Weibes sind die Grundsteine zum häuslichen Glück. Der Mann, der sich im eigenen Heim wohlfühlt, bleibt gern in der Familie. Er sucht das Vergnügen nicht außer dem Hause und trägt in sich den Frieden und die Zufriedenheit. – Das Familienglück muss, ob dies auch mancher Mutter schwerfallen mag, vor der Liebe zum Kind stehen. Das häusliche Glück kommt ja doch in erster Linie den Kindern zugute, während Familienzwiste wie Rauhreif auf die Kinderseele wirken. Kommt der Mann müde und abgearbeitet heim, dann muß im Haus alles darauf eingestellt sein, dem Gatten und Vater das Daheim recht behaglich zu gestalten. Das sei oberstes Gesetz, das auch das Jüngste des Hauses zu beachten hat.«

Dass sie zusammen mit ihrem geliebten Pepi nach Wien zum Studium ging, passt freilich nicht zu diesem Ideal. Ihr war bewusst, dass sie jetzt mit der ererbten Tradition brach. So vermerkte sie am 2. August 1921 in ihrem Tagebuch:

»Das Mädchen im Studium. Das Mädchen, das Weib und das Studium. Die Natur hat das Weib in die Häuslichkeit berufen, das Weib reißt sich aber von seiner Bestimmung los, wird es Glück finden, dort, wo es dieses sucht, nicht im Daheim, beim lodernden Feuer, nicht in der stillen Einsamkeit, sondern draußen, wird es da das Glück finden? Es ist ein harter Kampf in dem Gemüte der Frau, ihrem Verstande, wer wird siegen? Das Gemüt ist sehr heftig, dass es alle klare Überlegung des Verstandes trübt. Das Herz schreit, schreit laut in wilder stummer Qual. O dass ich ein Kind wäre! So klein im Wünschen, ganz klein! Aber wer will mir diese leidenschaftlich wogende Glut stillen helfen?«

Der Verstand siegte. Luise ging zum Studieren nach Wien. Damals ahnte sie noch nicht, dass – mit Unterbrechungen – Wien ihre zweite Heimat werden sollte. Erst spät in ihrem Leben kehrte sie nach Oberösterreich »heim«, um dort auch zu sterben und in St. Thomas begraben zu sein. Am 15. Mai 1923 schreibt sie in Linz ins Tagebuch:

»Im April war ich anläßlich einer Studienreise in Wien, zum ersten Mal in einer Großstadt [eigentlich war ich schon als kleines Kind einige längere Zeit in Wien – aber, das ist entschwunden wie ein flüchtiger Rauch]. Was weiß meine Seele zu erzählen von Wien? Sie sagt in stiller, großer Erinnerung: sie wäre nicht reif genug noch, fest zu stehen, unerschütterlich, unbewegt, im großen Wirren der Großstadt. Ach ja, ihr kam es vor, wie wenn sie auf eine fremde, einsame Insel verschlagen worden wäre – , keinen Heiland, kein Bruder, alles anders, alles neu, aber alles äußerlich, oberflächlich, mit einer nervösen, prickelnden, die Sinne aufpeitschenden Hast und Weltsucht – und in meiner Seele die Sehnsucht nach dem Heiland, nach Frieden – – – das war das Wien für meine Seele – Wien gab ihr aber noch einen weiteren Urteilsblick für die Täglichkeiten des Lebens – und die brennende Sehnsucht nach einem entschwindenden Kinderland und das wache Ahnen war – es war dieses große Ringen des Lebens – und gab ihr das erwachende Erkennen vom Weibe – und legte ihr die mächtige, tiefste Bitte in ihre versunkendsten Falten, dass Gott sie noch lange, immer, ewig im Kindsein halte.«

Trotz hervorragender akademischer Bildung als Dr. rer. soc. oec. und einer kurzen Berufstätigkeit unter anderem bei Hildegard Burjan im Sozialbereich gab sie dem Leben einer Mutter mit uns Kindern den Vorzug. Ihr kirchlicher Hintergrund stützte sie dabei. Was sie als junge Frau bei einem Vortrag in der Linzer Marianischen Kongregation von einem »Dr. Klug« gehört hatte, wurde Leitlinie für ihr künftiges Leben:

»Der Mann zieht das Weib an sich: ›Her zu mir!‹ Das ist das Wesen des Mannes dem Weibe gegenüber. Und das Weib strebt mit jeder Faser ihres Seins: ›Hin zu ihm!‹ Darin zeigt sich die schützende Königswürde des Mannes über das Weib und die demütige, hingebende Königswürde des Weibes zum Mann. Sie entschließen sich beide frei in ihrer Königswürde. In diesem Augenblick aber geschieht noch ein zweites: das Zeugen eines lebendigen, selbständigen Wesens und das ist das Herrlichste, die schöne Blüte der ›hingebenden Liebe‹.« (Wien, 18. Okt. 1928).

Zwölf Kinder wollte meine Mutter bekommen – nicht ganz so viele wie Kaiserin Maria Theresia –, sieben Mal war sie schwanger, fünf Kinder gebar sie, drei verlor sie: Nach dem Erstgeborenen Josef im Jahr 1932 kam 1934 Hans dazu, 1938 Jörg und als vierter Bub 1939 schließlich ich. 1943 war eine erste Fehlgeburt mit einem Mädchen. Das einzige Mädchen, Maria-Luise, ließ bis 1947 auf sich warten. 1949 war dann noch eine Fehlgeburt von weiblichen Zwillingen.

Die Mutter war eine Vollblut- und Fulltimemutter. Die Familie bedeutete ihr alles. Sie schuf eine »matriarchale Oase«, die durch das Einkommen des Vaters gesichert wurde. Im Haus hatte sie das Sagen. Die Rollen waren arbeitsteilig: Der Vater sorgte für das Einkommen, die Mutter für das Auskommen. Das musste sie beherrschen, war sie doch in den Kriegsjahren allein »Frau im Haus«. Sie war eine exzellente Köchin: Ihre Weihnachtskekse waren ebenso unübertrefflich wie ihre Weihnachtsgans. Kochen hatte sie als junges Mädel in der Küche des Stiftes Schlägl gelernt. Mit ihrem nahezu gluckenhaften Familiensinn konnte sie übertreiben. Mit Argwohn achtete sie auf unsere Freundschaften schon als Kinder und auch später. Für sie hatte die Familie Vorrang – für uns Buben hingegen nicht. Als sich dann Jörg verliebte und vom Telefon nicht loskam, überwachte sie ihn gekonnt und beschränkte seine Zeiten, die er für seine Linda abzweigen durfte.

Jörg hat diese seine erste Liebe dann doch nicht geheiratet, sondern sich ziemlich rasch – an der Mutter vorbei – mit Dorith vermählt, mit der er einen Buben und zwei Mädchen hatte. Michael der Jüngste ist Historiker, lebt seine Leidenschaft für das Mittelalter in professionell-spielerischer Weise. Elisabeth arbeitet als erfolgreiche Tierärztin in einer Praxis, die sie sich mit einer Kollegin teilt. Die Älteste der drei, Christine, arbeitet als Professora auf einem Lehrstuhl in Frankfurt, auf den sie von der Universität in Linz berufen worden war; ihre Tochter Lisa kommt in ihrer akademischen Karriere in Ius gut voran.

Aber zurück zu mir und meinem Verhältnis zu meiner Mutter: Ich frage mich manchmal, ob ich ohne die erlebte und erlittene »Übermütterung« und gleichzeitiger »Unterväterung« auch unverheiratet geblieben wäre? War ich gar lange ein Muttersohn? Und mein ältester Bruder auch? Und geriet meine Schwester zu einer Muttertochter, die nie zu einem Mann kam, auch weil die Mutter von ihr im Alter die Pflege für sich und für den behinderten Bruder Hans erwartete?

Meine Mutter behielt ihr ganzes Leben hindurch die in ihrer Kindheit und Jugendzeit gewachsene Frömmigkeit. Und so sehr sie marianisch geprägt war, lebte sie im Innersten eine auf Jesus ausgerichtete Spiritualität. So schrieb sie 1918, 13-jährig, an ihre Freundin:

»Ist Jesus bei dir daheim, so ist alles gut und alles leicht.
Ist aber Jesus nicht bei dir, so ist alles bitter und hart.

Ach, ihn nicht haben, das ist ein größerer Verlust, als die ganze Welt verloren zu haben.

Was kann dir denn die ganze Welt geben ohne ihn?

Ohne Jesus sein, das ist eine ganze Hölle von Angst.

Bei Jesus sein, das ist ein Paradies voll lieblicher Früchte.

Wer ihn aber verliert, der hat zu viel verloren und mehr als die ganze Welt.

Wer ohne Jesus lebt, der ist aus allen Armen der ärmste.

Wer bei Jesus wohl daran ist, der ist aus allen Reichen der reichste.

Sei demütig und friedsam, und Jesus ist bei dir. Sei andächtig und stille, und Jesus bleibt bei dir.

Man soll lieber die ganze Welt zum Feinde haben, als das zarte Auge Jesu betrüben.

Aus allen deinen lieben Freunden soll dir Jesus dein liebster Freund sein.

Du sollst alle Menschen um Jesu willen lieb haben, aber Jesus um seinetwillen.

Um seinetwegen und in ihm sollen dir alle, Freunde und Feinde, lieb sein.

Für alle sollst du zu ihm bitten, dass ihn alle erkennen und lieb haben.

Lerne mit gleichem Mute feststehen, bereit zu allem, was Gottes Wille ordnet, und alles, was über dich kommt, zur Ehre Jesu tragen.

Am 3. Herz-Jesu-Freitag 1918.

Deine Freundin Luise Tauber.«

Von der Tiefe ihrer Frömmigkeit zeugt auch das folgende mystische Gedicht, das sich in einem ihrer frühen Tagebücher findet und das sie mit der Bemerkung einleitet: »Heute bin ich wieder einmal recht aufgelegt zum Dichten.« (9. Juni 1920):

»Bei Gott!
Ich habe meine arme Seele
in den Traum der Nacht versenkt.
Ich habe Dir mein kleines Leben
und mein müdes Herz geschenkt.
Du wirst es finden in der Frühe
beim ersten Morgendämmerglanz.
Du wirst mich abends wieder suchen,
wenn ich so ferne Dir und ganz
In dunkle Sorgen noch versponnen

vom Tage her, und doch Dir nah.
Du wirst mein leises Weinen hören
und mir dann sagen: Ich bin da!
Dann wird mein Herz in wunden Wonnen
vor dir aufseufzen und dich schau'n
in Deiner gütestillen Treue,
so wie beim frühen Morgengrau'n.
Und dann wird es zu Dir sich neigen
und betend vor dem Bilde seh'n,
das Du in meine Seele prägtest
von Dir, und alle Wege geh'n
Mit Dir gemeinsam nun und heimwärts,
wo jede Not vergessen ist,
und jeder Traum sich schweigend auftut
in lichte Klarheit, die Du bist.«

Nur für die Familie da zu sein war für die gut ausgebildete Akademikerin
nicht erfüllend. Da kamen ihr ihre mystische Ader und ihre Marienverehrung in Praxis und Theorie zugute. Sie hatte neben dem Guadalupe-
Gnadenbild in der Wiener Votivkirche eine große Votivtafel anbringen
lassen und erreichte, dass dort täglich der »Familienrosenkranz« gebetet
wurde. Alsbald begann sie tiefsinnige Spekulationen über die Bedeutung
des Rosenkranzes im Kosmos der Heilsgeschichte und im innertrinitari-
schen göttlichen Liebeshaushalt. Während meiner Gymnasialzeit habe
ich oft stundenlang nach ihrem Diktat ihre Gedanken in eine alte Schreibmaschine getippt. So lernte ich nebenbei flüssig Schreibmaschine schreiben. Frömmer bin ich freilich nicht geworden, im Gegenteil: Rosenkranz-
beten verband sich untergründig immer mehr mit abgenötigten
Schreibstunden von Texten, die ich damals nicht durchschaute und in
ihrer mystischen Abgründigkeit wohl auch heute nicht wirklich verstehe.
Diese Texte wanderten dann zum Jesuiten Alois Schrott SJ, der sie auf ihre
Rechtgläubigkeit hin begutachtete. Publiziert wurden sie nie. Heute ahne
ich, dass durch dieses mystische Spekulieren meine Mutter nicht nur ihre
gläubigen Ahnungen, ja Visionen niederschrieb. Sie wollte vielmehr zugleich, wenn auch spät in ihrem Leben, etwas aus ihrer brachliegenden
akademischen Bildung machen. Heute würde ich sie vielleicht anders unterstützen. Oder sie würde auf ihrem eigenen Laptop schreiben.

Kohlstatt

An meine ganz frühe Kindheit in Wien habe ich keinerlei Erinnerungen. Die Zeit war dafür zu kurz und ich noch zu klein. Österreich war 1938 von Hitler annektiert worden. Der Vater musste in den Krieg. Die Waffe wollte er nie verwenden. Es gelang ihm, Techniker an der Russischen Front zu werden, wo er mit hohem Rang im Bodenpersonal Kampfflieger erwartete. Heute noch hängt eine schwarze Fliegeruhr mit Leuchtziffern in meiner Wohnung. Der Vater hatte sie aus einer abgestürzten Maschine ausgebaut und als Erinnerungsstück heimgebracht.

Als sich die Entwicklung des Krieges an der Ostfront gegen die deutschen Aggressoren wendete und es erste Anzeichen einer Niederlage gab, drängte mein Vater die Mutter dazu, mit uns Kindern Wien zu verlassen. Es war 1941. Aufgrund der Annexion Österreichs durch das Hitlerdeutschland waren an der offenen niederbayerischen Grenze zwei deutsche Zollhäuser frei geworden. Zwei Onkel mütterlicherseits, Walter und Julius, hatten sie erstanden. In eines der Häuser konnten meine Mutter und wir vier Kinder einziehen. Beim einem der ersten Luftangriffe auf Wien 1944 wurde die Wohnung in der Formosagasse in Döbling völlig zerbombt. Kein Wunder, dass meine Mutter für die rechtzeitige Übersiedlung Gott dankbar war. Der Wunsch des Vaters erschien wie eine wundersam-fürsorgliche Anweisung des Himmels. Wieder einmal hatte»der liebe Gott gewaltet«. Meine Eltern verbanden diesen göttlichen Schutz mit dem heiligen Josef, den Namenspatron des Vaters.

Aus dieser Zeit im hintersten Winkel von Niederbayern habe ich einige wenige, dafür markante Erinnerungen behalten. Ein Tiefflieger stürzte in ein benachbartes Haus eines Schmiedes, das in Flammen aufging. Ich habe Panzer in Erinnerung, die sich bedrohlich auf der Straße vor unserem Haus aufbauten. Nicht gut schmeckte der gummiartige gelbe Käse aus den amerikanischen Care-Paketen. Linsen schmecken mir bis heute nicht wirklich. Auch sehe ich, wenn ich die Augen schließe und zurückdenke, den Feuerschein von benachbarten

Grenzort Wegscheid. Diesen Markt wollten versprengte SS-Truppen vor den andrängenden Amerikanern halten. Er wurde nächtens beschossen. Viele Häuser brannten ab und Menschen kamen unnötig ums Leben. Die Kapitulation war unter massivem Druck aus verirrtem Durchhaltewillen verhindert worden.

Bevor russische Soldaten das Mühlviertel besetzten und die Grenze zu Deutschland wieder geschlossen wurde, waren wir nur wenige hundert Meter übersiedelt. Wir zogen von der Kohlstatt auf der Bayerischen Seite nach Hinterschiffl in Oberösterreich. Meine Tante väterlicherseits war dort Wirtin in einem Gasthaus. Zu diesem gehörte einen größerer landwirtschaftlicher Betrieb. Dort konnten wir unterkommen, freilich schon mit Blick auf eine baldige Rückkehr nach Wien. Der Vater wollte wieder in der Elektrotechnischen Abteilung des Österreichischen Patentamts arbeiten. Mit meinem alten Großvater spielte ich »Schnapsen«. Bei den häufigen heftigen Gewittern zündeten wir Kerzen an und beteten den Rosenkranz. Strom gab es nur, wenn der hauseigene Dieselgenerator angeworfen wurde. Der landwirtschaftliche Betrieb und ein großer Garten neben dem Anwesen lieferten das zum Leben Nötige. Es waren einfache Verhältnisse, in denen ich aufwuchs. Diese Kindheitsarmut erleichtert mir bis heute einen einfachen Lebensstil.

Familiärer Solidaritätstrainer

Bei meinem um fünf Jahre älteren Bruder Hans, zeigte sich eine retardierte geistige Entwicklung. War sie durch eine damals noch nicht ausgereifte Behandlung einer Gehirnhautentzündung verursacht, also durch eine aggressive Röntgentherapie, wie meine Mutter meinte? Oder handelte es sich um eine ererbte Behinderung? Meine Mutter, der wegen ihrer vier Kinder das Mutterkreuz angetragen worden war, das sie aber ablehnte, war wegen Hans sehr besorgt. Es war ihr nicht verborgen geblieben, dass die Nazi-Schergen Kinder mit Behinderung einsammelten und nach Hartheim bei Eferding verfrachteten. Auch in Wien hatte sie schon vom Spiegelgrund gehört, wo an Behinderten wissenschaftlich geforscht wurde. Sie sollten dort als medizinische Versuchsobjekte herhalten. Viele kamen bei den Versuchen selbst um, andere wurden »entsorgt«. Zwischen 1940 und 1944 wurden allein in Hartheim etwa 30 000

Menschen ermordet, die von den Nationalsozialisten als »lebensunwert« klassifiziert wurden. Mit all diesen Fragen musste meine Mutter während der Kriegsjahre weithin allein fertig werden. Der Vater kam nur selten auf Heimaturlaub. Wenn er kurze Zeit daheim war, habe ich ihn ziemlich erschöpft erlebt. Um nach Hause zu kommen, musste er mit der Mühlkreis-Eisenbahn von Linz nach Öpping fahren. Von dort aus legte er die letzten 15 Kilometer mit einem Fahrrad zurück.

Trotz des Krieges erinnere ich in der Kohlstatt eine unbeschwerte Kindheit. Wir hatten als Kinder sehr viel Zeit ohne Erwachsene. Meine Mutter hielt Schafe und Hühner, hatte einen großen Garten und machte Marmeladen. Die Winter waren schneereich. Auf primitiven Holzbrettern lernte ich Skifahren. Noch vor meinem sechsten Geburtstag wurde ich eingeschult. Der Weg zur Schule von der Kohlstatt nach Thalberg ging bergauf und dauerte eine gute Stunde, wie auch der Weg zum sonntäglichen Gottesdienst.

Ein Ereignis der Kohlstätter Zeit habe ich noch besonders plastisch vor Augen, weil es mit großer Angst verbunden war. Inmitten der Felder unterhalb des Hinterschiffler Wirts- und Bauernhauses lag ein großer Teich. Es war Winter und Hans, Jörg und ich streunten umher. Der Teich war zugefroren. Hans ging aufs Eis. Er brach ein. Dann stieg Jörg aufs Eis, um ihm herauszuhelfen. Auch er brach ein. Und anschließend wagte ich mich aufs Eis. Mir ging es nicht anders als meinen beiden Brüdern zuvor. Josef, der glücklicherweise zu uns stieß, konnte uns drei schließlich ans Ufer ziehen. Bei eisiger Kälte aber waren wir völlig durchnässt. Wir liefen rasch heim. Als uns die Mutter sah, war sie zunächst zu Tode erschrocken. Dann setzte es eine ordentliche Tracht Prügel, versehen mit strengen Worten. Es folgte ein heißes Bad und ein starker Tee mit Honig. Krank ist keiner von uns geworden. Das Ereignis war uns freilich eine gründliche Lektion.

Noch eine weitere Erfahrung gleich nach Ende des Krieges ist mir in nachdenklicher Erinnerung. Schon im Wirtshaus der Tante wohnend, saß ich am offenen Fenster. Ich blätterte in einem Schulbuch aus der Nazizeit. Da kam ein russischer Soldat zu mir ans Fenster. Ich hatte vor dem fremden Mann Angst – unnötig, wie sich herausstellte. Denn dieser nahm das Buch, schaute hinein und entdeckte ein Bild mit dem Hakenkreuz. Da nahm er eine Stricknadel, die am Tisch lag, und kratzte das Hakenkreuz aus dem Buch heraus. Bis heute habe ich den freundlichen russischen Soldaten mit Gewehr und Uniform in guter Erinnerung. Ich bin ihm dankbar für diese diskrete und überaus ein-

drückliche Art der Vergangenheitsbewältigung. Die Lektion war verständlich. Jene Zeit, die bei meinen Eltern nie Zustimmung gefunden und wegen Hans ständige Angst verursacht hatte, war endlich vorbei.

Was ich bis heute schade finde, ist, dass uns der Vater nie vom Krieg erzählt hat. Lediglich ein politisches Bonmot habe ich von ihm gelernt: »Vor dem Krieg wollten wir ›heim ins Reich‹. Nachher sagten wird: ›Heim, ins [uns] reichts!‹« Sonst waren aber seine Erfahrungen und Bewertungen des Unrechtssystems kein Thema für Gespräche mit uns Kindern. Und das auch später nicht. Uns ging es wie vielen aus meiner Generation. Unsere Väter waren in etwas involviert, wovon sie gar nicht oder nur sehr ungern erzählten. Weiß Gott warum. Sie waren wohl traumatisiert. Gewiss: Mein Vater war überhaupt ein großer Schweiger. Er war ein Mann, der kaum Gefühle zeigte und noch weniger über sie sprach. Er schien das alles in seinem Inneren vergraben zu haben, um es allein zu verarbeiten. Und wir Kinder haben nicht gefragt. Bis zu seinem viel zu frühen Tod nicht. Leider nicht! Ich wüsste heute gern, was ihn bewegte, worunter er litt, wie er die unselige Zeit beurteilte, wie sie ihn geformt hatte. Gehört habe ich, dass er mit dem Flugzeug zweimal abgestürzt, aber immer unverletzt geblieben sei. Ich weiß aber nicht, was damals wirklich geschah. Ein aus Plastik gefertigter Kampfflieger steht heute bei mir im Regal und erinnert mich an solche Erzählungen.

Auch als wir nach einer Zwischenstation in Ottensheim bei Linz im Jahr 1947 wieder nach Wien zurückkehrten, blieb Hans die Hauptsorge meiner Mutter. Wegen Hans ist die Familie Mitte der Siebzigerjahre nach Oberösterreich in das kleine 500-Einwohner-Dorf St. Thomas bei Waizenkirchen gezogen. Viele Jahre hatte Hans es dort gut und lebte geregelt mit der Mutter, mit Josef und mit Maria-Luise. Er strickte Socken, bestickte Hosenträger und knüpfte Teppiche. Maria-Luise baute etwas später nebenan für sich und ihre Freundin ein eigenes Haus. 1981 starb die Mutter, was für Hans ein schwerer Schlag gewesen sein muss. Danach lebte er im Haus mit Josef zusammen, ging mit ihm Milchholen und Wandern. Dabei beteten sie unzählige Rosenkränze.

Als dann auch Josef am Fest der Unbefleckten Empfängnis des Jahres 2003 überraschend starb, ging es mit Hans nur noch für kurze Zeit ganz gut. Eines Tages aber fing er an, Tag und Nacht nicht mehr unterscheiden zu können. Mitten in der Nacht wollte er sein Frühstück. Da war ein Heimplatz im nahegelegenen Altenheim Gaspoltshofen ein unvermeidlicher Segen. Hans hatte beste Pflege und gute ärztliche Betreuung. Am 8. September 2011 verstarb er im Krankenhaus Grieskirchen 77-jährig an einer schweren Lungenentzündung.

Was Hans mir und der ganzen Familie bedeutet hat, habe ich am 24. September 2011 in der Predigt zu seiner Beerdigung der Trauergemeinde erzählt. Später habe ich diese Predigt auf meine Homepage gesetzt, wo sie einer der meistabgerufene Beiträge ist. Vielleicht deshalb, weil ich in der Predigt einem liebenswürdigen Menschen mit Behinderung theologisch gerecht zu werden versucht habe? Und weil sich Leserinnen und Leser, die in ihrer Familie auch einen Menschen mit Behinderung haben, darin mit ihrer Sorge wiederfinden? Hans war als ein Mensch mit Behinderung ein Lehrmeister für uns, die wir uns ohne Behinderung wähnen.

Er hat ein verborgenes Leben gelebt. Sein Lebensraum war eng, sein Zugang zur weiten Welt eher verschlossen. Wenig von dem, was ihn bewegte, konnte er in Worte kleiden. Das war die Welt, in der Hans lebte. Und doch gab es Schätze in seinem Leben, in dem er aus unserer Sicht arg behindert war. Ich möchte es an zwei Symbolen zeigen, die aus der kleinen, aber vielleicht reicheren Welt stammen, als wir ahnen.

Der Teppich

Hans konnte mit einer Eselsgeduld nähen und knüpfen: Hosenträger in Fein-Goblin, Kelim-Teppiche. Die Mutter und später Maria-Luise besorgten die Vorlagen und die verschiedenen farbigen Wollen. Hans schnitt die Fäden in der erforderlichen Länge. Dann zog er Faden um Faden in die Vorlage ein. Kaum ein Tag, da er nicht konzentriert über den unaufhaltsam wachsenden Teppich gebeugt arbeitete. Er ließ sich dabei auch nicht gern stören. Manchmal hat sich unbemerkt ein Knüpffehler eingeschlichen, den Hans nicht gleich bemerkte. Viele Reihen weiter hat er ihn dann entdeckt. Dann war er nicht mehr aufzuhalten. Er trennte alles, was nach dem Fehler kam, entschlossen auf, mag der Fehler auch noch so klein gewesen sein.

Ordnung

Ein Sinnbild für eine starke und zugleich auch nicht einfache Fähigkeit von Hans! Es musste alles seine genaue Ordnung haben. Der Tagesablauf war strengstens geregelt, vom Aufstehen, dem Waschen und Anziehen, der Zahl der Brote beim Frühstück, die Suppe, das Getränk und die Nachspeise bei jeder Mahlzeit, das Schlafengehen. Die Ordnung hat seinem Leben einen starken Rahmen gegeben. Sie hat ihn gehalten. Bis ans Ende seines Lebens. Wie wichtig ihm die Ordnung war, hat sich gezeigt, als er vor seinem Umzug nach Gaspoltshofen das Gespür für Tag und Nacht vorübergehend verloren hatte. Da geriet sein eigenes Leben und mit ihm das der Menschen in seiner Umgebung aus den Fugen.

Gewebe

Seine Begabung, Teppiche zu knüpfen, zeigt aber auch eine bewundernswerte Eigenschaft von Hans. Obwohl er stark behindert war, führte er sein eigenes Leben. Er war im strengen Sinn dieses Wortes sehr eigensinnig. Oft tat er nicht, was andere von ihm erwarteten und was aus deren Sicht gewiss sinnvoll war. Aber sein Eigensinn stellte auch sicher, dass es sein Leben war. Und wie er Teppiche zu schönen Kunstwerken erschuf, hat er so aus seinen Lebensmöglichkeiten SEIN Leben gewoben. Und auch das ist jetzt, wo sein Lebensteppich fertig gewoben ist, in einem ganz eigenen Sinn ein Kunstwerk geworden, mit 77 Jahren, an einigen Orten, und mit einem großen Charme, den er zweifelsfrei besaß. Er konnte mit seiner anhänglichen Art das Herz vieler Menschen gewinnen. Die Sprache der Zuneigung war für ihn bildhaft und einfach. Er strahlte, wenn man ihn fragte:»Bist du mein lieber Spatz?«

Rot

Ein zweites Symbol, das viel vom Reichtum des von außen her eher ärmlichen Lebens von Hans zeugt, ist seine kompromisslose Liebe zur Farbe Rot. Was immer er sich wünschte, sollte rot sein: das Armband der Uhr, die Trainingshose, die Möbel in seinem Zimmer, die Bettwäsche.

Rot ist für das russische Volk die Farbe des Schönen: krasnij – der »rote Platz«. Hans liebte diese Farbe. Sie machte sein graues Leben schön. Rot ist die Farbe des Feuers, des göttlichen Geistes, der Liebe. Letztlich trägt jeder von uns diese Sehnsucht nach der schönen Liebe in sich – und wir Theologen fragen behutsam, ob diese unstillbare Sehnsucht nicht Gottes charmante Art ist, sich bei uns Gottvergessenen in Erinnerung zu halten. Ob jetzt Hans in einer Welt ist, voll von Rot, von Schönem, von Liebe? Ich stelle mir seinen Himmel jedenfalls so vor.

Entfesselt

Das bringt mich zu einem dritten Gedanken, der mich als Theologen oft beschäftigt hat, und der mir an Hans so anschaulich geworden ist.

Gott erschafft jeden Menschen, so sagen wir, vor allem Hinschauen auf die Realität. Das macht Gott aus der Tiefe seines Wesens, so fügen wir hinzu und nennen es Liebe. Dann aber sehe ich Hans und seine Behinderungen. Und höre mit betroffenem Herzen die vielen anderen ratlos fragen, denen ein Kind mit Behinderungen geboren wird. Warum nur? Ich war vor wenigen Tagen im Holocaustmuseum in Washington. Dort sah ich Bilder von Hartheim und Kindern mit geistigen Behinderungen, ein achtjähriges Mädchen, ein zehnjähriger Bub, nackt, mit dem Kommentar: kurz vor ihrer Tötung. Lebensunwertes Leben nannte man es. Hans war damals ein potenzieller Kandidat für Hartheim. Hat also solches Leben keinen Wert? Birgt es keinen Sinn in sich?

Ich habe für mich eine Idee entworfen. So wie ich Hans kennen und lieben gelernt habe, dachte ich immer: In ihm steckt weit mehr, als sich in seinem ohnedies langen Leben entfalten konnte. Aber sein Potenzial, seine reichen Begabungen: Sie sind gleichsam gefesselt durch organische Schäden, die er schon ins Leben mitbrachte oder erst später durch eine medizinisch folgenschwere Behandlung erlitt.

Dann aber stelle ich mir vor, dass im Tod, wo er all diese tragischen Behinderungen abwerfen konnte, all seine Fähigkeiten entfesselt worden sind. Hans ist, was Gott in seiner Liebe aus ihm seit eh und je machen wollte – ein Kunstwerk seiner Schöpfung, der schönste aller Teppiche, von Hans angefangen und von Gott zu Ende gewoben, den es im Himmel gibt – und das alles mit einem betörenden Rot des Schönen und der Liebe. Wie sehr ich Hans diese Entfesselung wünsche und vergönne! Und ich gestehe, schon jetzt bin ich neugierig, wie er – entfesselt von all seinen Behinderungen – aussieht dort und liebenswürdigen Charme verbreitet.

Anregende Vielfalt

Während des unseligen Krieges, des zweiten, der mit dem Beiwort »Welt-« versehen worden war, war mein ältester Bruder Josef nach St. Max ins Passauer Knabenseminar gekommen. Kirchlich gehörten wir in diesen Jahren zur Diözese Passau. Dass ich später in diese zurückkehren sollte, davon ahnte damals noch niemand etwas.

Nach der Matura ging Josef zum Studium der katholischen Theologie nach Innsbruck. Nebenbei studierte er dort Physik – väterliches Erbe? Er war ein bei Alois Forer ausgebildeter glänzender Organist. Ich war ergriffen, wenn er das unglaublich packende Alleluja aus dem Zwischenspiel des Oratoriums »Das Buch mit sieben Siegeln« von Franz Schmidt erklingen ließ. Musikalisch begabt erlernte er allein das Cellospiel, beherrschte zur Begleitung von Liedern die Gitarre und vergnügte – ob gelegen oder ungelegen – seine Umwelt mit improvisiertem Spiel auf einer Pikkoloflöte. Musizierten wir daheim alte Meister, spielte er Blockflöten aller Stimmlagen.

Während des Studiums hatte Josef mit dem Fahrrad einen schweren Verkehrsunfall. Auf einer seiner langen Radtouren durch Europa schlief er auf der Bundesstraße bei Wels ein und fuhr ungebremst von hinten auf einen amerikanischen Sattelschlepper auf. Dieser Unfall beeinträchtigte seine akademische Strebsamkeit. Seine theologische Doktorarbeit blieb unvollendet; das philosophische Doktorat hatte er schon vor dem Unfall abgeschlossen. Immerhin unterrichtete er einige Semester mit einem philosophischen Lehrauftrag an der Hochschule in Linz. Das versöhnte ihn ein wenig mit seinem unvollendeten akademischen Schicksal.

Mein Vater starb 1970, kurz nach seiner Pensionierung und gerade einmal 65 Jahre alt. Die Kriegsstrapazen und starkes Rauchen hatten sein Herzen geschädigt. Einen ersten Herzinfarkt hatte er schon mit 45 Jahren. Noch sehe ich ihn vor mir, wie er mit Tränen in den Augen die

Aus der Musiktradition der Familie: ein Mühlviertler Weihnachtslied

Wohnung in der Wiener Ebendorferstraße 2 im obersten Stockwerk verließ, ohne zu wissen, ob er wieder zurückkommen werde. Diesen Infarkt hat er überlebt und das im Krieg angewöhnte intensive Rauchen umgehend unterlassen.

Jedes Mal, wenn ich meinen Vater im Krankenhaus besuchte, hörte ich schon im Flur am Piepsen des Herzmonitors, dass mein Vater noch lebte. In dieser Zeit habe ich aus eigener Betroffenheit für mein pastorales Nachdenken über den Prozess des Sterbens zu fragen gelernt, ob es nicht Grenzen der Hightechmedizin gebe. Mein Vater war mehrmals nach einem Herzstillstand reanimiert worden. Die meisten seiner Rippen wurden ihm dabei gebrochen. Er selbst beklagte es, dass er immer wieder »zurückgeholt« worden ist, und bat wiederholt, man möge ihn beim nächsten Herzstillstand doch endlich sterben lassen. Hatte er schon von der Ruhe und Liebe gekostet, die uns danach erwartet? Dann verstehe ich, dass das Zurückgeholtwerden in die Schmerzen und die Angst schwer zu ertragen ist.

Nach dem Tod des Vaters fiel Josef die Rolle des Familienoberhaupts zu. Er baute das Haus in St. Thomas und machte dank seiner technischen Hochbegabung vieles selbst. Er legte die elektrischen Leitungen, baute eine zentrale Boden-Luftheizung ein, verlegte Parkettböden, malte aus, installierte eine damals hochmoderne Telefonanlage.

Vor der Übersiedlung nach St. Thomas war Josef in Wien Religionsprofessor in einem Wiener Gymnasium. Die Tätigkeit als Religionslehrer setzte er auch nach dem Umzug nach Oberösterreich fort. Außerdem half er als »Hilfskaplan« meinem damals schon von seiner Zuckerkrankheit gezeichneten geistlichen Onkel mütterlicherseits aus. Franz Tauber war Seelsorger im Kurort Bad Schallerbach. Als gekonnter Fundraiser hatte er eine Lourdesjubiläumskirche gebaut. Nach dessen Tod im Jahre 1979 führte Josef eine Zeitlang nicht nur diese Pfarre. Er setzte auch die Arbeit mit dem von meinem Onkel als »Bruder Franz« gegründeten Oberösterreichischen Rosenkranzsühnekreuzzug fort. Für 60 000 Bezieher gab er monatlich die Zeitschrift »Betendes Volk« heraus, deren Beiträge er selbst verfasste. Nach dem Tod von Josef wurde diese spirituelle Organisation in den von den Franziskanern in Wien gegründeten und geleiteten Rosenkranzsühnekreuzzug implementiert.

Meinem Bruder verdanke ich die Erfahrung, dass man sich sehr gut brüderlich vertragen kann, auch wenn man theologisch keineswegs gleicher Meinung ist. So modern sein Verhältnis zu den technischen Errungenschaften unserer Zeit war, so antiquiert war seine Theologie und so kindlich, aber auch heilsängstlich seine Frömmigkeit. Er hatte einen Hang zu einem depressiven, ja geradezu apokalyptischen Pessimismus. Er las alte Prophezeiungen. Im Keller lagerte er Lebensmittel in Dosen ein, für den Fall der vom Oberbayerischen Hellseher Alois Irlmaier (1894–1959) angekündigten »dreitägigen Finsternis«. Die Marienverehrung war Josef erheblich wichtiger als mir. In manchen Fragen neigte er zu geradezu traditionalistischen Ansichten. Aber wir diskutierten fair, hörten einander zu, tauschten Argumente aus und lebten, was die Bibel von der frühen Christenheit berichtete: »Sie waren ein Herz und eine Seele« (Apg 4,32).

Später, in der Studie über Priester in Zentraleuropa[28], vermerkte ich, dass jeder Priester unter seinen Freunden einen Priester haben sollte, der anders fühlt und denkt wie er. Dadurch könne die spannungsreiche Polarisierung im Klerus abgemildert werden. Genau das erlebte ich mit meinem Priesterbruder. Die Differenzen empfand ich als Bereicherung, nicht als Bedrohung. Ich hatte das Glück, diese Unterschiede im schützenden Raum einer tragfähigen Familie zu spüren und konnte wohl auch deshalb gut damit umgehen. Durch Josef habe ich verstehen gelernt, welche Sorgen Traditionsorientierte bedrängen. Sie möchten das Evangelium zwar mit den heutigen Menschen teilen, aber haben große Angst, dass die Tradition dem Zeitgeist zu sehr ausgeliefert und von diesem nachhaltig beschädigt werde. Sie sind Anwälte der Tradition gegenüber der heutigen Situation, die natürlich aus der Sicht des Evangeliums keinesfalls nur menschenfreundlich ist.

Ich wiederum war durch die Seelsorge im 12. Wiener Gemeindebezirk in der Wahrnehmung des alltäglichen Lebens gut trainiert worden. Als Kaplan war ich stets darum bemüht, von der konkreten Situation der Menschen her zu denken und zu handeln. Ich wollte den anvertrauten Menschen behilflich sein, in ihr alltägliches »modernes Leben« mit seinen wenigen wirklichen Festen das Evangelium einzuweben. Das versuchte ich auch bei mir selbst. Ich sah es als meine seelsorgliche Aufgabe an, anderen dabei begleitend Mut zu machen und Unterstützung zu geben. »Helft den Menschen leben!«[29] war schon sehr früh ein Motto meiner Arbeit, das auch den Titel für einen meiner pastoraltheologischen

---

28 Zulehner, Paul M.: Priester im Modernisierungsstress. Forschungsbericht der Studie Priester 2000, Ostfildern 2001. – Zulehner, Paul M./Hennersperger, Anna: »Sie gehen und werden nicht matt« (Jes 40,31). Priester in heutiger Kultur. Ergebnisse der Studie Priester 2000, Ostfildern 2001.

29 Zulehner, Paul M.: Helft den Menschen leben. Für ein neues Klima in der Pastoral, Freiburg 1978, ⁷1985.

Bestseller lieferte. Anders als mein Bruder Josef erlebte ich mich als Anwalt der Situation.

Jedenfalls tut es der Kirche als lebendiger Gemeinschaft gut, wenn es in ihr Anwälte für beides gibt, sowohl für die Tradition als auch für die Situation. Beide sind ernst zu nehmen, sie lassen sich nicht voneinander trennen oder gegeneinander ausspielen. Meine gesamte pastoraltheologische Arbeit diente dem Zusammenhalten von Tradition und Situation und der Wechselwirkung zwischen ihnen. Wer nur die Tradition bewahrt, musealisiert. Er ist gefährdet, ein griesgrämiger oder gar fanatischer Fundamentalist zu werden. Wer nur die Situation sieht, kann das Evangelium in seiner prophetischen und aufrüttelnden Kraft verraten.

In meiner Studie über Priester in Europa ließen sich aus den Daten unterschiedliche Typen von Priestern erkennen. Sie unterscheiden sich letztlich durch ihre Haltung zur modernen Welt. Manche mauern sich vor ihr in der Tradition ein: Es sind die weltabgewandten »zeitlosen Kleriker«. Andere liefern sich schutzlos der Situation aus: Ich nannte sie die weltverwandten »zeitgemäßen Gemeindeleiter«. Wie in allen Einrichtungen gibt es weltgewandte »zeitnahe Kirchenmänner«. Der pastoraltheologische Idealtyp ist der pontifikale weltzugewandte »zeitoffene Gottesmann«. Er hält Kyrios und Kairos, den Herrn und seine Heilszeit zusammen. Ein solches Leben ist nicht ohne Kreuz. Pontifikale Menschen sind wie an einem Kreuz ausgespannt zwischen Tradition und Situation. Ihre Versuchung ist es, herabzusteigen und das Evangelium spannungsfreier zu leben. Die einen steigen auf der Seite der Tradition vom Kreuz herunter und »verfrommen« in einer seltsam leblosen Weise. Die anderen kommen auf der Seite der Situation vom Kreuz herab und »verbürgerlichen« unfromm. Verbürgerlichen war Josef fern. Seine Versuchung war das Herabsteigen auf der anderen Seite.

Den Verbürgerlichten hat der große orthodoxe Dichter Nikos Kazantzakis mit »Die letzte Versuchung« einen nachdenklichen Roman[30] gewidmet. Darin wird erwogen, warum die Erlösung der Welt durch den grausamen Tod Jesu am Kreuz geschehen musste. Kazantzakis erzählt dazu seine Geschichte vom Lebensende Jesu. Schon hängt Jesus am Kreuz. In seiner Agonie träumt er, er erlöse die Welt als gutbürgerlicher Rabbi, verheiratet mit Maria von Magdala, mit der er Kinder hat. Am

---

30   Kazantzakis, Nikos: Die letzte Versuchung. Roman, Berlin 1952.

Totenbett stehen die Honoratioren der Stadt. Erlösung ohne die Schmach des Kreuzes mit einem bürgerlichen Leben und Sterben! Es ist ausgerechnet Judas, der die Erlösung am Kreuz rettet, indem er seinen Meister verrät. Jesus stirbt auch im Roman schließlich am Kreuz und steigt von diesem nicht herab.

Der Roman wurde von Martin Scorsese verfilmt. Die katholische Filmkritik lehnte den Film ab, weil er geträumte Liebesszenen zwischen Jesus und Maria von Magdala darstellte. Hat sie die theologische Brisanz der Romanverfilmung letztlich nicht verstanden?

Josef starb am 8. Dezember 2003. Auch ihm hielt ich die Predigt zur Beerdigung. Eingangs erzählte ich, dass er am 25. März 1961, am Fest Maria Verkündigung, von Kardinal Franz König in der Lourdeskirche zu Bad Schallerbach zum Priester geweiht worden war. »Es war jene Kirche, an deren Errichtung er sich mit meinem Onkel Franz Tauber rege beteiligt hatte und in der er seit seiner Übersiedlung von Wien nach St. Thomas bis zu seinem Tod als Aushilfspriester gedient hat. Kurz nachdem ich Kardinal Franz König über das erzbischöfliche Sekretariat Josefs Tod mitteilen ließ, rief mich dieser persönlich an. Er bat, der Familie und der Trauergemeinde seine Anteilnahme zu überbringen, was ich hiermit gern mache. Und dann bemerkte er in seiner weisen Art: ›Sie beide hatten ja nicht immer die gleichen theologischen Ansichten.‹«

Ich antwortete dem Kardinal: »Aber wir versuchten uns gegenseitig zu verstehen und vertrugen uns menschlich blendend. Noch mehr, gerade weil Josef in seinem theologischen Gespür so ganz anders an die moderne Zeit heranging, hat er mich auch in einer unaufdringlichen Weise auf meine eigene Einseitigkeit aufmerksam gemacht. Keiner von uns hatte einen anderen Zugang denn einen einseitigen. Also brauchen wir einander. Nicht zuletzt habe ich in der durchaus oft gefechtartig geführten theologischen Auseinandersetzung gelernt, dass wir dennoch – bei und vielleicht sogar wegen der unterschiedlichen Zugänge – in der Lage sind, miteinander in der einen Kirche aufgehoben zu sein und Eucharistie feiern zu dürfen. Vielleicht ist das eine diskrete, weil wortlose Lektion gerade für diese liebenswerte und doch so polarisierte Diözese Linz, in der Josef zuletzt gedient hat, dass am Ende nicht theologische Positionen zählen und uns retten werden, sondern das brüderliche und schwesterliche Miteinander, um dessen willen Christus für uns alle in den Tod gegangen ist.«

Musikalische Ader

Zurück zu meiner Schulzeit. 1947 war Maria-Luise in Ottensheim im Bauernhaus zur Welt gekommen. Dem »Auftauchen« eines neugeborenen Menschen in der Welt begegnete ich mit großer Neugierde. Ich war damals schon sieben Jahre alt und ging in die zweite Volksschulklasse. In der Pfarre Ottensheim feierte ich am 15. Mai 1947 meine Erstkommunion.

Die Zeit in Ottensheim war aber nur kurz. Der Vater fand im kriegsbeschädigten Wien eine Wohnung. Es war eine für Jörg und mich wichtige Entscheidung, denn so konnten wir in Wien gemeinsam die zweite Volksschulklasse in der Renngasse im ersten Bezirk besuchen. Wir blieben bis zur Matura 1958 ein unzertrennliches und höchst kooperatives Gespann.

Es war eine lehrreiche, spannende, oft auch aufregende Zeit. Unsere Eltern hatten mit dem Wasagymnasium eine Spitzenschule ausgesucht. Im Schottengymnasium, das sie bevorzugt hätten, war kein Platz für uns beide. Dennoch knüpften die Eltern für uns eine enge Beziehung zum Schottenstift. Jörg und ich wurden Mitglieder der Schottensängerknaben unter der Leitung des Benedikt Popp OSB. Ich sang damals Alt – und das als Spätentwickler bis zur Matura. Erst dann diente ich im Chor noch eine Zeitlang als Bass.

Das Chorsingen förderte meine musikalische Seite. Dazu trug auch bei, dass ich während der Gymnasialjahre das Konservatorium der Stadt Wien besuchte und dort Klavier spielen lernte. In meiner Innsbrucker Studienzeit habe ich für Studierende anderer Landsmannschaften Wiener Heurigenlieder auf dem Akkordeon begleitet. Da in meiner Familie alle musizierten, konnten wir zusammen Kammermusik spielen, Haydn- oder Mozarttrios etwa oder auch alte Meister. Manchmal gelang auch ein Quartett. Der Vater spielte

die erste Geige. Sobald Maria-Luise die erste Geige übernehmen konnte, wechselte der Vater ans Pult der zweiten Geige oder der Bratsche; die Mutter oder ich saßen am Klavier. Bei den alten Meistern übernahm Josef den Part der Blockflöte. Notfalls spielte er auch Cello, wenn Jörg, der ausgebildete Cellist, nicht zur Verfügung stand. Nur für sein Orgelspiel war daheim kein Platz. Erst in St. Thomas baute er sich in seinem Arbeitszimmer eine Haus-Orgel.

Maria-Luise tut es ihm bis heute gleich. Sie hat nach ihrer Pensionierung am Linzer Diözesan-Konservatorium für Kirchenmusik Komposition gelernt. Jetzt lernt sie Orgel und begleitet im pfarrlichen Gottesdienst den Gemeindegesang. Mit zwei Frauen hat sie ein Gesangstrio namens Lumen gegründet. Sie dirigiert auch gut und gern den einen oder anderen Kirchenchor in St. Thomas.

Der Vater selbst spielte mit Freunden jede zweite Woche daheim einen Abend lang Kammermusik. Wir Kinder hörten im Nebenzimmer mit: Franz Schuberts Forellenquintett oder Béla Bartóks Rumänische Volkstänze. Wir erlebten Dimitri Schostakowitsch und Paul Hindemith. Johann Sebastian Bach setzte mein Vater erst spät in seinem Leben aufs abendliche Programm. Im Vergleich zu seinem Lieblingskomponisten Anton Bruckner war ihm Bach lange Zeit zu »mathematisch«, wie er sich ausdrückte.

Gegen Ende der Sängerknabenzeit lernte ich bei P. Benedikt zusätzlich dirigieren. Das begeisterte mich so sehr, dass ich nach der Matura ernsthaft überlegte, ob ich nicht Dirigent werden sollte. Mein Leben wäre dann wohl anders verlaufen. Womöglich hätte ich dann eine Primaballerina geheiratet und mit ihr viele Kinder bekommen.

Allerdings habe ich mich dadurch schadlos gehalten, dass ich in der

Pfarre Bad Schallerbach den Kirchenchor dirigieren konnte. Die Krönungsmesse von Wolfgang Amadeus Mozart, die Nelson Messe von
Joseph Haydn und dessen Orgelsolomesse waren die Highlights meiner Dirigierkunst.
Während der Zeit im Canisianum leitete ich
den Hauschor und das Hausorchester. Mit einem Oboisten aus dem Landestheater führten
wir mit dem hauseigenen Solisten Paul Ringsei-
sen die Bachkantate »Ich habe genug« auf. Bei
der Orgelsolomesse von Haydn war der begnadete Musiker und Schriftsteller Peter Paul Kas-
par der Solist. Mit anderen Kommilitonen im
Innsbrucker Canisianum, die herausragende

Musiker waren, wie Andreas Bsteh SVD, Hans Rezak oder Klaus Bettag,
Eugen Wiesnet SJ, Ernst Obermaier verbanden mich tiefe Freundschaften. Ihnen hatte ich nach einem kleinen Abendkonzert ein Gedicht gewidmet:

WER SO AM SONNTAG GEGEN ZWEI,
manchmal sogar auch noch um drei,
voll Ruhe durch den Garten ging
und seiner Frömmigkeit nachhing,
der konnte – ja ich kanns beschwören –
der Töne Vielfalt klingen hören;

Wie man die Töne sollt' bewerten,
darüber streiten die Gelehrten;
mich jedenfalls hab'n s'nicht gestört;
und das sagt manches übern Wert.
So saß ich dann in stiller Ruh
an Grotzens Teich und hörte zu.

Ich weiß nicht mehr, ob es im Traum
auf jeden Fall drang aus dem Raum,
in dem die vier beisammensaßen
und mühsam ihre Noten lasen,

ganz plötzlich statt der Töne Zier
ein recht erregtes Stimmgewirr.

Worum es ging, wurd' mir nicht klar;
doch eines fand ich sonderbar,
dass jetzt, wo jede Geige schwieg und
stattfand dieser Worte-Krieg,
ganz laut ein Fuß ohn' Falsch und Trug
zu dem Gespräch den Takt noch schlug.

Da merkt' ich's: Es war gar kein Streit, –
nur war gerade zu der Zeit
der erste Satz zuend' gegangen,
der zweit' hat noch nicht angefangen,
und da besprach man, wie man denn
beseitige ein groß' Problem.

Welch' ein Problem, werdet ihr fragen.
Ihr wisst es ja, drum darf ich's sagen.
Die Frage, wie man's machen kann,
dass bei der Unzahl von vier Mann
genau im Takt, zur gleichen Zeit,
eines jeden Fuß den Bod'n erreicht.

Es war nicht Zeit, lang nachzusinnen,
der zweite Satz sollt' ja beginnen,
da kam dem Eugen die Idee –
und sie war groß, ganz ohne Schmäh! –
und mit bezwingendem Vibrato
sprach er als erster Geiger also:

»Weil jeder Geiger mit sein' Fuß
sich selbst den Takt recht schlagen muss,
so schlagen wir ganz ungeniert
auch weiterhin den Takt zu viert.
Doch ist ab jetzt es eure Pflicht
dass euer Fuß nach mein'm sich richt'.«

»Dös miaß ma üben«, sprach der Hans,
»denn was du tust, das tue ganz«,
ergänzte Klaus. Und schon ging's los
das Schlagen mit dem rechten Fuß.
Und Ernst? Er schwieg. In aller Stille
sah er vorbei am Rand der Brille.

Der erste Geiger war geplagt,
schlug er doch zweibeinig den Takt.
Wieso?! Ganz einfach! Mit dem linken
sucht er den eignen Takt zu finden,
mit seinem rechten Fuß hingegen
musst' er den andern'n Takt angeben.

Und dann begann der zweite Satz,
die Zehen gingen auf und ab,
bei dreien fünf, beim Eugen zehn
ich aber drehte mich bequem
voll Muße und verdienter Ruh
wieder des Grotzens Teiche zu.

Zum Andenken an Euer Publikum …

Manches von der Lust aufs Dirigieren kompensiere in meiner Vortrags-
tätigkeit. Zuhörende Menschen erlebe ich wie Musizierende, die nicht
nur passiv aufnehmen, sondern höchst aktiv »mitspielen«. Es macht
mich sehr nervös, wenn ich merke, dass ich so rede, dass sie nicht erkennbar mitwirken und ich ihre Herzen und ihren Verstand nicht errei-
che. Was Gott sei dank nicht oft der Fall ist. Zumeist suche ich beim
Reden auch die »Begegnung« mit Einzelnen im Auditorium. Diesen erzähle ich dann ganz persönlich, was ich zu sagen habe, studiere dabei
ihre Mimik, erahne ihr Einverständnis, bemerke auch Skepsis und Ablehnung.

Dass wir eine ziemlich musikalische Familie waren, hatte eine Vorge-
schichte. Ein direkter Vorfahre namens (Georg) Carl Zulehner (1770–
1841) war nach Mainz gezogen. Dort diente er zunächst dem Kurfürst-
bischof von Mainz. Dann zog er beruflich zum Musikalienbetrieb Schott

und Söhne weiter. In dieser Zeit komponierte er den bis heute gespielten Mainzer Narhallamarsch.[31] Diese Musik ist freilich gar nicht nach meinem Geschmack. Aber den Mainzern gefällt sie – vor allem in der fünften Jahreszeit.

Die Nachfahren des Komponisten taten sich an der Universität Mainz hervor, wie man mir bei einer Gastvorlesung ebendort mitteilte. 1791 reichte ein Johann Anton Zulehner erfolgreich eine philosophische Doktorarbeit ein mit dem Titel »Versuch eines neuen Beweises der ersten Statischen Gründe mit beigefügten Sätzen aus der Philosophie. Gedruckt bey Andreas Craß / privilegierten kurfürstlichen und Universitätsdrucker«.

Als Sängerknabe bei den Schotten lernte ich den Gregorianischen Choral lieben. Die Schottensängerknaben waren ja nicht zuletzt als Chorknaben für die Liturgie gegründet worden. Wir hatten unsere Plätze in der Schottenkirche vor dem Chorgestühl der Patres. Ich verstehe gut, dass Mozart für eine einzige Präfation seine Sinfonien gegeben hätte. Mir ist um jene leid, die mit dem Gregorianischen Choral deshalb nichts anfangen können, weil sie diesen kurzschlüssig mit der Tridentischen Messe und so mit vorvatikanischem Traditionalismus verbinden. Gregorianischer Choral ist in seiner Transparenz und elementaren Melodik wie Gesang aus himmlischen Sphären.

Zu den Highlights meiner Sängerknabenzeit gehörte die Mitwirkung bei großen Konzerten. Der herausragende deutsche Dirigent Hermann Scherchen (1891–1966) nahm uns mit den Wiener Philharmonikern nach Perugia mit, wo wir den Knabenchor in der Matthäuspassion sangen. Unter Herbert von Karajan (1908–1989) sang unser Chor im Musikvereinssaal bei der Aufführung von Georg Mendelsohn-Bartholdys »Elias«. Wir standen damals auf der Orgelempore mit freiem Blick auf das Orchester, auf seinen famosen Dirigenten sowie das lauschende Auditorium im prachtvollen Saal.

---

31   Karl Zulehner, Mainzer Narhalla-Marsch, Klaviernoten, Mainz, Schott Music, ISMN: 979-0-001-11027-3.

Die Schottensängerknaben waren neben der Schule der Lebensmittelpunkt von Jörg und mir. Freundschaften wuchsen, die bis heute halten, wie mit Peter Planeavsky, Georg Braulik, Wolfgang Schüssel. Als dieser Bundeskanzler war, erarbeitete ich für ihn 1998 nicht zuletzt auch aus Freundschaft mit parteiübergreifenden Expertinnen und Experten die Solidarcharta »Handeln.Wir.Solidarisch«.

In der Volksoper im Evangelimann von Wilhelm Kienzl

Im Anschluss an die Chorproben spielten wir in einem stillen Winkel des Klostergartens gar nicht so still Fußball und entdeckten Badminton. Jörg wiederum spezialisierte sich auf Basketball und wurde später ein wichtiger Mann für den Club in Gmunden, der in seiner Zeit Österreichischer Meister wurde.

Es war eine Zeit der intensiven und auch emotional hoch besetzten Bubenfreundschaften. Ich verbrachte viel Zeit mit Werner Grähsler, dessen Vater ein bekannter Zahnarzt und Sportclubfan war; er nahm uns manchmal auf den Sportplatz mit; einmal ging ich dorthin zur Erheiterung aller mit Frack, Zylinder und einem Gehstock mit Elfenbeinknauf. Immer schon steckte ein Schalk in mir. Es bereitet mir Vergnügen, wenn ich bei Vorträgen die Zuhörenden herzhaft zum Lachen bringe.

Ganz eng ist bis heute die Freundschaft mit Peter, nunmehr Georg Braulik OSB. Seine Schwester Irmi gefiel mir eine Zeitlang, aber neben den engen Bubenfreundschaften war dafür nicht so richtig Platz. Meine Mutter empfand diese Freundschaften so intensiv, dass sie sich manchmal besorgt zeigte. Zeitweise wollte sie diese zeitlich eingrenzen, was ihr aber nur schwer gelang.

Singen und Denken

So habe ich bei den Benediktinern das Singen gelernt. Aber es war vermutlich noch mehr. Durch das Singen bei den festlichen Gottesdiensten bin ich auf einem sanften Weg in die Welt des liturgischen und damit kirchlichen Lebens hineingewachsen. Diese Erfahrung hat zu meinem Weg zur Theologie und zum Priesterberuf sicherlich beigetragen.

In dieser Zeit diente ich zusätzlich als Ministrant in der damaligen Jesuitenkirche Am Hof. Dort lernte ich beeindruckende Jesuiten kennen, die freilich nicht immer zimperlich mit mir umgingen. Als ich einmal nach der Kommunion dem Zelebranten Ruppert Müller SJ das Wasser zu flott über die Finger schüttete, verpasste er mir gleich nach der Messe in der Sakristei eine saftige Ohrfeige.

Unter den mir wichtigen Jesuiten war vor allem das Jugendpastoralgenie Rudolf Jarosch SJ, den ich als Kurzzeit-Mitglied der Marianischen Kongregation schätzen lernte und mit dem wir nach der Matura eine wunderschöne Romreise machten. Meine Eltern schätzten die ignatianische Spiritualität sehr. Sie hatten ihre Beichtväter wie Georg Bichlmair SJ (er leitete die umstrittene »Hilfsstelle für nicht-arische Katholiken«), Ignaz Mühleitner SJ (er hatte meine Eltern in der Canisiuskirche am 31. Oktober 1931 getraut) oder Alois Schrott SJ im Orden der Jesuiten. Der Vater sang im Chor der Jesuitenkirche Am Seipelplatz Tenor. Er wollte einst selbst Jesuit werden, was ihm aber meine Mutter sichtlich »vermasselt« hat. Vielleicht ist das der Grund gewesen, dass ich nach der Matura überlegte, bei den Jesuiten einzutreten. Die Aufnahmegespräche hatte ich schon gut bestanden. Ich weiß bis heute noch, wo die Telefonzelle hinter dem Rathaus stand, wo ich mich vom Eintritt wieder abgemeldet hatte. War es eine gute und richtige Entscheidung? Ich kann es nicht sagen.

Um mir eine spätere Revision meiner vorläufigen Entscheidung gegen den Eintritt zu erleichtern, erreichten die Jesuiten beim Wiener Erzbischof Kardinal Theodor Innitzer, dass ich in Innsbruck studieren konnte. Ich kam ins Canisianum und war dort von 1958 bis 1964 ganze acht Jahre Alumne. Das förderte meine andere Seite: Wie ich bei den Benediktinern das Singen lernte, lernte ich bei den Jesuiten das Denken.

Irgendwie fühle ich mich bis heute wie ein Kryptojesuit. Als ich später als Professor nach Wien berufen worden war, suchte ich mir eine Wohnung in der Nähe der Lainzer Jesuitenkommunität, ging dort zur Morgenmesse und konnte mit den Patres frühstücken. Erst durch meine Übersiedlung in mein 1989 fertiggestelltes kleines Haus in der Friedensstadt lockerte sich diese Beziehung.

Gymnasialzeit

Während des Gymnasiums waren Jörg und ich wie Zwillinge. Dass wir in der gleichen Schulklasse waren, war für Jörg manchmal ein großer Vorteil. Denn wenn ein Professor bei einer Frage »Zulehner« aufrief und ich ahnte, dass Jörg die Antwort nicht wusste, rief ich diese schnell in den Raum. Wir litten auch gemeinsam unter unserem Deutschlehrer mit den sinnigen Namen Deutschmann. Er war ein bekennender Deutschnationaler aus Linz und hieß wohl nicht zufällig Siegfried. Aus der Linzer Zeit kannte er meine nicht NS-freundliche Verwandtschaft und wusste um das kirchliche Engagement meiner Eltern und unser Verhältnis zu den Benediktinern. Das irritierte ihn offensichtlich. Er konnte es nicht lassen, Jörg und mich in der Klassenöffentlichkeit als »große Katholiken« zu verspotten. Deutschmann war es auch, der mir bis zur Matura beibrachte, dass ich die deutsche Sprache nicht beherrsche. Bei der schriftlichen Arbeit gab er mir ein Befriedigend. Ich weiß noch, wie ich vor der ersten Seminararbeit in Innsbruck und gar vor der Diplomarbeit in der Philosophie die Heidenangst hatte, ich würde es nicht schaffen.

Deutschmann war dennoch wichtig für mich. Als didaktisches Anti-Vorbild lehrte er mich, wie ich als Lehrender auf keinen Fall sein wollte. Einer, der die Anvertrauten klein macht. Ein solcherart Lehrender hat für mich keine Autorität – wie eben auch Deutschmann sie bei mir nicht gewann. Der Preis, den ich bezahlte, war leider hoch. In der langen Gymnasialzeit lernte ich vieles nicht, wozu ich, wie ich erst langsam entdeckt habe, durchaus Begabung habe: Menschen über die Sprache zu erreichen, und das den Rückmeldungen zufolge verständlich, packend, mitreißend. Ich wollte ein Lehrer werden, um den herum Leute aufblühen können. Anspruchsvolles Fördern stand auf meinem Programm. Das hab ich die Jahre hindurch praktiziert. So kann ich heute paradoxerweise sagen: Deutschmann sei Dank!

Jörg ist für mich viele Jahre lang wie ein Zwilligsbruder gewesen. Später, als er heiratete und Vater von drei Kindern wurde, lebte er in Ohlsdorf. Er war Forstwirt mit Zusatz Agrarwirtschaft, arbeitete bei der Oberösterreichischen Landesregierung und war beruflich mit der Zusammenlegung landwirtschaftlicher Gründe betraut. Er war mir auch in der Ferne immer nahe geblieben.

Es war 2003, als auf dem Bahnsteig der S-Bahn am Südtirolerplatz in Wien mein Handy läutete. Meine Schwägerin Dorith aus Ohlsdorf rief an und sagte mit tränenerstickter Stimme:»Jörg ist nicht mehr.« Nach einem Herzinfarkt war er nächtens lautlos von uns gegangen. Mir wurde sehr schwer ums Herz. Denn mit Jörg hatte ich ein wichtiges Stück meines Lebens geteilt und jetzt verloren. Noch auf dem Bahnsteig schaltete ich das Cellokonzert von Antonín Dvořák ein. Es erinnerte mich an so viele gute gemeinsame Streiche und Begebenheiten.

Lehrmeister

Ich bin ganz selbstverständlich in einer katholischen Welt aufgewachsen. Alle haben dazu beigetragen: meine Eltern, die Benediktiner und die Jesuiten. Sodann die Religionslehrer im Gymnasium. Erinnern kann ich mich an den Schulfuchs Prälat Anton Maria Pichler, der uns unbekümmert noch in der achten Klasse die zehn Gebote Gottes aufsagen ließ. In Rom regierte mit Pius XII. der bislang letzte der Pianischen Päpste. Dass er wegen seiner Haltung zum Nationalsozialismus später umstritten sein würde, davon war damals keine Rede.

Wir zogen zum Höhepunkt des Nachkriegskatholizismus in der Mitte der Fünfzigerjahre mit weißen Hemden und Abzeichen der Katholischen Jugend am Christkönigssonntag in Scharen über die Ringstraße. Dabei sangen wir aus vollem Hals jenes Lied, das der Jesuit und Philosoph Erich Przywara SJ (1889–1972) getextet hatte:

O Du mein Heiland hoch und hehr,
dem sich der Himmel beuget,
von dessen Liebe, dessen Macht
die ganze Schöpfung zeuget:
Christus mein König, Dir allein
schenk ich die Liebe stark und rein,
bis in den Tod die Treue.

1955 erlebte ich begeistert mit, wie der Staatsvertrag von Wien in Kraft trat. Ich höre noch, wie der damalige Bundeskanzler Julius Raab von der Empore des Belvederes rief:»Österreich ist frei!« Der Fidelio mit dem grandiosen Gefangenenchor, von Karl Böhm dirigiert, ist mir in lebendiger Erinnerung. Nach dem Abzug der Besatzungsmächte konnte das Wasagymnasium wieder aus seinem Ausweichquartier in der Schottenbastei in die Wasagasse heimkehren. Die Alliierten brauchten das Haus nicht mehr als ihre Wienzentrale. Die Maturaarbeiten habe ich bereits dort geschrieben.

Bei der Matura hat es in Religion und Latein prima geklappt. Unser Lateinlehrer Franz Salomon war ein brillanter Lehrer und mochte vor allem uns Buben; er hatte mir bei der mündlichen Matura einen mir bekannten Choralhymnus aus dem Brevier zur Übersetzung vorgelegt. Weniger gut lief es in Griechisch bei Wilhelm Krause, obgleich ich den ganzen ersten Gesang der Ilias auf Griechisch auswendig gelernt hatte. Schlecht war ich in Deutsch. Aber immerhin bestand ich die Matura ohne Nachprüfung. Dann entschied ich mich nicht für Musik und Dirigieren, sondern für die Theologie und begann in Innsbruck zu studieren. Diese Entscheidung sollte mein Arbeitsleben über Jahrzehnte bis heute prägen.

Innsbruck

Meine traditionelle Frömmigkeit und ihre zugrundeliegenden theologischen Rechtfertigungen wurden in meiner Innsbrucker Zeit läuterndem Feuer ausgesetzt. Ich erinnere mich, wie ich bei einer Diskussion unter Alumnen des Canisianums den Utz-Groner zückte und Pius XII. zitierte. Erst langsam hatte ich begriffen, dass die Zeit des Konzils das Ende der Neuscholastik besiegelte und eine neue Epoche der Theologie und der Kirche angefangen hatten.

Die theologische Fakultät in Innsbruck hatte damals dank der Professoren Karl Rahner, Hugo Rahner, Joseph Andreas Jungmann, Johannes Schasching und Emmerich Coreth eine epochale Blütezeit. Ich erweiterte das im Rahmen des Theologiestudiums vorgesehene zweijährige Philosophiestudium und studierte zwei weitere Jahre am »Institutum Philosophicum Oenipontanum«. Dieses Studium in scholastischer Philosophie schloss ich 1961 mit dem Doktorat ab. Der Titel meiner Doktorarbeit lautete: »Religion ohne Kirche? Das religiöse Verhalten von Instustriearbeitern«. Ich war damals mit meinen 21 Jahren der jüngste Doktor in Österreich.

In dieser Zeit war ich Wissenschaftliche Hilfskraft am Institut für Sozialethik bei meinem Mentor und geistlichem Berater Johannes Schasching geworden, was meine spätere Entwicklung nachhaltig prägen sollte. Eine von ihm angeratene Übersiedlung ins Germanicum nach Rom zum Studium der Theologie unterblieb, weil ich dort noch einmal ein oder zwei Jahre Philosophie hätte machen müssen: was ich bis heute nicht ganz begreife. So blieb ich in Innsbruck und studierte hier weitere vier Jahre Theologie. Es folgte ein kurzer Zwischenstopp im Wiener Priesterseminar, der erforderlich war, um für die Erzdiözese Wien geweiht zu werden. Dann ging ich noch ein weiteres Halbjahr nach Innsbruck und promovierte bei Gottfried Heinzel und Johannes Schasching in Theologie mit der Dissertation »Kirche und Austromarxismus«[32]. Diese Studie wurde umgehend von Erika Weinzierl als erster Band in ihrer Reihe Kirchliche Zeitgeschichte publiziert und erregte Aufsehen. Der ÖVP-nahe Journalist Hubert Feichtlbauer schrieb mir eine ziemlich kritische Rezension.

In meiner Studienzeit ereignete sich der große Aufbruch der katholischen Kirche aus der antimodernistischen Enge. Der Antimodernismus hatte die Kirche seit dem Syllabus Pius IX. von 1864 fest im Griff. Der Papst verwarf darin moderne Irrtümer, darunter Religionsfreiheit, Gewissensfreiheit, kurzum die aufblühende moderne Kultur. Die Kirche mauerte sich als feste Burg ein. Alle innerkirchlichen Brückenbauer hin zur modernen Welt wurden verfolgt. Unter dem frommen Pius X., der die Kinder schon möglichst klein an der Kommunionbank haben wollte, war das *Sodalitium Pianum* gegründet worden. Es hatte auch in Österreich seine Akteure. Aktive Mitglieder dieser kirchlichen »StaSi« waren die Priester Antonio Maus sowie Manjaric e Strigic di Osick[33]. Diese hatten es auch auf die aufgeschlossenen Professoren an der Wiener Fakultät absehen. Ihr prominentestes Opfer war der Kirchenhistoriker Albert Erhard. Der Antimodernismus überdauerte die Päpste Benedikt XV., Pius XI. und Pius XII., der freilich mit dem Nationalsozialismus und dessen

32   Zulehner, Paul M.: Kirche und Austromarxismus, Wien 1967.
33   http://www.floscarmeli.org/disquisitio/documenta_3.html (Zugriff 2.2.2014).

Judenverfolgung mehr Probleme hatte als mit den innerkirchlichen Modernisten. Auf ihn folgte der Überraschungspapst Johannes XXIII., über den erzählt wird, dass er auch deshalb das Konzil wollte, weil er in seiner Personalakte eine Postkarte gefunden hatte, die er aus dem Urlaub dem priesterlichen Freund Ernesto Buonaiuti geschrieben hatte. Dieser war einer der führenden Köpfe des italienischen Modernismus, also des Erschließens des Evangeliums für die moderne Welt. Die Postkarte des Patriarchen von Venedig trug den Vermerk: »Roncalli des Modernismus verdächtig.« Als Kardinal Alfrede Ottaviani, einer der mächtigen Antimodernisten auf dem Konzil, einmal von Johannes XXIII. eine Unterschrift wollte, um ein »modernistisches Buch« auf den Index der verbotenen Bücher zu stellen, sagte dieser: »Rufen Sie mir das Heilige Offizium, dann werde ich ihm etwas sagen. Ich kenne einen Priester, der beim Heiligen Offizium wegen Verkehrs mit einem Modernisten angezeigt wurde. Er hieß Roncalli, und das bin ich.«[34] Das beschleunigte das Ende des Antimodernismus. Johannes XXIII. hatte die Fenster der Kirche weit geöffnet. Nach einer jahrhundertelangen »Risikoschwangerschaft« kam die katholische Kirche in einer durchaus nicht leichten Geburt zur modernen Welt.

Josef Andreas Jungmann

An der Erarbeitung des ersten Konzilsdokuments über die Liturgie hatte der Innsbrucker Liturgiker Josef Andreas Jungmann großen Anteil. Er war ein »stilles Wasser« und dozierte stets mit leiser Stimme, seine Ausführungen waren jedoch von einer hohen Klarheit und Schlüssigkeit. Mit seinem zweibändigen, in vielen Auflagen erschienenen Standardwerk »Missarum solemnia«[35], hat er sich international einen herausragenden Ruf erworben. Schon in der Zeit vor dem Konzil war die liturgische Erneuerung längst ein dringliches Anliegen der liturgischen Bewegung. In Österreich wurde sie von Pius Parsch, einem Chorherrn aus Klosterneuburg, getragen. Viele Bischöfe sympathisierten bereits mit ihr. Die liturgischen Reformer wollten eine breite Beteiligung des

---

34 Gaisbauer, Hubert: Ein Heiliger kann jeder werden. Lebendig glauben mit Johannes XXIII., Innsbruck 2014, 76.
35 Jungmann, Josef Andreas: Missarum sollemnia. Eine genetische Erklärung der römischen Messe, Freiburg 1948.

heiligen Volks, dessen Tun ja »Liturgie« ist. Dazu war es aber notwendig, dass die Texte der Liturgie dem Volk verständlich wurden, was folgerichtig nach der Muttersprache verlangte.

Als Karl Rahner, zu Beginn des Krieges gauverwiesen, am Wiener Seelsorgeamt wirkte, hatte er für Kardinal Theodor Innitzer Gutachten gegen den Erzbischof von Freiburg Hermann Schäufele geschrieben. Dieser hatte die liturgische Neuerung von Pius Parsch scharf angegriffen. Innitzer und Rahner haben sich als Vorboten des Konzils durchgesetzt.

Während meines Studiums, das in die Konzilszeit fiel, konnte ich bei meinem Onkel Franz Tauber, der Seelsorger war, über die Ministrantenarbeit diese liturgische Erneuerung des Konzils aktiv miterleben und lokal mitgestalten.

Am 29. Juni 1964 bin ich in St. Florian von Erzbischof Franz Jachym zum Priester geweiht worden. Bei meiner Primiz am 19. Juli 1964 in Bad Schallerbach hatte ich noch tridentinisch zelebriert. Das Umlernen fiel mir aber nicht schwer. Andere Priester, die ein Leben lang tridentinisch zelebriert hatten, taten sich weit schwerer. Manche schafften den Übergang gar nicht und wurden »bockbeinige« Tridentiner – Karl Rahner hat sie einmal so benannt.

In den letzten Jahren setzte leider dank der Unterstützung durch den liturgisch nostalgischen Papst Benedikt XVI. ein Wiederbelebungsversuch der Tridentinischen Messe ein. Benedikt sah darin wohl eine – wie sich zeigte – vergebliche Vorleistung bei den Verhandlungen mit den antikonziliaren Piusbrüdern. Tridentinisch zu zelebrieren wurde zumal bei Jüngeren wieder in. Tridentinische Messfeiern zogen Adelige, Gegner der Handkommunion sowie Kämpfer gegen die konziliaren Reformen an. Einmal wurde ich von einem solchen Zelebranten überrascht. Als ich im Juni 2001 anlässlich eines Seminars für die Schulschwestern in Rom war, wollte ich vor dem Heimflug noch in den Petersdom gehen. Ich hatte es mir zur Gewohnheit gemacht, das Grab von Johannes XXIII. aufzusuchen. Meine Gastgeberinnen schlugen vor, um sieben Uhr in der Früh an einem Gottesdienst teilnehmen. Es würden ohnedies an den vielen Seitenaltären unentwegt Messen zelebriert werden. So war es auch. Schlag sieben kam ein Priester aus der Sakristei, ihm voran ein Ministrant mit den Kännchen. Sie gingen zum Seitenalter links von Johannes XXIII. Der Ministrant schloss hinter sich das Kommuniongitter, sobald der Priester durchgegangen war, und es begann eine astreine Tridentinische Messe. Alles war in Latein. Die Lesung und das Evangelium »verkündete« der Priester ins Buch hinein. Unter denen, die am Gottesdienst, durch das Kommuniongitter gut getrennt, »teilnahmen«, waren auch zwei spanischen Klosterfrauen. Als der Priester das Vaterunser begann, beteten wir laut lateinisch mit. Da drehte sich der Ministrant um und deutete mit der Hand, wir sollten doch still sein und nicht laut mitsprechen. Ich fühlte mich in meine ersten Monate als Jungpriester zurückversetzt: Nostalgie pur. Wie in einem liturgischen Museum. Fehlte nur noch, dass Papst Benedikt XVI. mit einem seiner »alten Hüte« vorbeiging.

In manchen Kirchen wird heute gestritten, ob der Priester mit dem Rücken oder mit dem Gesicht zum Volk stehen soll. Antikonziliar Gestimmte sehen gern den Rücken des Priesters. Vatikanisch Überzeugte hingegen wollen das Gesicht des Priesters sehen. Die Anordnung der Altäre wie der Akteure bei der Messe ist zum Kampfmittel für oder gegen das Konzil geworden. Josef Andreas Jungmann hat uns hingegen in einer seiner letzten Vorlesungen eines Besseren belehrt.[36] Er meinte, dass beide Formen »konziliar« sind: die Gemeinschaftsanordnung *und* die Prozessionsanordnung. Beide symbolisieren zentrale Lebensvollzüge des Volkes Gottes – seine Communio ebenso wie seinen Pilgerstatus. Man sollte beide Anordnungen als Ausdruck der biblisch vertieften Kirchensicht des Konzils sehen. Man könne doch ganz gut am Fronleichnamstag die prozessuale Anordnung wählen, am Gründonnerstag hingegen die kommuniale. Vertreter beider Lager sollten heute in die Schule von Josef Andreas Jungmann gehen. Die Kirche würde sich manche unnötige Zwistigkeiten um die Feier ihrer tiefsten Einheit ersparen.

Karl Rahner

Einer der herausragenden Professoren in Innsbruck war für mich Karl Rahner. Es ehrt mich, mit Johann B. Metz, Rolf Zerfaß, Elmar Klinger und Michael Raske einer der wenigen seiner noch lebenden Schüler zu sein. Rahner selbst nannte sich nicht gern »Dogmatiker«. Das vermied er

---

36 Jungmann, Josef Andreas: Messe im Gottesvolk. Ein nachkonziliarer Durchblick durch Missarum Sollemnia, Freiburg/Wien u.a 1970.

1982 mit Karl Rahner auf dem Katholikentag in Düsseldorf

schon allein deshalb, weil wissenschaftliche Kollegen aus anderen universitären Disziplinen einen Grundvorbehalt gegen Dogmen haben. Manche von ihnen machen der Theologie wissenschaftstheoretisch das Recht streitig, überhaupt an der Universität angesiedelt zu sein. Solchen Kritikern pflegte Rahner zu sagen: »Was sind schon Dogmen? Sie sind wie Laternen. Unterwegs durch die dunkle Nacht des Lebens geben sie uns Licht. Nur Betrunkene halten sich daran fest.«

Rahners Vorlesungen und Seminare waren proppenvoll. Immer öfter fehlte er freilich, weil er auf dem Konzil für Kardinal Franz König als Berater tätig war. Deshalb wurde er in der Konzilszeit durch andere Dogmatiker aushilfsweise ersetzt. Dazu zählte Piet Fransen aus den Niederlanden, bei dem ich eine vorzügliche Gnadenlehre hörte. Auch er musste damals noch in Latein vortragen, was ihm einen Lacherfolg einbrachte, als er uns zum Jahreswechsel »ad multa anna« wünschte. Ein weiterer war Georg Muschalek aus Deutschland. Dieser hat später geheiratet, wurde Psychiater und theologisch erzreaktionär. Auch Michael Marlet gehörte als Religionsphilosoph zu den Aushelfenden in diesen Jahren. Bei seiner Abschiedsvorlesung in Innsbruck sagte er: »Wenn Sie einmal in eine Großstadt kommen, das heißt wenn Sie aus Innsbruck hinauskommen ...«.

Karl Rahner hat es in der Zeit vor dem Konzil nicht leicht gehabt. Er gehörte mit Ives Congar, Henri de Lubac, Hans Urs von Balthasar und Joseph Ratzinger zu jenen Theologen in Europa, die zwar die Neuscholastik beherrschten, sie zugleich aber im Gespräch mit moderner Philosophie überwinden wollten. Karl Rahner machte dies im Dialog mit der Philosophie Martin Heideggers. Seine Kritik an der neuscholastischen Theologie brachte ihn oftmals in Konflikt mit der Glaubenskongregation, die durch den Jesuitengeneral Rede- und Schreibverbote verhängen ließ. Karl Rahner vermerkte einmal in kleinem Kreis dazu: »Wenn ich von Rom beanstandet werde, dann gibt es zwei Möglichkeiten. Entweder habe ich mich geirrt, dann gehe ich besser zurück. Oder ich war zu früh dran.«

Das Letztere war oft der Fall. Konzilstexte enthalten Passagen, um derentwegen Karl Rahner noch kurz vor dem Konzil beanstandet worden war. Bei Karl Rahner habe ich nicht nur eine zeitgerechte Theologie gelernt. Ich schätze auch seine kritische Loyalität.[37] Auf die Frage, warum er in der Kirche bleibe, pflegte er zu vermerken, dass er wegen Bischöfen doch nicht aus der Kirche austrete. Als Karl Rahner achtzig wurde, haben Andreas Heller und ich ihm vorgeschlagen, in der Form eines auch für engagierte Nichttheologen gut lesbaren Gespräches gemeinsam ein Buch über die »Theologie der Seelsorge heute« zu machen.

Mir selbst war von allem Anfang an als Pastoraltheologe nicht nur an einer sozialwissenschaftlich sensiblen Pastoralwissenschaft gelegen, sondern ebenso an deren soliden theologischen Fundierung. Mein Vorvorgänger am Wiener Lehrstuhl, Ferdinand Klostermann, hatte eine solche an der Wiener Fakultät nicht vorgefunden. Daher betonte er, er müsse sich selbst seine dogmatische Theologie erarbeiten.

Bei Karl Rahner war dies anders. Seine Dogmatik war immer auch zugleich »praktisch« und die Praxis durchwehte seine dogmatische Theologie. Nicht zufällig war er einer der für den Gesamtentwurf maßgeblichen Herausgeber des fünfbändigen Handbuchs für Pastoraltheologie[38], in dem sich sein wegweisender Beitrag über die »Mystagogie« findet. Gestützt auf die Spiritualität seines Ordensgründers, des heiligen Ignatius von Loyola, war er davon überzeugt, dass jeder Mensch eine Gotteserfahrung machen könne. Daraus folgerte Rahner: »Der Christ der Zukunft wird ein Mystiker sein, also einer, der etwas erfahren hat, oder er wird nicht sein.« Mystiker aber sind Menschen, die Gottes Geheimnis zwar nicht im Sinn der Ratio verstehen, dieses aber mit ihrer Seele bewohnen. Umgekehrt lehren die Mystiker einstimmig, dass Gott in jedem Menschen, in der innersten Wohnung der Seelenburg (Teresa von Àvila) »wohnt«. Mystiker sind buchstäblich »Geheimnisbewohner«, also im GeHEIMnis daHEIM. Die Kirche müsse pastoral die Menschen auf solchen Wegen der Mystik begleiten. Dazu brauche sie also Mystagoginnen und Mystagogen, so wie die Christen der Ostkirche ihre Starzen und die Buddhisten ihre Gurus haben. Einer unspirituell gewordenen

37   Zulehner, Paul M.: Wider die Resignation in der Kirche. Aufruf zu kritischer Loyalität, Wien 1989.
38   Handbuch der Pastoraltheologie, Freiburg 1964–1972.

Kirche fehlten solche Mystagogen, also »christliche Gurus«, so schrieb Karl Rahner zur Würzburger Synode 1972 im heute noch wegweisenden Buch Strukturwandel der Kirche als Aufgabe und Chance[39]. Dieser mystagogische Ansatz einer zeitgenössischen Pastoral war denn auch das Thema eines dreitägigen Gesprächs. Andreas Heller und ich machten aus den auf fünf Tonbändern aufgenommenen Gesprächen einen Textentwurf. Karl Rahner hat diesen handschriftlich bearbeitet. Rechtzeitig zum Geburtstag von Karl Rahner erschien das Buch mit dem für Rahners Ansatz nicht überraschenden Titel »Denn du kommst unserem Tun mit deiner Gnade zuvor. Zur Theologie der Seelsorge heute«[40]. Karl Rahner erklärt darin, dass am Beginn einer »Theologie der Seelsorge heute« die Frage nach dem Heil aller stehen müsse, bevor von der Kirche geredet und ihr Dienst an der Welt und den Menschen von heute umrissen werde könne. Soteriologie (Erlösungslehre) komme vor der Ekklesiologie (Kirchenlehre). Die herkömmliche Pastoral sei heilspessimistisch und führe zu einer exklusiven Pastoral, nach der über den Weg der Taufe bzw. des personalen Glaubens letztlich nur wenige gerettet werden könnten. Zur bleibenden Bedeutung des Zweiten Vatikanischen Konzils, so schrieb Karl Rahner 1979, gehöre es aber, dass wir fragen dürfen, ob wir hoffen dürfen, dass Gott am Ende alle rettet.[41]

Rückblickend kann ich mir meine pastoraltheologische Arbeit ohne die grundlegende Dogmatische Theologie von Karl Rahner nicht vorstellen. Obgleich mir viele vorwarfen, ich sei doch »nur ein Soziologe«[42], war ich doch immer zunächst und zutiefst ein Pastoraltheologe. Habilitiert wurde ich 1974 in Würzburg bei Rolf Zerfaß im Übrigen in beiden Fächern, in der Pastoralsoziologie ebenso wie in der Pastoraltheologie.

39   Rahner, Karl: Strukturwandel der Kirche als Aufgabe und Chance, Freiburg 1972, 75. Das Buch ist heute aktueller denn je. Es zeigt mit klaren Linien den Reformbedarf der katholischen Kirche auf. Das Buch ist zu Recht in vielen weiteren Auflagen erschienen, zuletzt 1989 unter der Patronanz des Rahnerschülers Johann B. Metz.

40   Zulehner, Paul M./Rahner, Karl: Denn du kommst unserem Tun mit deiner Gnade zuvor. Zur Theologie der Seelsorge heute, Düsseldorf 1984; erweiterte Neuauflage Ostfildern 2002.

41   Vgl. Rahner, Karl: Die bleibende Bedeutung des Zweiten Vatikanischen Konzils, in: Stimmen der Zeit 197 (1979), 795–806.

42   As solchen bezeichnete mich beispielsweise Nuntius Mario Cagna in seinem Bericht über die Zeit von Kardinal König in Rom.

Viel Dogmatik und wenig Pastoraltheologie

In Innsbruck hatte ich erfreulich viel Dogmatik und bedauerlich wenig Pastoraltheologie gelernt. Walter Croce SJ, zuständig für die Pastoraltheologie an der Fakultät, war mehr Katechetiker denn Pastoraltheologe gewesen. Er wurde beim religionspädagogischen Praktikum von Reinhold Stecher unterstützt, der damals im Gymnasium Religion unterrichtete und bei dem ich mein religionspädagogisches Praktikum absolvierte. Ich weiß noch, dass ich bei meiner Probekatechese in seiner Lehrklasse mit den Kindern über die Erzählung von der Heilung eines Mannes arbeitete, der durch das geöffnete Dach vor Jesus heruntergelassen wurde. Ich hatte damals den für Kinder nicht einfachen Teil von der Sündenvergebung einfach weggelassen, wofür Reinhold Stecher mir Lob zollte. Stecher wurde später wunderbarer und Rom gegenüber keineswegs unkritischer Langzeitbischof in Innsbruck (1981–1997). Noch im hohen Alter hatte er viele Priester in Einzelgesprächen und Kursen begleitet. Seine Erfahrungen hatte er in einem »geheimen« Dossier zusammengestellt und nach Rom geschickt. Dank der »Geheimhaltung« hat sich dieses Schreiben auch in Österreich und darüber hinaus weit verbreitet – ein guter Rat an all jene, denen an der raschen Verbreitung wichtiger Botschaften gelegen ist. Bischof Reinhold hatte Rom auch öffentlich wegen *Humanae vitae* kritisiert und dessen Rücknahme verlangt. Wie bei allen unbequemen Bischöfen, die freilich dank rigider Auslese in den letzten Jahrzehnten immer rarer geworden sind, ist sein Rücktrittsgesuch, mit 75 abgegeben, sofort positiv beschieden worden. Das ist Roms diskrete Art, Tadel oder Lob für die gesamte Amtsführung eines Bischofs der Öffentlichkeit mitzuteilen.

Hugo Rahner

Wenn der Name Rahner genannt wird, meine ich mit Blick auf meine Innsbrucker Zeit nicht nur Karl Rahner. Auch seinen älteren Bruder Hugo Rahner habe ich sehr verehrt. Er lehrte Alte Kirchengeschichte sowie Patristik. Von ihm wurde ich in die Geschichte der Konzilien und in den Reichtum der Kirchenväter eingeführt. Hugo Rahner war ein »Eutrapeliker«, ein Wort, das ich erst im Zusammenhang mit seiner Person kennenlernte. »Eu« bedeutet gut, »trepein« heißt wenden. Hugo Rahner war ein guter Wortwender: eine Formulierung, die an unsere

»Rede-Wendungen« erinnert, durch die bewährte Lebensweisheiten überliefert werden. Es war ein Genuss, Hugo Rahners Vorlesungen zu hören. Manche erzählten verschmitzt, Hugo werde die sprachlich doch recht komplexen Texte seines etwas jüngeren Bruders Karl eines Tages ins Deutsche übersetzen und so für ein breiteres Publikum verständlicher machen. Ein Gehirntumor, an dem er nach langem und schwerem Leiden starb, hat ihn daran gehindert.

Hugo und Karl Rahner haben mir einen neuen Zugang zur Herz-Jesu-Verehrung verschafft. Diese war ja in meiner Familie hoch im Kurs. In der elterlichen Wohnung hing ein großes Bild von Jesus, der sein Gewand auseinanderzieht, damit sein Strahlenherz sichtbar wird; mit seinen wachen Augen sieht er den Betrachter des Bildes eindringlich an, gleich wo dieser im Raum steht. Ich habe mich bei diesem ständigen Beobachtetwerden als Kind meist unwohl gefühlt. Was der Psalmist besingt, »Doch das Auge des Herrn ruht auf allen, die ihn fürchten und ehren, die nach seiner Güte ausschaun« (Ps 33,18), erlebte ich jedenfalls nicht. Die Herz-Jesu-Freitage gehörten in meiner Kindheit und Jugendzeit zwar zum spirituellen Standard der Himmelsabsicherung, aber wirklich heimisch bin ich in dieser Frömmigkeitsform nie geworden.

Nur einmal war ich über den Blick dieses Bildes froh. In unserer Familie war nach dem Krieg ein begnadeter Pianist namens Paul Müllner zu Gast. Ich bekam damals am Konservatorium der Stadt Wien Klavierunterricht. Wenn Paul Müllner am Klavier den Anfang des Klavierkonzerts von Tschaikowsky spielte, ging mir ein Schauern über den Rücken. Eine ganz andere Kälte durchfuhr mich aber, als dieser beleibte Mann plötzlich vor mir stand und meinen kleinen Bubenkörper gewaltsam an sich drückte. Ich kam genau so zu stehen, dass ich über seine Schulter hinweg das Herz-Jesu-Bild sah. Und wehrte mich so heftig, dass er von mir abließ.

Die beiden Rahnerbrüder haben Wertvolles zum Herzen Jesu und seiner Verehrung gesagt. Sie leisteten damit als theologische Gäste nicht nur einen Dienst am »heiligen Land Tirol«, das bis heute am Herzjesufest Bergfeuer entzündet. Es war auch ein spiritueller Dienst am Canisianum, das sein Hochfest an diesem Freitag nach dem Fronleichnamsfest beging – ein Fest, an dem man sicher sein konnte, dass im Garten unzählbar viele rote Rosen blühten.

Die Rahner'sche Herz-Jesu-Theologie hat aber nicht zuletzt auch meiner Herz-Jesu-Frömmigkeit geholfen. Ich lernte, dass Gott nicht der bedrohliche Richter ist, sondern ein Herz auch für seine Schöpfung hat. So heißt es in einer Osterpredigt von Karl Rahner, die östlichen Kirchenväter erinnernd:»Saßen bisher im Herzen der Welt Tod und Vergeblichkeit, so nunmehr Gott und das Leben.«[43]

Von hier aus erschließt sich auch ein anderes deutsches Wort, welches das Innerste Gottes zum Vorschein bringt und das den letzten Päpsten, von Johannes Paul II. angefangen bis Franziskus, wichtig geworden war: Gottes Barm-HERZ-igkeit. Erbarmen, compassion (Johann B. Metz) gehört in das gleiche Wortfeld. Auch das Bild von Gott als Arzt, von Christus als Apotheker und von Jesus als Heiland, in dessen Nachfolge die Kirche selbst Heil-Land zu werden berufen ist, zählen zu diesen zentralen Glaubensbildern.

Das herzliche Erbarmen Gottes ist ein gemeinsamer Schatz der Christen, der Muslime, der Buddhisten. Der Dalai-Lama ist die Reinkarnation des einen der drei Buddhas: nämlich der Buddhas des Erbarmens. Dargestellt wird dieser mit tausend Augen und ebenso vielen Händen. Die Muslime nennen in jeder Sure Allah den Allerbarmer. Der in der Islamischen Religionsgemeinschaft Deutschlands umstrittene europäische Islamgelehrte Mouhanad Khorchide, der in Wien seine akademische Karriere begonnen hat, schrieb ein Buch mit dem Titel:»Islam ist Barmherzigkeit«[44].

Johannes Schasching

Noch wichtiger als Karl Rahner wurde für meine wissenschaftliche Laufbahn Johannes Schasching SJ. Er war Sozialethiker an der Theologischen Fakultät Innsbrucks und hier wieder am Institutum Philosophicum Oenipontanum. Ich lernte ihn rasch schätzen, was auf Gegenseitigkeit beruhte. So konnte ich bei ihm meine Lizentiatsarbeit über die Lehre vom Geld (De monetae mutatione, 1609) bei dem spanischen Jesuiten

---

43   Rahner, Karl: Kleines Kirchenjahr, München 1954, 85f.
44   Khorchide, Mouhanad: Islam ist Barmherzigkeit. Grundzüge einer modernen Religion, Freiburg 2012. – Ich habe, ohne es zu ahnen, zu seiner Karriere beigetragen, weil ich als Dekan erreicht hatte, dass an der Bildungswissenschaftlichen Fakultät ein Lehrstuhl für Islamische Fachdidaktik eingerichtet wurde. Leiter ist Ednan Aslan. Er will eine»Wiener Schule« gründen. Diese soll zeigen, dass die modernen Freiheitsrechte nicht widerwillig dem Islam aufgepropft werden müssten, sondern dass diese aus ihm selbst herauswachsen können.

Juan de Mariana (1536–1642) verfassen, bei der die Hauptleistung in der Übersetzung des lateinischen Textes bestand.[45] Er holte mich überdies früh als Wissenschaftliche Hilfskraft an sein Institut.

In dieser Eigenschaft unterstützte ich ihn, als er Anfang der Sechzigerjahre begann, die Religion im Leben der Arbeiter der Österreichischen Eisen- und Stahlwerke zu untersuchen. Ich konnte mich an der Formulierung der Forschungshypothesen, dem Entwickeln des Fragebogens sowie an der mündlichen Erhebung beteiligen. Wochenlang ging ich in Linz von Wohnung zu Wohnung und befragte Arbeiter zu Themen von Religion und Kirche. Wir waren trainiert worden, aktiv neugierig zu sein. Selbst wenn uns etwas gänzlich unsinnig erschien, waren wir angehalten worden, einfach zu bemerken: »Das ist aber interessant« – eine Formulierung, die mir bis heute geläufig geblieben ist. Einmal fragte mich ein Arbeiter, ob ich denn wüsste, wie der Kirchenbeitrag eingehoben werde? Ich zeigte mich neugierig. Da erzählte er mir, dass die Sakristane mit den Leuten reden und dann den Pfarrern erzählten, was einer verdient. Darauf gestützt werde die Höhe des Kirchenbeitrags vorgeschrieben. »Interessant«, sagte ich.

Nach dem Ende der Erhebungen in Linz und Vorarlberg ging es ans Auswerten der Daten. Als dann just in dieser Zeit Johannes Schasching Provinzial in Österreich und danach nahtlos an die Jesuitenkurie in Rom berufen wurde, bat er mich, die Auswertung in eigener Verantwortung zu übernehmen.

Religions- und Werteforschung

Das war ein ganz entscheidender Punkt in meinem Leben. Ich stieg endgültig in die empirische Religionsforschung ein, die sich später auf die empirische Werteforschung und von da aus auf die Geschlechterforschung ausweitete. Johannes Schasching hatte auch darauf gedrängt, dass mich Erzbischof Franz Jachym an seiner Stelle in den Beirat des Instituts für kirchliche Sozialforschung (IKS) berief. Das Institut war

---

45   De monetae mutatione (Über die Geldveränderung), Köln 1609, übersetzt und eingeleitet von Paul Zulehner, als Lizentiatsarbeit eingereicht, Innsbruck 1959.

1962 in einem europäischen Verbund errichtet worden. Es hatte prominente Leiter wie Erich Bodzenta oder Laslo Vaskovics, die dann als Soziologen an Universitäten Karriere gemacht haben. Dann folgte Hugo Bogensberger. Nach dessen Pensionierung kam es zum tragischen Untergang des Instituts.[46]

Das IKS hatte 1970 nach einer Reihe von Kirchenbauvorbereitungsstudien eine Religionsstudie in den Diözesen Gurk, Innsbruck und Linz durchgeführt; österreichweit lief zudem eine Priesterumfrage.[47] Zusammen mit Herman Denz hatte ich an der Universität Linz tage- und nächtelang an einem riesigen Computer gerechnet, Lochkarten gestanzt und eingelesen, Kreuztabellen errechnet und auch erste Tiefenanalysen erstellt. Hermann Denz war damals am Institut für Soziologie in Linz tätig und war einer der besten empirischen Sozialforscher in Österreich. Mit ihm habe ich in Linz auch die Österreichische Priesterstudie ausgewertet. Es war eine Vollerhebung unter allen Priestern in Österreich über deren Dienst und Leben gemacht worden. Wir entschieden uns, daraus eine Stichprobe zu ziehen und wählten jeden zehnten »Fall« aus. Damals lernte ich die »große Kränkung« der menschlichen Freiheit zu erahnen: Man braucht nur kontrolliert wenige Leute auswählen, um zu erfahren, wie alle »freien« Menschen denken. Hermann Denz (1949–2008) ist dann leider viel zu früh nach langer Krankheit gestorben. Ich vermisse sein Können und seine Freundschaft. Er war mein verlässliches statistisches Gewissen. Gottlob hatte ich in dieser Zeit so viel statistisches Handwerk gelernt, dass ich sattelfest geworden war.

In den folgenden Jahrzehnten ist mir die Durchführung vieler großer Studien gelungen. Dazu gehören die Langzeitstudie Religion im Leben der Österreicherinnen und Österreicher 1970–2010, die Europäischen Wertestudien 1991 und 2008. Dieses Projekt ist inzwischen bei Christian Friesl und Regina Polak gut aufgehoben. 1992, 2002, 2012 folgten die drei österreichischen Geschlechterstudien; 1998 und 2008 verantwortete ich solche Studien in Deutschland. Ich habe unterschiedliche

---

46 Institut für kirchliche Sozialforschung, Entwicklung und Stand der kirchlichen Sozialforschung, in: Klostermann, Ferdinand/Weinzierl, Erika: Kirche in Österreich 1918–1965, Wien 1965, 258–264.
47 Zulehner, Paul M.: Kirche und Priester zwischen dem Auftrag Jesu und den Erwartungen der Menschen. Ergebnisse der Umfrage des Instituts für kirchliche Sozialforschung in Wien über »Religion und Kirche in Österreich« und »Priester in Österreich«, Wien 1974.

Gruppen der katholischen Kirche forscherisch durchleuchtet: die Priester (2000 mit Anna Hennersperger)[48], die PastoralreferentInnen (2006 mit Katharina Renner)[49], die PfarrgemeinderätInnen (2009 mit Anna Hennersperger)[50]. Im Rahmen meiner in Wien nach 1984 gewachsenen Osteuropaorientierung, über die ich später erzählen werde, erforschte ich zusammen mit dem führenden und leider auch zu früh verstorbenen ungarischen Religionssoziologen Miklos Tomka (1941–2010) die religiöse Dimension in den postkommunistischen Ländern Ost(Mittel)Europas (1978, 2008)[51]. Dazu kamen kleinere Projekte, wie beispielsweise 2013 die Onlineumfrage des Zukunftsforums der Kirche in Österreich. Wichtig wurde auch die Studie über den Vorrat an belastbarer Solidarität in Österreichs Kultur (2002 mit Hermann Denz).

Beim Aufspüren von Forschungsthemen leitete mich die von mir entwickelte »Kipptheorie«. Ihr Kernsatz lautet: »Was uns heute fehlt, wird uns morgen wichtig werden.« Indem ich sie befolgte, konnte ich der Entwicklung stets einen Schritt voraus sein. Ich begann mit der Männerforschung schon 1992[52] und wiederholte diese Studie 2002[53] sowie 2012[54]. Sodann wurde zum Thema, welchen Vorrat an belastbarer Solidarität es

48 Zulehner, Paul M.: Priester im Modernisierungsstress. Forschungsbericht der Studie Priester 2000, Ostfildern 2001. – Zulehner, Paul M./Hennersperger, Anna: »Sie gehen und werden nicht matt« (Jes 40,31). Priester in heutiger Kultur. Ergebnisse der Studie Priester 2000, Ostfildern 2001. – Hennersperger, Anna: Ein ein(z)iges Presbyterium: Zur Personalentwicklung von Priestern. Amtstheologische Reflexionen zu Daten der Studie Priester 2000®, Ostfildern 2002.

49 Zulehner, Paul M./Renner, Katharina: Ortsuche. Umfrage unter Pastoralreferentinnen und Pastoralreferenten im deutschprachigen Raum, Ostfildern 2006.

50 Zulehner, Paul M.: Der Reichtum der Kirche sind ihre Menschen. Pfarrgemeinderäte beleben die Kirchengemeinden. Bericht über eine Umfrage, Ostfildern 2010. – Zulehner, Paul M./Hennersperger, Anna: Damit die Kirche nicht rat-los wird. Pfarrgemeinderäte für zukunftsfähige Gemeinden, Ostfildern 2010.

51 Tomka, Miklós/Zulehner, Paul M./Toš, Niko: Religion in den Reformländern Ost(Mittel)Europas 1999. – Tomka, Miklós/Zulehner, Paul M./Toš, Niko: Religion im gesellschaftlichen Kontext Ost(Mittel)Europas 2000. – Zulehner, Paul M./Tomka, Miklós/Naletova, Inna: Religionen und Kirchen in Ost(Mittel)europa. Entwicklungen nach der Wende, Ostfildern 2008. – Es sind auch einzelne Länderberichte erschienen. Mehr dazu auf www.pastorales-forum.net.

52 Zulehner, Paul M./Slama, Andrea: Österreichs Männer unterwegs zum neuen Mann? Wie Österreichs Männer sich selbst sehen und wie die Frauen sie einschätzen. Erweiterter Forschungsbericht, bearbeitet im Rahmen des Ludwig Boltzmann Instituts für Werteforschung. Österreichisches Bundesministerium für Jugend und Familie, Wien 1994.

53 Zulehner, Paul M: MannsBilder. Ein Jahrzehnt Männerentwicklung, Ostfildern 2003.

54 Zulehner, Paul M./Steinmair-Pösel, Petra: Gleichstellung in der Sackgasse? Frauen, Männer und die erschöpfte Familie von heute, Wien/Graz 2014.

in unserem modernen Land gibt.[55] In der Mitte der Neunzigerjahre wandte ich mich schließlich der Erforschung der Spiritualität zu.[56]

IKS und AfkS

Der Untergang des Instituts für kirchliche Sozialforschung war tragisch und skandalös. Es war der Österreichischen Bischofskonferenz zu kostenintensiv geworden. Die großen Studien wurden zudem mit öffentlichen Forschungsmitteln an der Universität durchgeführt. Also beschloss man dessen Auflösung. Als Dekan hatte ich Kardinal Christoph Schönborn als Verantwortlichen in der Österreichischen Bischofskonferenz angeboten, das Institut der katholisch-theologischen Fakultät in Wien anzugliedern und ihr wenigstens die wertvolle religionssoziologische Bibliothek sowie die Datenbänder der Umfragen als eine Unterabteilung der Fakultätsbibliothek mit dem Namen »Jachym-Bibliothek« zu überlassen. Stattdessen wurde das Institut Klaus Zapatotzki von der Soziologie in Linz anvertraut. Das war eine fatale Entscheidung, wie sich zeigen sollte. Klaus Zapatotzki machte aus dem Institut einen privaten Verein, der schnell in die Zahlungsunfähigkeit geriet. Klagen wegen ausstehender Mietzahlungen missachtete Zapatotzki fahrlässig. Erst als die Räumung bereits gerichtlich angedroht war, wandte er sich voller Panik an mich und fragte bei mir an, ob ich nicht etwas tun könne. Ich wurde umgehend aktiv, konnte aber mit Entsetzen nur noch die vollzogene Räumung des Instituts durch eine Speditionsfirma in Erfahrung bringen. Mit dem Gutachten eines offenbar windigen »Sachverständigen« ausgestattet ließ der Wohneigner die gesamte Bibliothek auf drei Lastwägen zum Südbahnhof zum Entsorgen abtransportieren. Der Versuch, den Vorgang zu stoppen, kam zu spät. Es wurde damit nicht nur die beste religionssoziologische Bibliothek in Wien samt wertvollsten Forschungsdaten vernichtet. Kirchensteuermittel, mit denen das IKS über

---

55 Zulehner, Paul M.: Solidarität. Option für die Modernisierungsverlierer; [eine Studie des Ludwig-Boltzmann-Instituts für Werteforschung (Solidarität und Religion) und der Arbeitsstelle für Kirchliche Sozialforschung (AfkS)], Innsbruck/Wien 1996. – Ders.: Solidarität in den Wählervölkern, Graz 1992. – Zulehner, Paul M./Pelinka, Anton: Wege zu einer solidarischen Politik, Innsbruck 1999.

56 Zulehner, Paul M.: Spiritualität – mehr als ein Megatrend. Gedenkschrift für Kardinal Franz König, Ostfildern 2004.

Jahrzehnte hinweg aufgebaut und ausgestattet worden waren, sind damit veruntreut worden.

Ich hatte nach der offiziellen Schließung des IKS am Institut für Pastoraltheologie den Verein Arbeitsstelle für kirchliche Sozialforschung (AfkS) gegründet. Mit dessen langjährigen Geschäftsführer Wolfgang Schwens konnte ich auf diese Weise im deutschsprachigen Raum Pfarranalysen[57] machen sowie eine Reihe von Dossiers herausgeben, beispielsweise eines zum Religionsunterricht[58], ein anderes zur Ehescheidung[59]. Auch die Studie zum Kirchenvolksbegehren[60] oder zur feministischen Frauensynode in Gmunden[61] zählen zu den Publikationen der AfkS.

Zweite theologische Reflexion

In meiner pastoraltheologisch ausgerichteten Forschungsarbeit verblieb es nie nur bei der Erhebung von Daten und deren ersten sozialwissenschaftlichen Reflexion. Das wäre auf dem Weg zu einem fundierten pastoralen Handeln zu wenig, obgleich es manchen in der Kirche zu genügen scheint. Sie analysieren und versuchen dann die Praxis der Kirche aus den Ergebnissen kurzschlüssig abzuleiten. Ich nenne das platten »Soziologismus« und finde es äußerst amüsant, dass gerade mir ein solcher von manchen vorgeworfen worden ist.

Karl Rahner hat uns gelehrt, dass beim unerlässlichen und vom Konzil auch geforderten Zusammenspiel mit Human- und Sozialwissenschaften, aber auch mit anderen Wissenschaften wie Geschichte, Kunst, Literatur stets eine zweite theologische Reflexion notwendig ist. Es kann nämlich durchaus sein, dass um des Menschen willen gegen die Datenlage gearbeitet werden muss. Die Wissenschaft kennt die Begriffe *selfful-*

---

57   Zulehner, Paul M./Gönner, Hannes/Schweighofer, Johannes: Pfarranalyse. Anstoß zur Pfarrgemeinde-Entwicklung, AfkSDossier 15, Wien 1997.

58   Zulehner, Paul M./Denz, Hermann/Langer, Wolfgang: Religionsunterricht in Österreich 1970–1990. Zur Meinungslage in Österreich, AfkS Dossier 3, Wien 1995.

59   Zulehner, Paul M./Denz, Hermann: Ehescheidung in Österreich, AfkS Dossier 2, Wien 1994.

60   Zulehner, Paul M.: Kirchenvolks-Begehren und Weizer Pfingstvision. Kirche auf Reformkurs, Düsseldorf 1995.

61   Feminismus und Kirchen. Europäische Frauensynode in Gmunden 1996, AfkS Dossier 13, Wien 1996.

filling und *selfdestroying prophecies*. Oder eben: Das Evangelium be-
stärkt einerseits, leistet aber andererseits prophetisch Widerstand. Es
verhindert, dass Religion zur opiaten Vertröstung im vorhandenen
Elend wird. Verhältnisse sind gegebenenfalls zu reformieren, ja zu revo-
lutionieren: Darauf hat Franziskus, Bischof von Rom, die Jugendlichen
der Welt beim Weltjugendtag in Rio de Janeiro 2013 hingewiesen: Er
wünscht sich eine revolutionäre Jugend. Dasselbe gilt auch für das, was
sich in Studien als Lage der Kirche abzeichnet.

Was durch eine solche zweite theologische Reflexion wissenschaftli-
cher Ergebnisse entsteht, ist eine empathisch-kritische »Theologie der
(modernen) Welt«. Diese erfolgt bei Fundamentalisten wie bei Liberalen
im Schwarz-Weiß-Modus. Zumeist ist dann die Welt schlecht und die
Kirche gut oder eben auch umgekehrt. Wer der Versuchung populisti-
scher Vereinfachung widersteht, wird bald entdecken, dass Gottes Geist
in der Welt ebenso am Werk ist wie in der Kirche – in der Welt in nicht
wenigen Fällen sogar früher als in der Kirche. Deshalb mahnte Johannes
XXIII. bei der Konzilseröffnung, die »Zeichen der Zeit« gründlich zu
lesen und sich über die geistgewirkten Erfahrungen in der »Welt« von
Gott her demütig belehren zu lassen. Ebenso aber können sowohl die
Welt wie die Kirche geistlos handeln. Deshalb verdienen beide Kritik
und benötigen Reform.

Im Laufe der Zusammenarbeit mit Wissenschaftlern anderer Disziplinen wurde mir klar, dass wir nicht nur deren Support für die Theologie
benötigen, sondern dass auch umgekehrt ein guter Theologe für einen
offenen ideologiefreien Wissenschaftler ein äußerst nützlicher Dialog-
partner sein kann. Dahinter steht die Überzeugung, dass es letztlich nur
die eine Wirklichkeit gibt und die verschiedenen Wissenschaften lediglich unterschiedliche Zugänge zu dieser pflegen.

Das ist letztlich der Grund, warum Glaube und Vernunft nicht im
Widerstreit liegen müssen, sondern miteinander enorme Synergien entwickeln können. Johannes Paul II. und noch mehr Benedikt XVI. war
das kreative Zusammenspiel von *fides* und *ratio* ein großes Anliegen.
Daher ist es zu wenig, wenn in kirchlichen Hochschulen eine Theologie
gelehrt wird, welche meint, profane Wissenschaften folgenlos links liegen lassen, wenn nicht gar verachten zu können. Eine solche Theologie
ist in größter Gefahr, zur Ideologie und zu einer platten Legitimation
von kirchlichen Machtsystemen zu verkommen. Werden an solchen

Einrichtungen Priester ausgebildet, kommen aus ihnen nicht selten Persönlichkeiten heraus, die einen Hang zum Fundamentalismus in sich tragen. Auch an kirchenloyalen Fakultäten gibt es Studierende, die aus traditionellen Verhältnissen kommen und sich von einer weltoffenen Theologie bedroht fühlen.[62] Diese »tauchen dann im Studium durch«, meiden Vorlesungen und damit die Auseinandersetzung, um in ihrer ererbten kindlich-theologischen Position nicht gestört zu werden. Kommen solche durchtauchende Absolventen mit ihrer unveränderten kindlichen Religiosität dann in Gemeinden mit weltoffenen Zeitgenossinnen, ergeben sich oft massive Konflikte.

Im Laufe meiner Arbeit an Theologischen Fakultäten habe ich solche kirchliche Einrichtungen kennengelernt. Zwischen der Hochschule in Heiligenkreuz und der katholisch-theologischen Fakultät in Wien gab es aus eben solchen Gründen Spannungen. Die kirchliche Hochschule in Heiligenkreuz war viele Jahre auf Grundlage des Konkordats der Wiener Fakultät zugeordnet. Unsere Fakultät hatte zu gewährleisten, dass in Heiligenkreuz (wie in der kirchlichen Hochschule in St. Pölten) nach dem akademischen Standard geforscht und gelehrt wird. Dass die wissenschaftliche Lage prekär war, zeigte sich, als die Wiener Fakultät im Rahmen der geplanten Umwandlung der Hochschule von Heiligenkreuz in eine päpstliche Fakultät ein Gutachten erstellen musste. Es galt zu klären, ob die von Sapienta Christiana geforderten elf Lehrstühle auch mit qualifizierten Personen besetzt werden können. Das konnte im Zuge der Evaluierung lediglich für einen kleineren Teil der Lehrstühle bestätigt werden. Die Errichtung der päpstlichen Fakultät für eine Probezeit von fünf Jahren erfolgte dennoch. Manche Kirchenkreise, welche um die Tradition besorgt sind, bringen lieber *viele* Priester hervor als solche, die für die Seelsorge in unserer modernen Zeit tauglich sind.

Bei seinem Besuch in Österreich im Jahr 2007 machte Benedikt XVI. einen Abstecher nach Heiligenkreuz, was das Besuchsprogramm ziemlich belastete und die Beziehungen zwischen dem Wiener Erzbischof und dem damaligen Abt von Heiligenkreuz Gregor Henckel von Donnersmarck nicht gerade verbesserte. Die neue Päpstliche Fakultät trägt den Namen von Benedikt XVI. Der Papst sollte sie durch sein Betreten ehren,

---

62 Vgl. Herrmann, Wolfgang: Die Angst der Theologen vor der Kirche. Gegen den Praxisverlust der Theologie, Stuttgart 1973.

ja gleichsam in Besitz nehmen. Es hat nicht wenige überrascht, dass er zwar wenige Meter vor dem Eingang stand, das Haus aber nicht betrat. In seiner Ansprache vom Erker des Eingangs ins Stift sagte er mahnend:

»Ein Leben in der Nachfolge Christi bedarf der Integration der gesamten Persönlichkeit. Wo die intellektuelle Dimension vernachlässigt wird, entsteht allzu leicht ein frömmlerisches Schwärmertum, das fast ausschließlich von Emotionen und Stimmungen lebt, die nicht das ganze Leben durchgetragen werden können. Und wo die spirituelle Dimension vernachlässigt wird, entsteht ein dünner Rationalismus, der aus seiner Kühle und Distanziertheit nie zu einer begeisterten Hingabe an Gott durchbrechen kann. Man kann ein Leben in der Nachfolge Christi nicht auf solche Einseitigkeiten gründen; man würde mit diesen Halbheiten selbst unglücklich werden und wohl folglich auch geistlich unfruchtbar bleiben.«[63]

Karl Rahner hat dasselbe in einem einfachen Bild ausgedrückt. Es brauche eine sitzende und eine kniende Theologie. Eine kniende allein verarme und reiche für die Kirche in der heutigen Zeit nicht aus.

Austromarxismus

Johannes Schasching hat mich nicht nur zur Religions- und Werteforschung gebracht. Ihm verdanke ich auch meine intensive Befassung mit dem Austromarxismus. Er hatte mir als Thema für meine zweite, nunmehr theologische Doktorarbeit das Studium des Austromarxismus empfohlen.[64] Ich sollte das komplizierte und aggressionsgeladene Verhältnis zwischen der katholischen Kirche und der sozialistischen Bewegung von den Anfängen bis zum Jahre 1933 erforschen. Als Quelle galten neben den einschlägigen Publi-

63   Aus der Rede über die Aufgabe der Theologischen Fakultäten am 9. September 2007 in Heiligenkreuz.
64   Zulehner, Paul M.: Kirche und Austromarxismus, Wien 1967.

kationen sozialistischer wie kirchlicher Denker primär die Texte zu Religion und Kirche in der Hauszeitung der sozialistischen Bewegung. Die Parteizeitung hieß zunächst »Gleichheit« und dann, bis sie im Jahre 1991 eingestellt wurde, »Arbeiterzeitung«.

Die Auseinandersetzungen zwischen den beiden politischen Lagern eskalierten in der Zeit zwischen den beiden großen Kriegen bürgerkriegsartig. Heimwehr und Schutzbund kämpften gegeneinander, es gab auch Tote. Bundeskanzler war damals Ignaz Seipel, der »Prälat ohne Milde«. Die Sakristeien, so war in der Arbeiterzeitung zu lesen, dienten zugleich als Parteilokale der Christlichsozialen. Die Kirche und mit ihnen die meisten engagierten Katholiken standen im Lager der Christlichsozialen, die nach dem Wegfall des Throns für den Altar eine Art katholisches Restösterreich darstellten. Diese Verflechtung von Kirche und Christlichsozialer Partei vergiftete das Verhältnis der sozialistischen Arbeiterschaft und Gewerkschaft zur Kirche nachhaltig.

Umgekehrt waren die österreichischen Sozialisten zumindest in ihrer Rhetorik radikale Marxisten. Dies zeigte sich in einem aggressiven Antiklerikalismus. Nicht wenige pflegten eine marxistisch begründete Religionsfeindlichkeit. Lediglich ein kleiner Kreis »religiöser Sozialisten« um den »kleinen« Otto Bauer blieb religionsfreundlich, auch wenn der Kampf gegen das Bündnis von Christlichsozialen und Kirche als solcher geführt wurde.

Die Entwicklungen und ihre Hintergründe sollten, so der Rat von Johannes Schasching, von mir aus zwei Gründen erforscht werden: Erstens konnte von da aus das ambivalente Verhältnis der untersuchten Industriearbeiter aus den VÖEST historisch erhellt werden. Es sollte verständlich werden, warum die Forschung bei ihnen eine »Religion ohne Kirche«[65] antraf, manchmal mit einer formellen Kirchenmitgliedschaft, oftmals auch ohne. Vor allem der Zugang zu den Ritualen an den Übergängen des Lebens hatte sich trotz der politisch verursachten Entfremdung als erstaunlich stabil erwiesen. Ausgetretene Arbeiter wollten ihre Kinder taufen und die Toten kirchlich beerdigen lassen. Zweitens hatten sich nach dem Konzil unter Kardinal König und Bruno Kreisky Aussöhnungsgespräche zwischen Kirche und Gewerkschaft/SPÖ ange-

---

65 Zulehner, Paul M.: Religion ohne Kirche? Das religiöse Verhalten von Industriearbeitern, Wien/Freiburg/Basel 1968.

bahnt. Dank meiner Forschungen war ich auch in diese Gespräche einbezogen worden.

CCEE

Schließlich verdanke ich Johannes Schasching, dass er mich als seinen Nachfolger für die Funktion als Berater des jeweiligen Präsidenten des Rates der Europäischen Bischofskonferenzen (CCEE) empfohlen hatte. Generalsekretär des CCEE war damals Ivo Fürer, der mich schon aus dem Canisianum kannte. Später wurde Ivo Fürer Bischof in St. Gallen. Zusammen mit Hervé Legrand vom Institut Catholique in Paris halfen wir fachwissenschaftlich mit, die zweijährig stattfindenden Symposien der bischöflichen Delegierten der Europäischen Bischofskonferenzen aus West- wie Osteuropa vorzubereiten.

Ein wichtiges Thema in der sozialwissenschaftlichen Reflexion Europas war die These der »Säkularisierung«[66]. Diese religionssoziologische Theorie, in den Siebzigerjahren noch unwidersprochen von den meisten großen Religionssoziologen wie Peter L. Berger vertreten, war in der Mitte der Achtziger- und Anfang der Neunzigerjahre in eine Krise geraten. Die führenden Religionssoziologen begannen, sich von dieser Deutungskategorie abzusetzen. Man begann mit mehreren Modernitäten zu rechnen, von denen nur eine religionsunverträglich ist, andere hingegen nicht. Der Verdacht konnte nicht ausgeräumt werden, dass Säkularisierung mehr ein ideologisches Politprogramm war denn eine solide theoretische Deutung der Entwicklung der religiösen Dimension moderner Kulturen.

Johannes Schasching riet daher schon Anfang der Achtzigerjahre den Bischöfen Europas, die moderne Gesellschaft nicht unter dem Säkularisierungsparadigma zu deuten. Vielmehr sollte die alltägliche wie außeralltägliche Rolle von Religion und Kirche im Leben der Menschen thematisiert werden. Das würde die Evangelisierung zu einem empathischen Versuch machen, das Evangelium in das reale Leben moderner Menschen einzuweben. Dabei geschehe ein wechselseitiger Austausch: Denn Evangelisierung bedeute, so Johannes Paul II. in einem von Kardi-

---

66 Zulehner, Paul M.: Säkularisierung von Gesellschaft, Person und Religion, Wien 1973.

nal Carlo M. Martini entworfenen Grußschreiben an ein Symposium im Jahre 1989, dass »die Kirche lernt und lehrt«. Evangelisierung ist somit immer ein Dialog und nicht eine einbahnige Indoktrination: eine Position, die in den Texten des Zweiten Vatikanischen Konzils eine gute Grundlage hat.

Das erste Symposium, an dem ich mitwirkte, hatte als Thema »Geburt und Tod als Herausforderungen der Evangelisierung« (1989). Damals wurde von Kardinal Carlo M. Martini die bis heute politikgestaltende Formel geprägt: »So wie die Eltern die Kinder zur Welt bringen, sollen künftig die Kinder die Eltern aus der Welt begleiten können.« Im »Können« steckte sozialpolitischer Sprengstoff. Sodann ging es in einem weiteren Symposium um das Verhältnis von Freiheit und Solidarität als zwei Eckwerte in den Kulturen Europas.

Ich habe aus der Nähe miterlebt, dass das Verhältnis des Vatikans zum CCEE und seiner Leitung kühl und vertrauensarm war. In St. Gallen war im Steuerungskomitee gleich nach der Wende von 1989 ein Europa-Symposium beschlossen worden. Ohne Absprache mit Kardinal Martini hatte Papst Johannes Paul II. eine eigene Europasynode im Vatikan ausgerufen. Als dann das ursprüngliche, vom CCEE geplante Europa-Symposium 1991 in Prag doch noch stattfand, war Kardinal Camillo Ruini mit einer beträchtlichen Zahl von Mitarbeitenden angereist. Als Hervé und ich uns nach dem Abschluss der letzten Sprachgruppen daran machten, jene Schlussrede für den Präsidenten zu entwerfen, die am nächsten Morgen für die Journalisten in vier Sprachen vorliegen musste, kam immer wieder ein Sekretär von Kardinal Ruini in unser nächtliches Arbeitszimmer und wollte Texte von uns bekommen. Mit einzelnen Seiten entschwand er dann ins kafkaeske Nichts, um nach geraumer Zeit mit einem Placet oder mit Änderungswünschen zurückzukehren. Prag war kein Einzelfall für Römischen Kontrolleifer. Auch beim Treffen der lateinamerikanischen CELAM oder bei der Afrikasynode, die noch dazu in Rom abgehalten worden war, soll es ähnliche Überwachungsvorgänge gegeben haben.

Der Vatikan war offensichtlich besorgt, dass die Kirche auf den einzelnen Kontinenten pastoral eigene Wege einschlagen und so die Uniformität der Weltkirche aufbrechen würde. Da war die präventive Kontrolle der programmatischen Abschlussreden der Präsidenten der kontinentalen Bischofskonferenzen ein probates Mittel, um die Uniformität zu sichern. Dabei ist Uniformität etwas anderes als Einheit in Einmütigkeit. Sie ist verarmender Zentralismus, nicht der Reichtum einer versöhnten Einheit in Vielfalt. Auch Jorge M. Bergoglio hatte als Vorsitzender der lateinamerikanischen Bischofsversammlung CELAM mit solchen vatikanischen Ängsten schlechte Erfahrungen gemacht. Das ist wohl ein Grund, warum er als Bischof von Rom auf eine lehramtliche Dezentralisierung der katholischen Weltkirche setzt.

Ein anderes bewährtes Mittel der Kontrolle war die Einflussnahme des Vatikans auf die Wahl des Präsidenten des CCEE. So wurde die zu erwartende Wiederwahl von Kardinal Carlo M. Martini durch eine Statutenänderung verhindert: Nur mehr Vorsitzende von Bischofskonferenzen sollten als Präsidenten gewählt werden können. Kardinal Karl Lehmann von Mainz wäre wiederum ein solcher gewesen und war der Wunschkandidat vieler Bischofskonferenzen. Aber auch dessen Wahl wurde erfolgreich sabotiert. Der Vatikan und einzelne Ortsbischöfe setzten eher auf schwache Präsidenten, wie etwa den statt Kardinal Karl Lehmann gekürten Bischof von Chur, Amédée Grab OSB, oder dessen Nachfolger Kardinal Peter Erdő, Erzbischof von Estergom. Die Präsenz der katholischen Kirche in Europa erweist sich somit als ziemlich kompliziert. Der Vatikan hält sich selbst für die letztlich entscheidende Vertretung. Und neben dem CCEE, das sich mehr pastoralen Themen widmet, macht das COMECE, die Vertretung der katholischen Kirche bei der EU in Brüssel, politische Lobbyarbeit. Dort ist derzeit Kardinal Reinhard Marx Vorsitzender. Als solcher wurde er von Papst Franziskus in jene Achtergruppe berufen, welche den Papst bei seinen geplanten Reformen unter dem Vorsitz des Erzbischofs von Tegucigalpa in Honduras Kardinal Óscar Rodríguez Maradiaga berät.

Carlo M. Martini, Basil Hume, Miloslav Vlk

Dass mir Johannes Schasching ermöglicht hatte in dieser Europäischen Organisation mitzuwirken, hat mich fachlich überaus bereichert. Und das nicht nur inhaltlich: Ich habe in dieser Zeit derart herausragende Bischöfe Europas kennengelernt, dass ich seitdem das in liberalen Kirchenkreisen übliche »Bischofsbashing« nicht mitmachen kann, auch wenn ich in Einzelfällen begründete Kritik durchaus freimütig äußere. Ich diente nicht nur Carlo M. Martini aus Mailand, sondern auch Basil Hume aus London und Miloslav Vlk aus Prag, mit dem ich bis heute in guter Verbindung stehe.

Zur Vorbereitung eines Symposiums des CCEE, bei dem die Tochter des kommunistischen polnischen Ministerpräsidenten Babiuch Jolantha sprach, waren wir im Bischofspalais in London einquartiert. Frau Jolantha Babiuch einzuladen war eine wohlüberlegte und mutige Entscheidung des Kardinals. In ihrem Referat stellte sie den Übergang vom feudalen ins kommunistische Polen dar. Dabei verschwieg sie nicht, dass in Polen wie auch in Ungarn und anderen osteuropäischen Ländern durch den Kommunismus die Lebensverhältnisse von bislang armen Schichten erheblich besser wurden. Das geschah insbesondere für Menschen in der feudalen Landwirtschaft, in der die katholische Kirche als Großgrundbesitzerin stark präsent war. Kurzum, der Kommunismus habe vielen eine Befreiung vom feudalen Joch gebracht. Diese Feststellung hatte den mächtigen Erzbischof Jerzy Stroba von Posen und noch mehr Kardinal Joachim Meisner von Köln derart erbost, dass sie umgehend unter lautem Protest vom Symposium abreisen wollten. Es gelang dem Vorsitzenden Basil Hume, beiden zu erklären, dass sie mit einer demonstrativen Abreise dieser Rede eine von ihnen vielleicht gar nicht gewünschte Publizität verschaffen würden. Sie blieben.

Kardinal Miloslav Vlk lebte im Kommunismus als Untergrundpriester ohne Arbeitserlaubnis für die Seelsorge. Seinen Lebensunterhalt verdiente er als Fensterputzer. Auch als er bereits Erzbischof von Prag war, lebte er in einer einfachen Mietwohnung. Zu meinem 60. Geburtstag, den meine Freundinnen und Freunde mit mir in Prag feierten, hielt er den Festgottesdienst und sagte beim Friedensgruß:»Jetzt sind wir per du, ich bin Miloslav.« – »Und ich bin Paul«, antwortete ich. Zum 25-jährigen Jubiläum des Pastoralen Forums 2014 stand der Kardinal in Wien der Festmesse vor. Mit Kardinal König hatte Kardinal Vlk den Ehrenschutz über die großen Osteuropastudien übernommen. Bei diesem Jubiläum haben auch Kardinal Christoph Schönborn für die Kirche, Altvizekanzler Erhard Busek für die Politik und Ludger Schwienhorst-Schönberger für die katholisch-theologische Fakultät in Wien ehrende und anerkennende Worte gefunden. Der Primas von Polen, der Erzbischof Josef Kowalczyk, hat dem Pastoralen Forum mit dem »Ehrenzeichen für Verdienste für die Diözese Gniezno« den Dank ausgesprochen. Von all diesen großen Männern hat mich Kardinal Carlo Maria Martini am meisten berührt. Als ich in Mailand an der theologischen Fakultät eine Gastvorlesung hielt, lud er mich zum Mittagessen in sein Palais ein. Die ganze Zeit über stellte er pastoraltheologische Fragen. Kardinal Martini war im Konklave von 2005 ein ernsthafter Alternativkandidat zu Kardinal Ratzinger. Leider war er wegen seiner Parkinsonkrankheit nicht mehr bereit, sich der Wahl zum Papst zu stellen. Hätte er doch nur gewählt werden können! Er hätte der Weltkirche manche dunkle Vorkommnisse erspart. Vatileaks, die katastrophalen Vorgänge im der Vatikanbank, das Williams-Desaster und die demütigenden Verhandlungen mit der Pius-Bruderschaft sind nur die Spitzen des skandalösen Eisberges. Diese Krisen haben allerdings die Wahl des Nachfolgers erleichtert. Denn in der offiziell freiwillig beendeten Amtszeit des theologisch großen, aber an Führungsfähigkeit gefährlich schwachen Benedikts hatten sich manche Probleme der Kirchenzentrale derart verschärft, dass Jorge Bergolio rasch gewählt werden konnte. Martini hatte ihn statt seiner schon 2005 ins Gespräch gebracht. Manche dachten vielleicht, wie bei Johannes XXIII., mit Franziskus einen schon alten Heiligen zu einem Übergangspapst gewählt zu haben. Dieser entpuppte sich aber schnell als einer, der die unter seinen Vorgängern stagnierende Konzilsreform aufgriff und mit einem unglaublichen Mut vorantreibt. Bereits in kurzer Zeit gelang es ihm, der katholischen Kirche ein neues Image zu verschaffen. Er zeigt Nähe und Liebe zu den Menschen, besonders zu den Armen, den von Krankheit Gezeichneten und jugendlichen Strafgefangenen. Er geht hart mit dem Kapitalismus ins Gericht. Dieser sei eine Wirtschaft ohne menschliches Gesicht und töte.[67] Er fährt nach Lampedusa und deckt die Schande Europas auf, das mit »globalisierter

---

67 Franziskus: Evangelii gaudium, Rom 2014.

Gleichgültigkeit« einfach beim Tod so vieler Bootsflüchtlinge zusieht. Die Arbeitslosigkeit der Jugend und die Einsamkeit der Alten machen ihn besorgt.

Jorge M. Bergoglio hatte viel von seinem jesuitischen Mitbruder gelernt. Kardinal Martini war ein Anwalt des Evangeliums für Menschen der modernen europäischen, ja globalen Kultur. Mitten in der Nacht, als Hervé und ich beim Symposium 1989 seine Schlussrede vorbereiteten, kam er zu uns und brachte uns als erfahrener Bibliker für die Einleitung seiner Rede einen biblischen Textbaustein mit. Wie oft habe ich diesen schon anderen weitergegeben, bei pastoralen Fortbildungen lesen und von den Teilnehmenden mit großem spirituellen Gewinn durcharbeiten lassen! Kardinal Martini wollte mit dieser biblischen Exhorte seine bischöflichen Brüder ermutigen, sich aus der modernen Welt »Kafarnaums« nicht provinziell denkend herauszuhalten, sich dieser aber auch nicht gönnerisch-kritiklos anzubiedern. Es ist ein Text, der zeitlos gültig ist:

»Er verließ Nazareth, um in Kafarnaum zu wohnen, das am See liegt, im Gebiet von Sebulon und Naftali. Denn es sollte sich erfüllen, was durch den Propheten Jesaja gesagt worden ist: Das Land Sebulon und das Land Naftali, die Straße am Meer, das Gebiet jenseits des Jordan, das heidnische Galiläa: das Volk, das im Dunkel lebte, hat ein helles Licht gesehen; denen, die im Schattenreich des Todes wohnten, ist ein Licht erschienen. Von da an begann Jesus zu verkünden: Kehrt um! Denn das Himmelreich ist nahe.‹ (Mt 4,13–17)

Um die Geisteshaltung [...] auszudrücken, will ich mich auf eine Stelle des Matthäusevangeliums beziehen. Am Beginn seines Wirkens – er hat bereits die Versuchungen bestanden – ›verließ Jesus Nazareth, um in Kafarnaum zu wohnen, das am See liegt, im Gebiet von Sebulon und Naftali. Denn es sollte sich erfüllen, was vom Propheten Jesaia gesagt worden ist‹ (Mt 4,13f.).

Der Evangelist deutet das, was von außen besehen als nichts anderes als ein einfacher Ortswechsel erscheint, als eine Tatsache von tiefer Bedeutung.

Was war nämlich Nazareth? Ein unbedeutender Marktflecken in Galiläa, der weder im Alten Testament noch bei Josephus Flavius noch im Talmud erwähnt ist. Es ist ein Ort ländlicher Ruhe, einfacher Lebensformen, kleiner Eifersüchteleien und begrenzter Horizonte. Im Vergleich dazu erscheint Kafarnaum als eine offene und bunte Stadt, ein Ort der Arbeit und des Handels, der Banken und des Verkehrs, Grenzstadt im Galiläa der Heiden, Sitz der römischen Verwaltung, Ort der Begegnung zwischen den Kulturen.

Auch für Jesus bedeutet der Ortswechsel nach Kafarnaum, Gewohnheiten, das Vorhersehbare zu verlassen und sich dem Wandel, den Begegnungen auszuliefern, dem, was wir heute Auseinandersetzung mit der ›Moderne‹, mit der ›Komplexität‹, mit dem ›Pluralismus‹ nennen. Nach Kafarnaum »hinabsteigen« hieß also, sich mit einer neuen Lebensweise auseinanderzusetzen, mit Leuten, mit dem täglichen Leben, das gekennzeichnet ist von harter Arbeit und Leiden, von Neuem und von Unsicherheit. Nicht umsonst beschreibt der Evangelist Markus den ersten Aufenthalt Jesu in Kafarnaum als eine Begegnung mit Besessenen und mit allen möglichen Kranken (Mk 1,23.30.32).

Jesus begegnet diesem Wandel nicht widerwillig, so als ob er nostalgisch Nazareth verbunden geblieben wäre. Er hat Kafarnaum so angenommen, dass man es ›seine Stadt‹ nennen konnte (Mk 9,1). Das hinderte ihn nicht, frei und kritisch gegenüber der Stadt zu sein. Er verschweigt nicht die Schuld, spart nicht mit Mahnungen, bis hin zur Drohung, wie man in Mt 11,23 sieht. Aber alles nimmt seinen Ausweg von einer tiefen Liebe, von einer täglichen Anwesenheit, von einem Teilnehmen am Geschick und den täglichen Leiden seines Volkes.

Etwas Ähnliches ist schon den Verbannten im fünften Jahrhundert gesagt worden, von denen im 29. Kapitel bei Jeremia die Rede ist. Sie lebten vom Heimweh nach der alten Kultur in Jerusalem, und sie fühlten sich wie Fremdlinge im Land Babylon. Der Prophet Jeremia sagt ihnen nicht, sie sollten Jerusalem vergessen. Er verbietet ihnen auch nicht, ihr Idealbild vor Augen zu haben. Er untersagt ihnen aber das Heimweh nach einer Lebensweise, die es nicht mehr gibt und niemals mehr geben wird und die sie hindert, mit Liebe in der neuen Stadt zu arbeiten, die in der Zwischenzeit, ohne dass sie es sich ausgesucht hätten, ihnen durch den Gang der Dinge anvertraut worden ist:

›So spricht der Herr der Heere, der Gott Israels, zur ganzen Gemeinde der Verbannten, die ich von Jerusalem nach Babel weggeführt habe: Baut Häuser und wohnt darin, pflanzt Gärten, und esst ihre Früchte! Nehmt euch Frauen, und zeugt Söhne und Töchter, nehmt für eure Söhne Frauen, und gebt euren Töchtern Männer, damit sie Söhne und Töchter gebären. Ihr sollt euch dort vermehren und nicht vermindern. Bemüht euch um das Wohl der Stadt, in die ich euch weggeführt habe, und betet für sie zum Herrn; denn in ihrem Wohl liegt euer Wohl.‹ (Jer 29,4–7)

Auch Jona, nach Ninive geschickt, muss auf seine Kosten lernen, diese Stadt zu lieben und sich über ihre Bereitschaft zur Umkehr zu freuen, denn wie könnte es Gott ›nicht leid sein um Ninive, die große Stadt, in der mehr als hundertzwanzigtausend Menschen leben, die nicht einmal rechts und links unterscheiden können – und außerdem so viel Vieh?‹ (Jona 4,11)«[68]

Franz Kamphaus

Eine Hommage will ich dem langjährigen Bischof von Limburg Franz Kamphaus widmen. Noch als Regens im Priesterseminar in Münster hatte er mich jedes Halbjahr von Passau aus zu einem Priesterfortbildungskurs eingeladen. In dieser Zeit hatten wir uns angefreundet und es wurde eine Freundschaft, die mit seiner Bischofsweihe nicht endete. Beim regelmäßigen Langlaufen in der Steiermark führten wir lange Gespräche über Gott und die Welt, über die Kirche und über seine Arbeit als Bischof in Zeiten des epochalen Kirchenumbaus. Auch er musste in der ihm anvertrauten Diözese Limburg einsparen. Ihm machte sehr zu schaffen, dass wegen des Mangels an Priestern gläubige Gemeinden nicht mehr jeden Sonntag Eucharistie feiern konnten.

Bischof Franz ist für mich in seiner Herzensart so etwas wie ein Vorläufer von Papst Franziskus. Er lehnte es ab, im Bischöflichen Palais in der Altstadt von Limburg zu wohnen. Dessen Renovierung hatte er zwar angestoßen, aber in einer weit größeren Bescheidenheit, als dies dann unter seinem gescheiterten Nachfolger Tebartz van Elst geschehen ist. Allerdings vermuten nicht wenige, dass es gar nicht die finanziellen Belange und Eitelkeiten waren, die diesen zu Fall brachten, auch nicht seine Versteckspiele rund um einen Erste-Klasse-Flug nach Indien. Weiß Gott, warum er das zunächst öffentlich bestritten hatte. Letztlich war es wohl sein autoritärer und anmaßender Führungsstil, der ihm bei vielen höherrangigen Mitarbeitern im Bistum geschadet hat. Tebartz van Elst ist ein Kontrastbischof zu Franz Kamphaus und Papst Franziskus.

Von Franz Kamphaus stammt eine Reihe hochbrisanter Artikel in der

---

68   Auszug aus Kardinal Carlo Maria Martinis Eröffnungsansprache zum Symposium »Umgang des heutigen Menschen mit Geburt und Tod: Herausforderung für die Evangelisierung«, in: Die europäischen Bischöfe und die Neu-Evangelisierung Europas. Rat der europäischen Bischofskonferenzen (CCEE), hg. v. Sekretariat der Deutschen Bischofskonferenz und dem CCEE Sekretariat, Bonn/St. Gallen 1991, 316–327.

Frankfurter Allgemeinen Zeitung über wirtschaftliche und soziale Fragen aus der Sicht des Evangeliums. Er vertrat stets eine klare Option für die Armen. Dabei hat er ein wenig akademischer argumentiert als Papst Franziskus dies in seinem Schreiben *Evangelii Gaudium* getan hat. Sein hölzerner Bischofsstab, den er aus seiner Münsteraner Heimat mitgebracht hatte, war ein klares Symbol für seine Einfachheit und Armut. Klerikalismus war Franz Kamphaus stets fremd und ähnlich zuwider wie Papst Franziskus, der das Klerikale nicht leiden kann und heftig kritisiert. Als Eugenio Scalfari, Atheist, mit dem Papst ein längeres Interview führte, fragte ihn Franziskus, was ihn an der Kirche störe. Der Klerikalismus, sagte Scalfari. Mich auch, erwiderte Franziskus. Nicht klerikal zu sein wäre genau jene Tugend gewesen, die Tebartz van Elst bei seinem Vorgänger Franz Kamphaus hätte lernen sollen.

Hervorgetan hatte sich Bischof Franz in der Auseinandersetzung der Kirche in Deutschland mit der römischen Kirchenleitung. Es wurde darum gerungen, ob die Beratungseinrichtungen der Kirche den im deutschen Recht vorgesehenen Beratungsschein ausstellen dürfen, der einer Frau die Möglichkeit eines straffreien Schwangerschaftsabbruchs eröffnete. Eine solche Beratungspflicht ist an sich ein Fortschritt zum Schutz unerwünschter Kinder. Nach meinen Studien hängt die Unerwünschtheit von ungeborenen Kindern oft damit zusammen, dass der Vater nicht zum gezeugten Kind steht oder dass eine Frau fürchtet, durch ein weiteres Kind in die Armut abzudriften.[69] Es ist erschütternd, dass just in einem der reichsten Länder der Welt ein ungeborenes Kind zur Armutsfalle werden kann.

Gäbe es in Österreich wenigstens eine solche Beratungspflicht wie in Deutschland! Die dem Bundeskanzler Kreisky von seiner SPÖ-Frauenorganisation abgezwungene Fristenlösung sieht eine solche nicht vor. Seither wird sie von kirchlichen Einrichtungen unnachgiebig gefordert, bislang leider ohne Erfolg. In Österreich kann eine Frau bei einer unerwünschten Schwangerschaft zu einer Abtreibungsklinik gehen und sich ohne weitere Beratung das ungeborene Kind »wegmachen lassen«. Da der Erfolg dieser Kliniken von der Zahl der durchgeführten Abtreibun-

---

69 Belege dafür finden sich in der Deutschen Männerstudie von 1998: Zulehner, Paul M./ Volz, Rainer: Männer im Aufbruch. Wie Deutschlands Männer sich selbst und wie Frauen sie sehen. Ein Forschungsbericht, Ostfildern 1999.

gen abhängt, ist die Aussage der Betreiber, man würde die Frauen ohnedies vorher »beraten«, mehr als problematisch. Der Philosoph Jürgen Habermas hat schon recht, wenn er Erkenntnis durch Interesse verschattet sieht.

Die Haltung der österreichischen Grünen zur Abtreibungsfrage ist für viele Katholiken ein unverständliches Ärgernis. Sie haben Gott sei Dank in den Donauauen erfolgreich gegen das Fällen von Bäumen gekämpft und protestieren zu Recht, wenn unnötigerweise ein Baum abgeholzt wird. Den keimenden Baum eines Menschenlebens fällen sie aber gegebenenfalls ohne rechtliche und moralische Bedenken. Wie Mehrheiten in kirchlichen Ämtern bei Personalwahlen grün wählen und wie auch die Katholischen Einrichtungen diese Frage aus ihrer kooperativen Sympathie mit den Grünen ausblenden können, verwundert mich.

Kardinal Joseph Ratzinger drängte die Kirche in Deutschland, aus diesen ergebnisoffenen Beratungsvorgängen auszusteigen. Sein Argument war grundsätzlicher Art, deontologisch, wie die Moraltheologen lehren, und eben nicht teleologisch, also moralische Güter abwägend: Die Kirche würde durch solche Beratungen an der Abtreibung von Kindern mitwirken. Das mache sie schuldig. Zudem werde sie in ihrem unbedingten Nein zur Abtreibung unglaubwürdig. Noch so viele Einwände seitens Kardinal Karl Lehmann und vieler teleologisch denkender Moraltheologen halfen nicht. Der Ausstieg wurde von Rom verlangt und von den Deutschen Bischöfen gehorsam vollzogen.

Viele Katholikinnen und Katholiken haben sich damit nicht abgefunden. Sie gründeten unter Widerspruch der meisten Bischöfe den Verein »Donum vitae« und bieten über diesen vielen Frauen weiterhin »kirchliche Beratung« an. Manche Bischöfe gingen gegen die Träger und Befürworter von »Donum vitae« mit arbeitsrechtlichen Maßnahmen vor. Aber »Donum vitae« arbeitet bis heute und kann durch qualifizierte Beratungstätigkeit Frauen dafür gewinnen, das Kind auszutragen und sich durch bereitgestellte Mittel unterstützen zu lassen. Solche Beratung und Unterstützung begünstigt eine freie Entscheidung zum Kind.

Aus der nahezu lückenlosen Phalanx der deutschen Bischöfe scherte einzig Bischof Franz Kamphaus aus. Er trug den gemeinsamen Beschluss der Bischofskonferenz aus Gewissensgründen nicht mit. In seiner Diözese konnte zunächst weiter wie bisher beraten werden. Auch »Donum vitae« konnte frei arbeiten. Bischof Franz vertrat entschlossen das

Hauptargument gegen den Ausstieg: dass sich die Kirche an vielen Kindern schuldig mache, die wegen der unterbliebenen kirchlichen Beratung und Unterstützung abgetrieben werden. Das Argument, es könne ja durch kirchliche Stellen weiter beraten und unterstützt werden, aber ohne Beratungsschein, hielt er nicht für zwingend und auch nicht für ausreichend. In ihrem ersten Schritt würden in die Enge getriebene Frauen zu einer Einrichtung gehen, die gegebenenfalls den Beratungsschein ausstellt. Also eben nicht zu einer kirchlichen Beratung. Allerdings beseitigte der Vatikan auch diesen letzten Widerstand. Franz Kamphaus wurde die bischöfliche Zuständigkeit in dieser Frage vorübergehend entzogen. Sein Weihbischof Gerhard Pieschl wurde beauftragt, den Ausstieg der Beratungsstellen auch in der Diözese Limburg zu administrieren. Danach wurde Franz Kamphaus wieder in seine vollen bischöflichen Rechte eingesetzt.

Für mein pastoraltheologisches Denken war dieser »Christenmut« nicht nur bewundernswert. Er regte mich zudem an, ein paar Grundsätze für eine »Ethik des dynamischen Kompromisses« zu entwerfen. Eine solche ist für all jene Christinnen und Christen von hohem Wert, die sich mit dem Evangelium im Herzen in die Gestaltung der konkreten modernen pluralistischen Welt mutig und tapfer einmischen. Die Päpste fordern sie dazu ja dringlich auf. Dabei ist es ihnen so gut wie nie möglich, all das, was von der Lehre der Kirche her gesellschaftsgestalterisch erwartet wird, politisch durchzusetzen. In solchen Fällen können sich die folgenden wenigen Grundsätze als hilfreich erweisen:

Der erste Grundsatz einer solchen Ethik des dynamischen Kompromisses lautet: *Niemand hat eine reine Weste.* Das gilt auch für die von Rom angestoßene Entscheidung der deutschen Bischöfe, aus der Pflichtberatung auszusteigen. Die Aussteiger müssen sich nämlich die Frage gefallen lassen, ob sie sich nicht gerade durch den Ausstieg an der Tötung vieler Kinder schuldig machen. Die Nichtaussteiger wiederum machen sich gewiss an der einen oder anderen Abtreibung mitschuldig, ohne diese zu wollen.

Der zweite Grundsatz: Es gibt in jedem Kompromiss auch gute Anteile. *Es gibt also eine Art Recht auf das Fragment.* Um derentwillen können die dunklen Anteile der Entscheidung in Kauf genommen werden. So zieht heute moraltheologisch auch niemand in Zweifel, dass im Prozess des Sterbens große Schmerzen mit Opiaten gelindert werden dürfen, auch wenn dadurch der Sterbevorgang abgekürzt wird und sich der Tod rascher als sonst einstellt. Terminale Sedierung ist allemal besser als Tötung auf Verlangen.

Dann aber der dritte Grundsatz, der die bisher genannten zwei Grundsätze »dynamisiert«: Die jeweils getroffene Entscheidung ist eine vorläufige. Sie beruht auf dem derzeitigen Stand an Einsicht und Alternativen. Sollte sich im Laufe der Zeit dank weiterer Entwicklung die Möglichkeit eröffnen, die dunklen Anteile der getroffenen Entscheidung zu verkleinern und damit die *Entscheidung zu meliorisieren, bin ich dazu ethisch verpflichtet.*

Diese ethischen Regeln lassen sich in vielen anderen sensiblen Bereichen der Gestaltung der globalen Welt anwenden. Sie sind immer dann aktuell, wenn die Handelnden vor unausweichlichen Konflikten stehen, für die es keine einfache Lösung gibt. So ringen heute im ökologischen Bereich ernsthafte Fachleute und verantwortliche Politikerinnen und Politiker mit der sensiblen Frage, wie man das sozialpolitisch derzeit erforderliche Wirtschaftswachstum mit dem Schutz des *Oikos*, der Mitwelt verbinden könne. In kirchlichen Krankenhausverbünden wiederum fragen sich die Verantwortlichen, wie kostenintensive Hightechmedizin, der Kostendruck, der auf dem modernen Gesundheitssystem lastet und die im Leitbild verankerte Menschlichkeit etwa in der Form von verfügbarer Zeit von Ärzten und Pflegepersonal zusammengehalten werden können.

Im Jahre 2007 erhielt Bischof Franz Kamphaus zu seinem 25-jährigen Jubliäum als Bischof eine Festschrift.[70] Damals schrieb ich ihm ins Stammbuch:

»Bischof Kamphaus ist für mich ein überzeugender Mann der Kirche. Dieses Kompliment kommt von einem Pastoralreferenten, die 1996 von mir in einer groß angelegten Studie befragt wurden. Bischof Franz hat sich an solchen Untersuchungen kirchlicher Berufe (Priester, Diakone, PastoralreferentInnen) immer beteiligt, anders als manche seiner bischöflichen Kollegen in Deutschland. Er hatte keine Angst davor, die Wirklichkeit wahrzunehmen. So bedrückte ihn beispielsweise – was er wiederholt in ausführlichen Ge-

---

70   Wissen, dass der Himmel trägt. Franz Kamphaus. Worte, Wege, Gefährten, Freiburg 2007, 161–164.

sprächen beim Langlaufen in der Steiermark oder im Salzburgischen zum Ausdruck brachte – die eucharistische Ausdünnung im Leben vieler gläubiger Gemeinden des Bistums. Wie der Pastoralreferent aus der Studie mag auch Bischof Franz oftmals gedacht haben: Manche strukturellen Hindernisse und Unmöglichkeiten der Organisation regen mich auf und ich investiere hier oft unnötig Energie.

Bischof Franz lernte ich in meiner langen pastoraltheologischen Biografie als sehr engagiert in wichtigen gemeinsamen Themenfeldern kennen und schätzen. Er gehört zu den Bischöfen, die sich zwar verheiratete Priester vorstellen können – und vielleicht (sieht er nur auf die Sache und nicht auf seine amtliche Verantwortung als romgetreuer Bischof) auch die Weihe von Frauen – zumindest in einigen Jahrhunderten. Aber er hat zugleich der ehelosen Lebensform zusammen mit dem unvergessenen Spiritual des Priesterseminars in Münster (dorthin hat Franz Kamphaus mich als Regens regelmäßig zu Priesterkursen eingeladen) Johannes Bours in der bis heute bewegenden Schrift »Leidenschaft für Gott« einen hohen Stellenwert beigemessen. Die kirchenpolitische Frage ist ja nicht, ob eines Tages den Priestern die Lebensform freigestellt werden soll, sondern wie der Zölibat so aufgewertet werden kann, dass er nicht aus dem Leben der Weltpriester verschwindet, sollte es eines Tags auch verheiratete Weltpriester geben.

Was ich an Bischof Franz überaus schätze, ist sein mediales Engagement. Seine homiletische Urbegabung hilft ihm dabei sehr. Vor allem bewahrheitete er nicht den alten Vorwurf eines meiner Vorvorgänger auf dem ältesten Lehrstuhl für Pastoraltheologie in Wien (1774 gegründet) – nämlich Heinrich Swoboda –, der schon 1911 in seinem Buch Großstadtseelsorge den Verdacht hegte, *dass wir immer nur die bekehren, die schon bekehrt sind.* Als erster Seelsorger des Bistums mühte Bischof Franz sich mit Umsicht und Innovationsfreudigkeit um das Wohl der Großstadt Frankfurt. Franz Kamphaus hat sich auch politisch eingemischt. Bevorzugte Themen sind Gerechtigkeit, Gewalt, Vergebung, Schutz des ungeborenen Lebens und Schwangerschaftskonfliktberatung, Tod und damit Euthanasie, moderne Wissenschaft und ihre ethischen Implikationen. Mystik und Politik haben in seiner Person und damit in seiner bischöflichen Amtsführung eine unentflechtbare Mischung gefunden.

Das erklärt auch, warum es Bischof Franz oft dorthin trieb, wo die Menschlichkeit bedroht war. Er scheute nicht davor zurück, inmitten des Balkankrieges friedenspolitisch 1991 und 1993 vor Ort zu sein. Tomislav Markic, ein Priester aus Kroatien, würdigte in seiner Doktorarbeit dieses Wirken von Franz Kamphaus. Wörtlich zitiert er das friedenspolitische Programm des Bischofs so: *Frieden und Entwicklung sind Geschwister.*

Überhaupt interessierte Bischof Franz der postkommunistische Osten besonders nach der Wende. Marian Prachar, ein Priester aus der Slowakei, just aus einer Diözese, die mit Bischof Jan Sokol einen extrem west-skeptischen Oberhirten hat, erwähnt – wieder in seiner Dissertation –, dass »die ersten Studienaufenthalte für Priester und Theologiestudenten schon 1988 in Wien (nur 60 km vom Bratislava entfernt) und in Frankfurt am Main durch Bischof Kamphaus eingeleitet« wurden.

Schon früh äußerte Franz Kamphaus eine wichtige Kritik: Er bemängelte an der Theologie in unseren Breiten, dass sie sich vornehmlich als ›Bildungstheologie‹ vollziehe. Sie beschäftige sich weit mehr mit den Meinungen und Kontroversen vergangener oder gegenwärtiger Theologen als mit dem Leben der Gemeinden und der Lebenssituation der Studierenden (Die Einführung der Priester in den Gemeindedienst, in: Diakonia 12(1981), 47–50). Werden die weltliche Öffentlichkeit, die Kirche und die Theologie seine Mahnungen künftig ernster nehmen als bisher? Propheten hatten es aber immer schon schwer.«

Pastorale Lehrjahre

Altmannsdorf

Vom Studium in Innsbruck nach Wien heimgekehrt, setzte mich mein Ortsbischof Kardinal Franz König ohne viel Fragen als Kaplan in die Pfarre Altmannsdorf im 12. Wiener Gemeindebezirk. Altmannsdorf hatte eine kleine, aber schmucke Dorfkirche. Vor der Stadterweiterung Wiens war Altmannsdorf eines der bäuerlichen Dörfer rund um Wien, wie Inzersdorf oder Strebersdorf. Neben dem dörflichen Ortskern mit seiner barocken Kirche war »Am Schöpfwerk« eine riesige Wohnsiedlung entstanden. Auch sie gehörte zur Pfarre. Es gab noch einen einzigen Landwirt gleich in der Nähe der Kirche. Ansonsten lebten im Bezirk einfache Arbeiterinnen und Arbeiter sowie Angestellte.

Mir machte die Arbeit mit Kindern und Jugendlichen in der Pfarre Altmannsdorf viel Spaß. Ich suchte mit einem harten Kern von Jugendlichen die Tiefe. Dazu führte ich viele geistliche Beratungs- und Beichtgespräche mit ihnen. Später kümmerte ich mich mit dieser Gruppe engagierter Jugendlicher um einen breiteren Kreis junger Menschen. Den Anstoß dazu gab, dass ich es leid war, mehrere Jugendliche aus der Pfarre im Landesgericht besuchen zu müssen, weil sie straffällig geworden waren. Wir gründeten zusammen mit engagierten Erwachsenen den Jugendclub »Oldmansvillage«. Das geschah gar nicht zum Wohlgefallen meines Pfarrers Bruno Taubert. Unterstützung aber erhielten wir durch Kardinal Franz König und später durch – wie er sich gern selbst bezeichnete – den »Kameraden« Günter Virt als zweiten Kaplan sowie durch die Seelsorgshelferin »Schwester Theres« (Theresia Punz). Diese war Mitglied beim sogenannten pfarrlichen AJB (Altjungfernbund). Dieser Name war keine Erfindung von Machos, sondern diese Frauengruppe nannte sich tatsächlich selbst so! Das Niveau der Kirchlichkeit und der Christgläubigkeit war bei den Club-Jugendlichen nicht gerade hoch. Aber sie fanden im Jugendclub eine Gemeinschaft, die sie zumindest eine Zeitlang von kriminellen Handlungen fernhielt und die Hoffnung auf ein geordnetes Leben wenn auch nur geringfügig mehrte.

Ich predigte gern und die Gottesdienstgestaltung machte mir Freude. Ein Schwerpunkt war die Gründung von Familienrunden. Durch sie gewachsene Freundschaften haben bis heute gehalten. Lebendige Bilder habe ich bis heute von den Familien Laaha, Schappelwein, Leitner, Pristolic, Tettauer, Schwimbersky. Die Zusammenarbeit mit dem engagierten Pfarrgemeinderat war erfreulich. Viele Ehrenamtliche trugen das bunte Leben der Gemeinde und tragen es bis heute. Die Pfarre Altmannsdorf hatte einen sehr guten Kirchenchor. Es wärmte mein liturgisches Herz, wenn bei der Auferstehungsprozession Schubert erklang.

Es war eine gute Zeit. Der pastorale Aufbruch des Konzils war voll in Gang. Das spürte ich auch auf meinem nächsten Posten meiner pastoralen Laufbahn. Meine dreijährige Zeit als Kaplan war für mich eher überraschend zu Ende gegangen. Peter Zehndorfer, angesehener Pfarrer in Wien-Rodaun, wurde zum Regens des Priesterseminars bestellt und suchte einen Studienpräfekten für sein Leitungsteam. So kam ich für drei Jahre in die Leitung des Priesterseminars, in dem ich nach einem Jahr als Subregens stellvertretender Leiter wurde. Wir versuchten in der

Hausgemeinschaft, »synodal« die auf dem Konzil beschlossenen Anweisungen für die Priesterausbildung umzusetzen. Ein Seminarrat wurde eingerichtet, damit die künftigen Priester schon während der Ausbildung ernsthafte Partizipation einüben können. In den selbst entwickelten Statuten des Seminarrats wurde festgelegt, dass nichts ohne »Einmütigkeit« beschlossen werden könne. Dieses Merkmal war dem Apostel Paulus für die von ihm gegründeten und gecoachten Gemeinden wichtig (1 Kor 1,10; Phil 1,27; 2,2; 4,2). Gab es einen Dissens zwischen Studierenden und Leitung, musste solange weiterdiskutiert werden, bis ein Kompromiss zustande kam. Um bei den Seminaristen eine reife Entscheidung zur Ehelosigkeit zu begünstigen, wurden Beratungsgespräche mit der Psychologin Anna Schischitza eingeführt.

Zusätzlich zu meiner Tätigkeit in der Leitung des Priesterseminars wurde ich am Institut für Sozialethik bei Rudolf Weiler Universitätsassistent. Rudolf Weiler galt als sehr konservativer Sozialethiker. Er arbeitete international im Verbund mit den ebenfalls konservativen Wissenschaftlern Anton Rauscher und Wilhelm Weber. Zweiter Assistent war der spätere Professor für Sozialethik in Graz, Valentin Zsifkovics, Onkel des 2010 ernannten Bischofs von Eisenstadt, Ägydius Zsifkovics, der wiederum Nachfolger des pastoral überaus sensiblen und offenen Bischof Paul Iby war.

Die Ernennung Zsifkovics' war eine überraschende »Strafbeendigung« der Zeit von Bischof Iby als Diözesanadministrator. Er hatte zum Ärger von Kardinal Schönborn die schon lange geplante Renovierung des Eisenstädter Priesterseminars in der Habsburgergasse freigegeben. Das konterkarierte den Plan des Wiener Erzbischofs, die beiden relativ leeren Priesterseminare von Wien und Eisenstadt in der Boltzmanngasse zusammenzulegen. Zudem hatte Bischof Paul wiederholt auf den Priestermangel hingewiesen und neue Zugänge zum Amt nicht nur für Männer für möglich gehalten. Ich war mit vielen in der Diözese Eisenstadt und darüber hinaus über diese Absetzung von Paul Iby sehr irritiert und setzte ein ziemlich ungewöhnliches Zeichen: Ich schaltete in der Tageszeitung DIE PRESSE eine Todesanzeige anlässlich des ernötigten Abgangs von Paul Iby: »In tiefer Trauer über das Vorgehen in der Diözese Eisenstadt und in dankbarem Respekt vor Bischof Paul Iby«. Unterzeichnet mit »Paul M. Zulehner und viele andere.«

Christian Friesl, selbst Burgenländer und eine Periode Präsident der

Katholischen Aktion Österreichs, sowie andere Persönlichkeiten, Laien wie Priester, aus der Diözese Eisenstadt haben mich unterstützt. Andere hingegen äußerten heftige Kritik. Kardinal Christoph Schönborn nannte die Aktion »völlig unqualifiziert«. »Solche ›Ferndiagnosen‹ können das kirchliche Leben nur vergiften«, ließ er durch seinen Pressesprecher Erich Leitenberger über die Kathpress mitteilen.

Der Kardinal rief mich in dieser Sache auch persönlich an, um mir den Kopf zu waschen. Dabei erfuhr ich eben die Gründe, die zur fragwürdigen Schnellabsetzung geführt hatten. Ich versprach dem Kardinal, ihn das nächste Mal vor einer medialen Aktivität rund um eine Bischofsernennung zu konsultieren.

Dazu hatte ich einige Zeit später die Möglichkeit. Erzbischof Alois Kothgasser war in den Ruhestand getreten. Sein Rücktritt war angenommen worden. Die Erzdiözese Salzburg wartete auf den neuen Erzbischof. Durch den Papstwechsel, aber auch die unentschlossene Zurückhaltung von Erzbischof Kothgasser beim Vorantreiben der Kandidatensuche sowie eine verwunderliche Arbeitsüberlastung der Nuntiatur verzögerte sich die Nachbestellung. Dann überreichte in völlig ungewöhnlicher Weise der aus der Schweiz stammende Nuntius Erzbischof Peter Stefan Zubriggen dem Domkapitel in aller Öffentlichkeit nach einem Gottesdienst im Stift Michelbeuern das verschlossene Kuvert mit den drei Namen. Das Salzburger Domkapitel hat das ererbte Recht, aus einer römischen Dreierliste seinen Erzbischof, der auch Primus Germaniae ist und das Kardinalsrot trägt, auswählen zu können. Nun erfuhr ich aus für gewöhnlich gut informierten Kreisen, aber nicht aus dem Domkapitel, in dem Studienkollegen wie Balthasar Sieberer und Hans-Peter Vavrovski sitzen, wie die Liste aussah: Franz Lackner, Andreas Laun, Karl Wallner. Es war keine wirkliche Liste, aus der das Domkapitel auswählen konnte. Sie wurde von hochrangigen Personen in Salzburg als »Zumutung« eingestuft.

Andreas Laun habe ich als Assistenten am Institut für Moraltheologie in Wien kennengelernt. Es war in der Zeit, da der Wiener Moraltheologe Karl Hörmann emeritiert worden war. Andreas Laun interessierte sich für die Nachfolge und ließ mich das als seinem damals vorgesetzten Dekan auch nachdrücklich wissen. Nachfolger wurde allerdings der weit besser qualifizierte Günter Virt. Als Moraltheologe nimmt Andreas Laun eine sehr rigide Positionen ein. Auf seine Agenda standen primär

Themen rund um Abtreibung und Homosexualität. Gesundheitlich galt er wegen eines leichten Schlaganfalls als angeschlagen. Weihbischof Laun war schon bei der Wahl von Georg Eder auf der Liste gestanden und übergangen worden. Viele fragten sich, wie er als faktisch unwählbar neuerlich auf die Liste kam. Man sagt, dass es eine Liste war, die schon Benedikt XVI. abgelehnt haben soll. Als dann Papst Franziskus ins Amt kam, habe eine alte Seilschaft erreicht, dass ihm eben diese alte Liste unterschoben wurde. In Unkenntnis der Personen gab er sie frei. Es soll übrigens auch nicht jene Liste gewesen sein, die zuletzt der Nuntius in Wien nach Rom geschickt hat.

Das ist ein wunder Punkt in der bisherigen Amtsführung von Papst Franziskus, des sonst so brillanten Bischofs von Rom. Es muss ihm klar sein, dass er für seinen neuen Kirchenkurs in der Weltkirche viele bischöfliche Mitstreiter braucht. Er hat die Möglichkeit, solche Personen auszuwählen und in führende Schlüsselpositionen zu setzen. Dieses typische Steuerungsinstrument der katholischen Kirche nicht zu nutzen ist fahrlässig. Mario Politi, einer der besten Vatikankenner, vermerkte um des Papstes neuen Kirchenkurs besorgt, dass dieser bislang viel zu wenige verlässliche Mitstreiter habe.

Neuausrichtung

Zurück zu meiner Zeit in Wien als Assistent am Institut für Sozialethik (1969–1971). Mit meinem Institutschef Rudolf Weiler reisten wir zu einem Fachgespräch nach Moskau. Ich kann mich gut erinnern, wie Anton Rauscher nach einer Wortmeldung eines russischen Kollegen polternd die Diskussionsrunde verließ. Auch Bischof Wilhelm Schraml von Passau sagte man nach, dass er immer wieder Gesprächspartner angeschrien hat. Zu dergestalt lauten Leuten soll Egon Kapellari, Bischof von Graz, einmal gesagt haben: »Sie sprechen so laut, als ob Sie unrecht hätten.«

Während des Prager Frühlings führte uns eine Exkursion in diese Stadt. In einem riesigen überfüllten Saal verfolgten wir von der Empore aus eine rege Diskussion über den Alexander Dubčeks Entwurf eines Kommunismus mit menschlichem Angesicht. Dieser sollte auch die Beziehung zur Religion neu bestimmen. Die Züricher Paulus-Gesellschaft, in der Karl Rahner und Milan Machovec (1925–2003) führend waren, hatte vorgearbeitet und versucht, Marxismus und Christentum in einen schöpferischen Dialog zu bringen. Was später Michail Sergejewitsch Gorbatschow in der Sowjetunion gelang, misslang den Tschechoslowaken. Der Humanisierungsversuch des Kommunismus wurde mit den Panzern des Warschauer Paktes niedergewalzt.

Mein Chef im Institut traute meiner religionssoziologischen Leidenschaft nicht. Er hielt mich zudem wohl auch wegen meiner Teilnahme an den Gesprächen der Katholischen Aktion mit der Sozialdemokratie für »links«. Diese Einschätzung hatte er vermutlich bei seinen vielen Besuchen in der Nuntiatur deponiert. Denn Weiler ist wohl die Quelle für die Beschreibung meiner Person im sogenannten Cagna-Bericht an Rom über die »Verfallszeit« der Kirche in Österreich unter Kardinal König. Dort heißt es wörtlich:

»Unter den Moraltheologen kritisiert besonders der Jesuit Rotter oft den Papst und drückt die Äußerungen des Lehramtes auf ›diskussionswürdige Meinungen‹ herab. Dies machen oft auch die Pastoraltheologen (Zauner in Linz, der ziemlich schädlich ist, aber in der Diözese und beim jetzigen Bischof ziemlich große Autorität genießt. Dieser hat ihn sogar in einige verantwortungsvolle Posten in der Diözese gesetzt; auch Zulehner, vor kurzem in Wien berufen, ein 100 %iger Soziologe…)«.[71]

Die Erzdiözese Wien schickte sich unter Kardinal Franz König an, zur lokalen Implementierung des Konzils eine Diözesansynode (1969–1971) abzuhalten. Damals wurden Beschlüsse gefasst, welche die Erzdiözese pastoral zukunftsfit machen sollten. Ich war als berufener Synodale Mitglied der Kommission Gemeinde. Diese wählte mich zu ihrem Relator. Ich hatte die Vorschläge der Kommission im synodalen Plenum zu präsentieren. Nach meinem Bericht ergriff Rudolf Weiler das Wort und stellte formell einen Misstrauensantrag gegen meinen Bericht, erhielt dafür aber nur wenige Stimmen. Ich hatte in seinen Augen zu viel über die Partizipation der Laien und gegen einen auslaufenden Klerikalismus

71 Un diplomatico vaticano fra dopoguerra e dialogo. Mons. Mario Cagna (1911–1986), a cura di Alberto Melloni – Maurilio Guasco (Santa Sede e politica nel Novecento 1). Bologna: Il Mulino 2003, 359–377.

geredet. Doch tat ich das ja gar nicht in meinem Namen, sondern stellvertretend für die Kommission. Rudolf Weiler schlug den Sack, meinte aber freilich den Esel, näherhin Kardinal König und seine kirchliche wie politische Linie.

Als Regens Peter Zehndorfer 1969 heiratete, wurde mir von Kardinal König umgehend ein alter Wunschtraum erfüllt: Ich wurde zum Habilitationsstudium freigestellt. Mein Ziel war, an der Wiener Fakultät die Lehrbefugnis für Sozialethik zu erreichen. Ich besuchte Kardinal König zur Planung meiner wissenschaftlichen Laufbahn in seinem Urlaubsort Schruns im Montafon. Der Kardinal war ein begeisterter Bergsteiger und hatte in Schruns einen Bergführer, der ihn begleitete. Kardinal König erzählte, dass er stets mit gleichem Tempo gehe. Da werde er am Anfang von Jüngeren überholt, die er dann alle vor dem Gipfel dank seiner Ausdauer seinerseits überhole.

Der Kardinal riet mir, ins Ausland zu gehen. Das Auslandsstudium wurde durch ein Alexander-von-Humboldt-Dreijahresstipendium der deutschen Bundesregierung ermöglicht. Ich wollte zu Peter L. Berger nach Amerika, der mir aber riet, zu seinem Kollegen und Freund Thomas Luckmann nach Konstanz zu gehen. Ein Jahr verbrachte ich in dieser wunderschönen Stadt am Bodensee mit der Nähe zur Insel Reichenau mit seinen Fresken, die später in meiner pastoraltheologischen Arbeit eine wichtige Rolle spielen sollten. Ich wohnte im Pfarrhaus am

Konstanzer Münster und liebte diese Stadt mit ihrer Fasnacht und mittelalterlichen Straßen, ihrer Lage am Bodensee und ihrer Nähe zu den Bergen, was ich gern und oft zum Skifahren nutzte.

Thema meiner Habilitationsschrift war die Säkularisierung von Religion, Person und Gesellschaft.[72] Thomas Luckmann war allerdings nie ein Freund der Deutungskategorie Säkularisierung. In seinem religionssoziologischen Hauptwerk »The Invisible Religion«[73] setzte er Menschlichkeit und Religiosität fast gleich und hielt daher Religiosität für unzerstörbar, solange sich der Mensch nicht selbst zerstört. Allerdings verschwinde Religion kulturell aus der Öffentlichkeit in die private Innerlichkeit.

Die Entwicklung der religiösen Dimension moderner Kulturen in den letzten Jahrzehnten hat Luckmann teilweise Recht gegeben. Denn die Anzahl privatreligiös Glaubender hat in unserem Land zugenommen. Daneben finden sich auch Atheisierende, Kirchliche und als Hauptgruppe die große Zahl der Skeptiker. Skepsis gehört heute zu einem freien Glauben. Fehlt diese, so Peter L. Berger und der Philosoph Anton Zijderveld, kippe Glaube leicht in Fanatismus. Deshalb stimmen beide gemeinsam das Lob des Zweifels an.[74]

Was ich bei Thomas Luckmann lernte, waren die Grundlagen einer modernen Religionssoziologie als Wissenssoziologie. Mein später zentraler pastoraltheologischer Begriff vom »christlichen Lebenswissen« verdanke ich diesem Zugang. Das bei Thomas Luckmann Dazugewonnene stellte ich sodann ein Jahr lang bei Karl Rahner in München, in St. Anna bei den Franziskanern wohnend, auf den theologischen Prüfstand. 1973 schloss ich meine Habilitationsschrift ab.

Ich hatte schriftlich die Zusage von Rudolf Weiler sowie vom Zweitbegutachter, dem Kirchenhistoriker Franz Loidl, dass sie die Arbeit annehmen werden. Diese musste nach den Habilitationsvorschriften in Wien zuerst gedruckt sein. Sobald der Verlag das Buch ausgeliefert hatte, wollte ich die Habilitationsschrift an der Fakultät einreichen. In dieser

72 Zulehner, Paul M.: Säkularisierung von Gesellschaft, Person und Religion, Wien 1973.
73 Luckmann, Thomas: The Invisible Religion. The Problem of Religion in Modern Society, New York 1967. – Ders.: Die unsichtbare Religion, Frankfurt 2000.
74 Berger, Peter L./Zijderveld, Anton C.: In praise of doubt. How to have convictions without becoming a fanatic, New York 2010. – Berger, Peter L./Zijderveld, Anton C.: Lob des Zweifels. Was ein überzeugender Glaube braucht, Freiburg 2010.

Zeit war der Lehrstuhl für Sozialethik in Graz ausgeschrieben. Ich bewarb mich und wurde mit Blick auf die fertige Habilitationsschrift auf den zweiten Listenplatz gesetzt. Vor mir stand Clemens Bauer aus Deutschland auf der Liste. Den Platz nach mir nahm der andere Assistent vom Institut, Valentin Zsifkovics, ein. Der deutsche Kollege wurde nicht berufen, weil die Grazer Fakultät damals einen Priester nehmen sollte/musste; Bauer aber war verheirateter Laie. So war ich der Nächstgereihte. Just jetzt fielen Franz Loidl und Rudolf Weiler um und zogen ihre Zustimmung zu meiner fertigen, in Druck befindlichen Arbeit zurück. Der Grund lag, nicht nur für mich leicht durchschaubar, auf der Hand. Rudolf Weiler wollte nicht einen »linken« Sozialethiker in Graz, sondern meinen eher bedächtigen Kollegen Valentin Zsifkovics. Er wurde dann auch berufen. Ich hingegen fand mich in der sozialethischen Sackgasse vor.

Reaktionärer Kirchenkurs

Die vorkonziliaren Seilschaften übten in der König-Ära viel an versteckter Macht aus. Die Nuntien Mario Cagna (1976–1984) und Michele Cecchini (1984–1989) spielten dabei eine Schlüsselrolle. Dazu kamen hochrangige Politiker aus dem äußeren rechten Flügel der Österreichischen Volkspartei, welche Kardinal König die Gespräche mit der SPÖ und der roten Gewerkschaft nicht verziehen und ihn als »roten Kardinal« denunziert haben.

Eine wichtige Rolle soll der (Ehren-)Präsident des Bundesrates, Universitätsprofessor Herbert Schambeck, gespielt haben. Dieser soll mit Adeligen und den Rechten aus der ÖVP führend bei der Umbesetzung der Österreichischen Bischofskonferenz nach der Ära König beteiligt gewesen sein.

Mir liegt ein Schreiben aus dem Jahre 2009 vor, in dem sich Herbert Schambeck zu den ihm nachgesagten Beteiligungen bei Bischofsernennungen selbst äußert. Ich überlasse es den Leserinnen und Lesern, sich einen Reim darauf zu machen. Es war das Ehepaar Heizer aus Innsbruck, das ihn direkt fragte, ob er an Ernennungen von Bischöfen, die das Kirchenvolk nicht haben wolle, beteiligt sei. Konkret war es um Gerhard Maria Wagners gescheiterte Bestellung als Weihbischof in Linz gegangen.

Herbert Schambeck schrieb zur Überraschung des Ehepaares Heizer persönlich:»In Beantwortung Ihres Briefes teile ich Ihnen mit, dass ich an keiner Bischofsernennung in Österreich nur im Geringsten beteiligt war und auch bin. Derartige Nachrichten und Vermutungen, gleichgültig von wem, wo immer und auch unabhängig vom Anlass, werden auch trotz ständiger Wiederholung von der Unwahrheit nicht zur Tatsache.« Herbert Schambeck hatte seinen Einfluss im Vatikan dank beträchtlicher Zuwendungen von der Republik Österreich an die Vatikanische Bibliothek aufbauen können. Der Leiter der Vatikanbibliothek, der Österreichische Kardinal Alfons Maria Stickler zählte zu den reaktionären Antikonzilskräften im Vatikan. Im Brief an das Ehepaar Heizer berichtete Schambeck, dass er »ab 1970 für den Vatikan tätig war und es bis heute ist. Der seinerzeitige Apostolische Nuntius in Österreich, Erzbischof und späteren Kardinal Opilio Rossi, habe ihn eingeladen, ehrenamtlich als Mitglied von Delegationen des Heiligen Stuhls bei internationalen Konferenzen und Kongressen tätig zu sein. So insbesondere 27 Jahre bei der Generalkonferenz der internationalen Atomenergiebehörde in Wien und später auch nach entsprechenden Ernennungen durch Papst Johannes Paul II. als Konsultor des Päpstlichen Rates für die Familie und als Gründungsmitglied der Päpstlichen Akademie für Sozialwissenschaften; alles Tätigkeiten und Aufgaben, welche nichts mit Bischofsernennungen zu tun haben«. Aus der Feder eines gewieften ÖVP-Politikers eine bemerkenswerte Aussage!

Im Zuge der Ernennung des Nachfolgers von Bischof Bruno Wechner in Feldkirch war ich Referent bei einer Tagung für die Vorarlberger Landesregierung. Am Rande erzählte ich dem damaligen Landeshauptmann Martin Purtscher, dass es für das Land nicht gut sei, wenn sich offenkundig Leute aus der ÖVP in den Ernennungsvorgang einmischten und das Opus-Dei-Mitglied Klaus Küng durchdrücken wollten. Wer in der ÖVP, fragte mich der Landeshauptmann. Ich nannte stellvertretend für mehrere Herbert Schambeck. Der Landhauptmann rief ihn sofort an. Schambeck dementierte umgehend in der Kirchenzeitung und anderen Vorarlberger Medien.

Kurze Zeit danach kam es zu einer peinlichen Szene im Warteraum eines Gates auf dem Frankfurter Flughafen. Während ich auf den Abflug nach Wien wartete, erblickte ich im Raum Herbert Schambeck mit seinem Freund Robert Prantner. Ich gehe zu ihm, sage:»Grüß Gott,

Herr Schambeck.«»Wer sind Sie?«, fragt er, wohl allein wegen der knappen Anrede ungehalten. Ich:»Paul Zulehner.«»Er (laut schreiend):»Sie sind ein Priester, der lügt.«»Schambeck bezog sich dabei auf das, was ich dem Landeshauptmann warnend gesagt hatte.»Und außerdem bin ich nicht Herr Schambeck, sondern Professor Schambeck und der Präsident des Bundesrates.«»Ich drehte mich um und ging auf meinen Warteplatz im Gate zurück.

Die geraume Zeit kirchenpolitisch wichtige Gruppe, der ich Herbert Schambeck zurechne, war mit der Ernennung von Klaus Küng, Hans-Hermann Groër, Georg Eder, Andreas Laun und Kurt Krenn»erfolgreich«, und das zum schwersten Schaden nicht nur der ÖVP, sondern auch der Kirche.

Es war wenige Jahre später. Ich kenne den langjährigen Leiter des Radio Vatikan Eberhard von Gemmingen SJ ziemlich gut. Unter diesem hatte ich im deutschsprachigen Radio in den Neunzigerjahren eine Sendereihe über den spirituellen Aufbruch in Europa betreuen können. Einige Sendungen, die ich in Wien konzipierte, aufnahm und als MP3 an Radio Vatican sandte, waren mit besten Rückmeldungen gelaufen. Eines Tages ließ mich Pater von Gemmingen wissen, dass er die Sendung absetzen müsse. Warum, fragte ich neugierig. Und dann kam eine Geschichte, die mir klar machte, wie der Vatikan in dieser Zeit unter Papst Benedikt XVI. geleitet, genauer besehen, nicht geleitet wurde.

Es war kurz nach dem Desaster mit Bischof Williams. Zur Erinnerung, worum es dabei ging: Papst Benedikt XVI. hatte vier exkommunizierte Bischöfe, die Marcel Lefebvre geweiht hatte, rehabilitiert. Darunter war der mehrfach verurteilte Holocaust- und Gaskammernleugner Bischof Richard Williams. Ich hatte diese Rehabilitation in Österreichischen Medien kritisiert. Der Papst hat sich kurz danach selbst quasi entschuldigt, er sei uninformiert gewesen, man müsse eben beginnen, im Vatikan das Internet zu lesen. Dieses war natürlich in Radio Vatican längst der Fall. Deshalb wollte der gut informierte Jesuitenjournalist Eberhard von Gemmingen auch mehrmals den Papst davon in Kenntnis setzen, weil er fürchtete, dass Kardinal Tarcisio Bertone bei dieser Aufgabe kläglich versagen werde – was ja so geschah. Pater von Gemmingen: Ich habe keinen Termin bekommen. Die Katastrophe nahm ihren Lauf.

Herbert Schambeck hatte von meiner Kolumne im Radio Vatican erfahren. Er rief den Leiter der deutschsprachigen Abteilung, Pater von Gemmingen, an und forderte ihn unter Hinweis auf meine öffentliche Kritik am Versagen des Papstes in der Williamsaffäre auf, meine Sendung über die Spiritualität abzusetzen. Von Gemmingen: »25 Jahre mache ich diesen Job und noch nie habe ich auf Zuruf von außen jemanden abgesetzt.« Und legte auf. Drei Tage später rief ihn der Sekretär des Papstes, Georg Gänswein, an und verlangte die Absetzung der Sendung. Wiederum antwortete Pater von Gemmingen in der gleichen Weise. Und noch einmal drei Tage später kam ein weiterer Anruf von Georg Gänswein: Der Heilige Vater persönlich wünsche, dass die Sendereihe von Zulehner abgesetzt wird. Was für eine Ehre! Und was für ein Leitungsstil der Weltkirche! Dabei bin ich gar nicht sicher, dass Sekretär Gänswein den Papst wirklich gefragt hat. Beim Frühstück vielleicht so nebenbei? Etwa so: Heiliger Vater, Sie sind doch auch dafür, dass ...

Als ich von diesem Vorgang einmal im Fernsehen erzählte, gab es erwartungsgemäß ein heftiges Dementi von Herbert Schambeck. Peinlich genug, denn lag die ganze Geschichte in einem E-Mail dokumentiert vor.

Herbert Schambeck war aber nicht allein. In der Nuntiatur war eine Liste von Kandidaten erarbeitet worden, die nach Kardinal Franz König in Österreich Bischöfe werden sollten, um die vermeintlich »linksliberal verkommene Kirche« wieder auf einen »rechten Kurs« zu bringen. Die meisten von dieser Liste wurden nach und nach auch ernannt. Ein »Neuer Kirchenkurs« wurde in Österreich etabliert. In einer Repräsentativstudie hatte ich die Akzeptanz dieser »neuen Bischöfe« im Vergleich zu den bisherigen Bischöfen erhoben. Das Ergebnis war entlarvend und zeugt von der hohen Sensibilität der Menschen für vermeintlich gut getarnte Personalentscheidungen. Mehrheitlich hatten aber die Menschen im Land von den Neuen »keine gute Meinung«. Die Neuen waren: Hans Hermann Groër, Georg Eder, Klaus Küng, Kurt Krenn, Andreas Laun, Christian Werner. Die »Alten«: Franz König, Johann Weber, Reinhold Stecher, Franz Žák, Paul Iby, Maximilian Aichern, Florian Kuntner, Helmut Krätzl.[75] Ich hatte, von Johannes Schasching gut beraten, die Ergebnisse per Einschreiben jedem der Bischöfe persönlich zugestellt, erhielt aber kei-

75 Die einschlägigen Zahlen finden sich in: Zulehner, Paul M./Denz, Hermann: Der neue Kirchenkurs. Vertrauliches Dossier an die Österreichischen Bischöfe, Wien 1990.

nerlei Reaktion. Es blieb geraume Zeit ruhig. Bis dann just am 31. Dezember des Jahres 1990 in der Tageszeitung DIE PRESSE die Ergebnisse publik wurden. Anneliese Rohrer zeichnete für den Beitrag. Sie hatte gute Beziehungen zum damaligen Wissenschaftsminister Erhard Busek, der später Kurt Krenn als Erzbischof von Wien verhindern konnte; diesen später auch als Bischof von St. Pölten zu verhindern, ließ Alois Mock nicht mehr zu. Kardinal Groër wollte nach Bekanntwerden seiner schlechten Beliebtheitswerte zum Jahreswechsel umgehend zurücktreten. Sein damaliger Generalvikar Rudolf Trpin schrieb mir am 1. Januar 1991 mahnend:

»Verschiedene Personen und Persönlichkeiten werden da gleichsam in eine ›Schachtel‹ geworfen und ›abgestempelt‹. Da von einer ›homogenen Gruppe‹ zu sprechen ist ein Hohn. – Ich möchte nur die Person von Kardinal Groër herausgreifen und Dich fragen: worin besteht sein ›neuer Kirchenkurs‹? Was hat er schlecht gemacht, dass man ihn ablehnen muss? 86 Prozent der Diözesanen ist er ›bekannt‹. Wer kennt ihn aber so gut, dass er über ihn ein Urteil abgeben kann? Was wirft man ihm vor? Welche sachlichen Gründe geben die Menschen an, dass sie ihn ablehnen? Meines Wissens hat er noch niemand bloßgestellt oder abgesetzt, auch nicht diejenigen, die seit Jahren gegen ihn hetzen. Trotzdem wird er immer wieder lächerlich gemacht oder beschuldigt. Es ist dann kein Wunder, dass bei Befragungen die Menschen das nachplappern, was man ihnen schon so oft vorgesagt hat. Welches seriöse Interesse kann es geben, wenn man solche ›Befragungen‹ veröffentlicht, noch dazu zu einem solchen markanten Zeitpunkt wie es die Jahreswende ist? Meines Wissens bist Du für diese Umfrage verantwortlich, damit aber auch für die Veröffentlichung. Ich muss sagen, dass es mir immer schwerer fällt, Deine Worte von der ›Geschwisterlichkeit‹ und ›christlicher Umgangsstil‹ beim Diözesanforum ernst zu nehmen. – Zum Schluss möchte ich noch darauf hinweisen, dass diese Veröffentlichung den Herrn Kardinal sehr gekränkt hat.«

Die traditionalistische Zeitschrift »Glaube und Kirche« zitierte anlässlich ihrer Kritik an schwachen Beliebtheitswerten von Hans-Hermann Groër und Kurt Krenn das italienische Magazin »Il Sabato«: »Groër und Krenn sind jene Bischöfe, die in den kommenden zehn Jahren die Geschichte der Kirche mit 27 anderen Bischöfen aus aller Welt mitbestimmen.« Sie hat irgendwie, wenngleich ganz anders, Recht behalten.

Rudolf Trpin und auch der Nuntius hinderten Kardinal Groër daran zurückzutreten. Hätte er es doch nur getan! Er hätte sich und der Kirche in Österreich mit seinem damaligen Rücktritt als »Märtyrer der Imageforschung« vermutlich später viele Leiden erspart. Allerdings war ich dadurch bei Hans-Hermann Groër, der in jeder Hinsicht unendlich liebesbedürftig war und die Umfrageergebnisse als kollektiven Liebesverlust erlitt, in Ungnade gefallen. Es muss für ihn nicht leicht gewesen sein, als mich die Delegierten zum Wiener Diözesanforum (1989–92) zum Vizepräsidenten gewählt hatten; Vorsitzende war Ingrid Klein. Alle meine Versuche, das Verhältnis zum Kardinal zu »normalisieren«, schlugen fehl. Die »Causa Groër« hatte die Kirche im Land in schwerste Bedrängnis gebracht.

Gegen Ende seiner Amtszeit zitierte er mich zu sich. Es war kurz bevor sein ehemaliger Zögling Josef Hartmann, beraten durch seinen Therapeuten, ihn öffentlich des sexuellen Missbrauchs anklagte. Josef Hartmann habe, so war zu hören, zwischenzeitlich Hans-Hermann Groër in der Weise zu erpressen versucht, dass er sich sein Schweigen durch eine Anstellung als Religionslehrer abgelten ließ. Beim Abrechnungsgespräch des Kardinals mit mir saß neben ihm – die ganze Zeit wortlos –Weihbischof Christoph Schönborn. Kardinal Groër hatte einen dicken Aktenordner vor sich liegen und überschüttete mich eineinhalb Stunden mit seiner eindringlich hohen Stimme mit Anklagen. Stellungnahmen dazu wollte er von mir nicht hören. Er warf mir vor, dass niemand der Erzdiözese mehr geschadet habe als ich. Bei der Verabschiedung überreichte ich ihm mein neu erschienenes Buch. Da sagte er zu mir: »Schreiben Sie mir eine Widmung hinein!« Ich fragte ihn, was ich denn schreiben solle: »Schreiben Sie: Dem am wenigsten geliebten Erzbischof von Wien!« Ich habe nichts geschrieben und bin nachdenklich gegangen.

Ich war seit 1984 als Pastoraltheologe am Lehrstuhl in Wien. Als Dekan hatte ich die Berufung eines neuen Professors für das Alte Testament zu managen. Die Fakultät wollte Georg Braulik. Er ist zusammen mit Norbert Lohfink aus St. Georgen bei Frankfurt einer der herausragenden Deuteronomisten und persönlich ein hochspiritueller Benediktiner. Hans-Hermann Groër wollte Georg Braulik kein Placet geben, weil dieser als Benediktiner den Verlauf des Noviziats Groërs im Benediktinerstift Göttweig kritisiert hatte. Auch bei der späteren Berufung des Kirchenhistorikers gab es peinliche Probleme zwischen der Fakultät und Kardinal Groër. Der Südtiroler Josef Gelmi konnte nicht berufen werden.

Kardinal Groër verweigerte ihm das Placet, weil dieser in einem Beitrag über die jüngste Kirchengeschichte in Österreich sachgerecht vermerkt hatte, dass es bei der Bestellung Hans-Hermann Groërs zum Erzbischof erhebliche Probleme gegeben hatte. Auch beim Ehrendoktorat für Hermann Stenger und Alfons Auer hatte sich der Kardinal quergelegt und das erforderliche bischöfliche Placet verweigert. Dieses Unrecht hatte später Kardinal Schönborn aus der Welt geschafft. Die Professoren Stenger und Auer wurden mit Verspätung Ehrendoktoren der Universität Wien.

Christoph Schönborn bewies in diesen schweren Tagen der Kirche in Österreich hohe diplomatische Qualität. Mit drei anderen Bischöfen erklärte er öffentlich, dass an den Vorwürfen gegen Kardinal Groër sehr wohl etwas dran sei. Damit war der Rücktritt des Kardinals besiegelt. Dies alles geschah, obgleich der Vatikan mit seinem Staatssekretär Angelo Sodano den Wiener Kardinal stützte. Als Kardinal Schönborn Jahre später einmal den Kardinalskollegen Sodano öffentlich kritisierte und beanstandete, dass der Vatikan die Aufklärung in der »Causa Groër« schwer behindert habe, wurde er von Papst Benedikt XVI. mit dem Hinweis gemaßregelt, dass nur der Papst einen Kardinal kritisieren dürfe, nicht aber ein Kardinal den anderen.

Mitten in der für Österreichs Kirche katastrophalen Missbrauchsaffäre habe ich als Dekan an der Fakultät ein Hearing zum sexuellen Missbrauch von Kindern organisiert. Die halbe Bischofskonferenz unter ihrem damaligen Vorsitzenden Johann Weber nahm daran teil. Der Kinderpsychologe Max Friedrich wirkte ebenso mit wie Vertretungen der Katholischen Jugend und Fachleute der Ombudsstellen der Stadt Wien. Ergebnis des Hearings war ein Orientierungspapier, das sich in der Folge bei der raschen Einrichtung von kirchlichen Ombudsstellen als hilfreich erwiesen hat.[76] Als dann zehn Jahre später eine zweite Missbrauchswelle die katholische Kirche erschütterte, war dank der zehn Jahre zurückliegenden Er-

---

76 Diese Richtlinien sind dokumentiert in: Friedrich, Max/Kromer, Otto/Bodendorfer, Christine/Primetshofer, Bruno: Sexueller Missbrauch von Kindern in pädagogischen Einrichtungen, AfkS-Dossier Nr. 4, Erstellt an der Arbeitsstelle für kirchliche Sozialforschung am Institut für Pastoraltheologie und Kerygmatik an der Katholisch-theologischen Fakultät der Universität Wien in Zusammenarbeit mit dem Ludwig-Boltzmann-Institut für Werteforschung, Wien 1995.

fahrungen die Kirche in Österreich unter Kardinal Schönborn in der Lage, angemessen und kompetent mit der Situation umzugehen. Die Berufung in die von Kardinal Schönborn eingesetzte Klasnic-Kommission lehnte ich ab, weil die Öffentlichkeit sehr kritisch zusah, ob diese Kommission wirklich von der Kirche unabhängig sei.

Von der Sozialethik zur Pastoraltheologie

Zurück zu meiner wissenschaftlichen Laufbahn. Durch die beschriebene Intrige der Professoren Weiler und Loidl war die Habilitierung in der Sozialethik in Wien schwierig geworden. Das sollte sich freilich langfristig nicht als Nachteil erweisen. Ich lernte, Gott auch dann walten zu lassen, wenn ich nicht gleich verstehe, was er mit mir vorhat. Mit sozialethischen Erfahrungen reichlich ausgestattet, verlagerte ich meinen akademischen Schwerpunkt auf das benachbarte Fach Pastoraltheologie.

Rolf Zerfaß, ein Kommilitone aus dem Canisianum, war damals etablierter Professor für Pastoraltheologie in Würzburg. Er kam mir zu Hilfe. Ich besuchte ihn in Würzburg und legte ihm alle verfügbaren schriftlichen Unterlagen vor. Diese belegten klar, dass die Ablehnung meiner bei Thomas Luckmann erarbeiteten Habilitationsschrift nicht aus sachlichen Gründen, sondern wegen einer Berufungsintrige erfolgt war. Er studierte meine Arbeit und schlug mir vor, noch einen zusätzlichen pastoraltheologischen Teil zu verfassen. Dazu zog ich ein halbes Jahr nach Würzburg, wo ich Unterkunft im Priesterseminar fand. Ich verfasste meine Schrift »Religion nach Wahl«[77] und reichte beide Bücher als wissenschaftliche Leistung für die beantragte Habilitierung ein. Diese erfolgte 1973 für das Doppelfach »Pastoralsoziologie und Pastoraltheologie«.

Von da an ging es auf meinem wissenschaftlichen Weg mit Riesenschritten voran. Ich bewarb mich auf die freien Lehrstühle für Pastoraltheologie in Bamberg und Passau. Auf beiden Listen stand ich an erster Stelle. In Bamberg habe ich vier Semester den Lehrstuhl kommissarisch vertreten und meine dort gehaltenen Vorlesungen als Grundlagenbuch

---

77   Zulehner, Paul M.: Religion nach Wahl. Grundlegung einer Auswahlchristenpastoral, Freiburg 1974.

über eine Pastoral zu den Lebenswenden mit dem Titel »Heirat, Geburt und Tod«[78] herausgegeben. Vor die nicht einfache Wahl Bamberg oder Passau gestellt, nahm ich dann aber den Lehrstuhl in Passau an. Diese Entscheidung wurde auch dadurch beeinflusst, dass meine alte und kränkelnde Mutter mit Josef, Hans und Maria-Luise inzwischen in St. Thomas bei Waizenkirchen lebte, was von Passau aus mit dem Auto in einer Dreiviertelstunde zu erreichen war. Die Entscheidung für Passau war freilich für meine pastoraltheologische Entwicklung wie ein Lottogewinn.

Das Passauer Pastoralbiotop

Ich kam an eine Mini-Hochschule, die später bei der Errichtung der Universität Passau zur Fakultät mutierte. In meinen Vorlesungen waren kaum mehr als zehn Studierende. Das war für die studentische Freiheit in den Nachachtundsechzigern und dem damals aufblühenden Selbstbestimmungspathos nicht einfach. Als ich zur ersten Vorlesung kam, waren nur drei Studierende da. Wo die anderen seien, fragte ich? Sie wussten es nicht. Gut, meinte ich, ich beginne, sobald auch die anderen da sind. Das war für manche Freiheitsliebende eine harte Nuss, hat sich aber auf die Vorlesungskultur gut ausgewirkt. Noch heute erzählen mir die Betroffenen davon, was ich mich da als Neuling getraut hätte!

Die Diözese Passau ist überschaubar und finanziell nicht üppig ausgestattet. Es gab aber pastoral hochsensible Bischöfe. Persönlich habe ich Bischof Antonius Hofmann und Franz Xaver Eder überaus kreativ und wohlwollend erlebt. Bischof Antonius war ein moderner Glaubender und kannte offenkundig das für das Glauben unter modernen geistigen Bedingungen so typische Zweifeln. Mehrmals habe ich von ihm gehört, wie er öffentlich klagend erzählte: »Da knie ich vor dem Tabernakel und frage: Bist du wirklich da drinnen, Herr?« Er hat auch nicht wenige Theologiestudierende geweiht, denen er beim Gespräch vor der Weihe gesagt hatte, sie sollten ihre Bedenken bezüglich des Zölibats beiseitelassen. Es werde sich in dieser Hinsicht in Folge des Konzils ohnedies bald etwas ändern. Tat es aber nicht. Viele der von ihm Geweihten haben später das

---

78   Zulehner, Paul M.: Heirat, Geburt, Tod, Wien 1976, 1982.

Priesteramt verlassen. War Bischof Antonius ein Zweifler, ein Visionär, einer der die Not des Glaubens wie des ehelosen Lebens selbst kannte? Der spätere Bischof Franz Xaver Eder war Regens, als ich nach Passau kam. Er bot mir eine Wohnung im Priesterseminar an. Von meinem Zimmer aus hatte ich einen Blick auf die Türme des barocken Passauer Domes, deren repräsentative Riesenorgel zahllose Musikfreunde anzog. Franz Xaver Eder wurde unter Bischof Antonius Weihbischof-Koadjutor und nach dessen Resignation sein Nachfolger. »Im Geist der Kraft und der Liebe und der Besonnenheit« (nach 2 Tim 1,7) war sein Wahlspruch. Bischof Franz war ein wirklicher Volksbischof, den Menschen, aber auch Gott ganz nahe. Er war, wie Papst Franziskus es von den Bischöfen erwartete, ein »Hirte, der nach der Herde riecht«. Und wie ein guter Hirte ließ er oft die Herde vorangehen und ging hinterher – oder war mittendrin. Er verließ sich auf den Instinkt von »Leithammeln« in der Herde. Das Konzil kannte den *sensus fidei*, also jenen Glaubenssinn, den die miteinander Glaubenden teilen. Seine Gottes- und Menschennähe wurde auch zum Leitwort der wohl etwas zu spät auf den Weg gebrachten Pastoralen Entwicklung Passau (PEP), die im Jahr 2000 in den Pastoralplan mündete. Bischof Eder konnte sich um die Umsetzung »seines« Pastoralplans nicht mehr lange genug selbst kümmern. Und sein Nachfolger setzte ihn nicht um, sondern beendete ihn.

Beide Bischöfe, Antonius und Franz Xaver, sorgten immer für ein bestbesetztes Seelsorgeamt. Der erste aus der Reihe, mit dem ich mich angefreundet hatte, war Hans Sommer, Gründungsmitglied der Bayerischen CSU und wie andere damalige Passauer Domkapitulare Fan von Bayern München und der Krimiserie Derrick. Er schloss bald mit mir einen Arbeitsvertrag, der mir viel Raum zum Entwickeln und Erproben von pastoralen Innovationen gab. Zunächst führten wir eine Pfarranalyse durch. Ich beriet ihn bei den für die Diözese wichtigen Pastoralkonferenzen und leitete einige selbst. In Zusammenarbeit mit dem Regens Franz Xaver Eder organisierte ich die Berufseinführung. Mit im Team war auch Isidor Baumgartner, ein begabter Psychologe, der dann Theologie studierte und den ich auf dem Weg zur Promotion in Passau und zur Habilitation in Wien begleiten konnte. Er wurde einer der führenden Pastoralpsychologen im deutschsprachigen Raum. Als ich 1984 nach Wien zog, wurde er mein Nachfolger am Passauer Lehrstuhl und etablierte an der Fakultät ein Studium für Caritaswissenschaft. Diese überlebte mit einer rudimentären Religionslehrerausbildung die Stilllegung der Fakultät und Umwandlung in ein Departement. Das geschah in der Zeit des späteren Bischofs Wilhelm Schraml.

Zu den wichtigen Einrichtungen, die ich in Passau mitbegründete, zählt die Gemeindeberatung. Die Ausbildung der ersten Generation erfolgte in Gelnhausen in der Evangelischen Landeskirche Hessen-Nassau unter der damaligen »Gura« Eva-Renate Schmidt und dem erfahrenen Hans-Georg Berg. Die damals dort ausgebildete Anna Hennersperger ist 2004 Direktorin des Instituts für theologische und pastorale Fortbildung in Freising geworden. Dort hatte sie mit Eckehard Rossberg von der Evangelischen Gemeindeakademie in Rummelsberg ab dem dritten Ausbildungskurs die Leitung der Gemeindeberaterausbildung inne. Wir drei haben später zusammen ein kleines Buch zum Dialog zwischen Altem Testament und moderner Organisations- und Personalentwicklung geschrieben.[79] Promoviert hatte Anna Hennersperger an meinem Lehrstuhl in Wien über die Priester in Passau[80], gestützt auf eine Sonderauswertung der zentraleuropäischen Priesterumfrage 2000. Jetzt ist sie Seelsorgeamtsleiterin in der Diözese Gurk-Klagenfurt unter Bischof Alois Schwarz, der wiederum vor meiner Berufung auf den Lehrstuhl in Wien 1984 Assistent am Institut für Pastoraltheologie gewesen war.

Von Passau aus wirkte ich nicht nur im Kuratorium der Münchner Katholischen Akademie in Bayern unter dem damaligen Direktor Franz Henrich. Wichtig war mir auch die theologisch-pastorale Fortbildung in Freising geworden. Der Passauer Walter Friedberger, Pfarrer in Mittich bei Passau, leitete diese von 1970–1991. Wertvolle Dienste leisteten dort u. a. die fachlich herausragenden Sekretärinnen Margret Bauer, verheiratete Döberl, sowie Barbara Glassl und Jutta Messner. Für das Fortbildungs-Institut entwickelte ich einen Kurs Pastorale Praxisbegleitung, deren Teilnehmende ich handverlesen aussuchte. Sehr viele Personen aus dem pastoralen Personal der Passauer Diözese haben dieses Fortbildungsmodul durchlaufen. Später wurde der Kurs »Führen und Leiten in der Kirche« zu einem Flaggschiff des Instituts. Diese Kurse wurden auch

79   Zulehner, Paul M. Roßberg, Eckehard/Hennersperger, Anna: Mit Freuden ernten. Biblisches Saatgut für Zeiten und Prozesse des Übergangs, Ostfildern 2013.
80   Hennersperger, Anna: Ein ein(z)iges Presbyterium. Zur Personalentwicklung von Priestern ; Amtstheologische Reflexionen zu Daten der Studie Priester 2000, Ostfildern 2002.

unter den nachfolgenden Leitenden des Instituts, dem Regensburger Helmut Huber sowie Anna Hennersperger weitergeführt. 24 Kurse mit für gewöhnlich zwölf Teilnehmenden fanden zwischenzeitlich statt. Für dieses Kursformat konnten Trainerinnen und Trainer der GfP (Gesellschaft für Personalentwicklung), gegründet und geleitet vom Wiener Leopold Stieger, gewonnen werden. Viele mittlere Führungskräfte kirchlicher Einrichtungen (Diözesen, Orden, Verbände, Caritas) haben diese Leitungstrainings mitgemacht. Ziel war, sich sowohl das Leitungsknowhow der profanen Organisations- und Personalentwicklung anzueignen sowie das eigene Leitungsverhalten in all seinen Facetten pastoraltheologisch zu reflektieren. Als Pastoraltheologen haben Hermann Stenger, Ehrenfried Schulz, Maria Widl, Manfred Belok, ich selbst und nach mir Regina Polak mitgewirkt. Ein wertvoller Baustein der Leitungskurse waren regelmäßige Gruppensupervisionen. Gisela Leu-Haist und Franz Lummer haben sich als Supervisoren dabei große Verdienste erworben.

Es gehört zu den mir völlig unverständlichen, weil kurzsichtigen Entscheidungen der Bayerischen Bischofskonferenz unter dem Vorsitz von Kardinal Reinhard Marx, dieses blühende Institut just in Zeiten in der bisherigen Form aufzulösen, da sich die Kirche in einem epochalen strukturellen Umbau befindet. Gerade in solchen Phasen der Transformation sind überdiözesane Ausbildungskurse unersetzlich. Mein Schreiben an den Münchner Kardinal, die Entscheidung zu überdenken, blieb unbeantwortet. Von einer unzulässigen Einmischung durch mich war stellvertretend durch den Münchner Generalvikar Peter Beer erbost die Rede. Dem Vernehmen nach sei die »Überführung« in die diözesane Fortbildung in München auch deshalb geschehen, um die Entscheidung, wer am Institut als Referent tätig sei, »unter Kontrolle« zu bekommen. Es seien in den Kursen zu viele »linke« Referenten am Werk, so der Münchner Generalvikar Beer. Und nachgefragt, wen er dazu zähle, nannte er meinen Namen.

Welch eine Einschätzung! Zugleich: Wo muss einer stehen, damit ich für ihn »links« bin? Es ist eine Frage der Perspektive, was »links« bedeutet. Günther Nenning, der große katholische Journalist aus Österreich, Sozialist, Grüner und am Ende seines Lebens Međugorje-Fan, sagte einmal treffsicher:»Die Kirche bewegt sich zur Mitte. Das heißt nach links.« So kann man in den Augen mancher, die weit »rechts« außen stehen, nicht anders als »links« wahrgenommen werden, mag man noch so sehr der »offenen Mitte« angehören. Zu dieser habe ich mich aber immer gerechnet. Dass ich dort bin, habe ich stets daran erkannt, dass ich von »rechts« wie von »links« angegriffen wurde, wie ich bei den Auseinandersetzungen um das Kirchenvolksbegehren im Jahre 1995 erlebt hatte. In meiner Passauer Zeit habe ich mich auch politisch positioniert. Unter anderem nahm ich in Regensburg an einer Versammlung teil, die gegen die geplante atomare Wiederaufbereitungsanlage in Wackersdorf protestierte. Die Teilnehmenden der Veranstaltung überlegten, was in der Region geschehen würde, fiele auf Regensburg eine Atombombe. Gegen Ende der Versammlung, so erzählte mir kürzlich ein damaliger Teilnehmer, hätte ich mich zu Wort gemeldet und aus der Bibel zitiert: »Wenn (all) das beginnt, dann richtet euch auf, und erhebt eure Häupter; denn eure Erlösung ist nahe« (Lk 21,28). Noch nie habe ihn das Zitat einer Bibelstelle derart berührt.

Einmal hielt ich auch eine Fastenpredigt in der Kirche St. Paul gleich neben dem Passauer Dom. Damals war der Nato-Doppelbeschluss in Diskussion. Im kalten Krieg wollte der Westen die Sowjetunion unter militärischen und wirtschaftlichen Druck setzen. »Frieden schaffen durch Waffen« – dagegen stellten Gruppierungen der kirchlichen Friedensbewegung das Motto »Frieden schaffen ohne Waffen!« Von CSU-Seite gab es damals verständlicherweise wenig Applaus.[81]

Zwei zukunftsweisende pastorale Vorgänge wären ohne die Diözese Passau aber gar nicht erst geboren worden. Der eine: der Grundkurs gemeindlichen Glaubens. Der andere: die Pastorale Entwicklung Passau. Beide Projekte haben meine praktisch-theologische Tätigkeit und Lehre nachhaltig geprägt.

Grundkurs

Der Grundkurs gemeindlichen Glaubens (GGG) ist eine Frucht der Kirchenvision des Konzils vom Volk Gottes. Der programmatische theologische Entwurf des Grundkurses trägt daher den Titel »Sie werden mein Volk sein«.[82] Die mystagogische Seelsorgstheologie beruht auf der Theo-

---

81   Zulehner, Paul M.: Kirche – Gottes Friedensbewegung auf Erden, München 1984.
82   Zulehner, Paul M./Fischer, Josef/Huber, Max: »Sie werden mein Volk sein«. Grundkurs gemeindlichen Glaubens, Düsseldorf ⁵1995.

logie von Karl Rahner und wurde nunmehr in die alltägliche gemeindliche Pastoral übersetzt. Gott, so die Annahme, west im Grund jedes Menschenherzens an. Er schreibt mit jeder Person, aber auch jeder Kirchengemeinde eine unverwechselbare Geschichte. Josef Fischer, hochbegabter Mitbegründer des Grundkurses, nannte diese einmaligen Geschichten »kleine heilige Schriften«. Die Menschen und Gemeinschaften sollten gewonnen werden, in diesen »kleinen heiligen Schriften« zu lesen und darauf gestützt in letzter Einsamkeit vor Gott stehend fragen lernen, was Gott ihnen zutraut: im eigenen Leben, im Leben einer kirchlichen Gemeinschaft.

Mit der biblisch begründeten Kirchenvision des Konzils wird vorausgesetzt, dass die Kirche als Gemeinschaft von Gott selbst durch »Hinzufügen« (Apg 2,47) geschaffen wird. Dies geschieht, indem er Menschen beruft und begabt und ihnen zutraut, das Leben und Wirken seiner Kirche zu ermöglichen. In der Kirche gibt es also keine Unberufenen und keine Unbegabten. »Allen ist die Offenbarung des Geistes gegeben, damit sie allen nützt«, so Paulus an die Gemeinde in Korinth (1 Kor 12,7).

Die historische Einsicht des Entwicklungsteams des Grundkurses war, dass wir aus einer Zeit der Priesterkirche[83] kommen. Da fühlten sich nur wenige berufen, nämlich die Kleriker. Sie waren es, die nach langer persönlicher Vorbereitung und Annahme durch den Bischof ihr »Adsum« gesprochen haben. Es war die Zeit der »Kirche für das Volk«, nicht aber für eine »Kirche im Volk«, wie Kardinal Karl Lehmann von Mainz einmal formulierte, und auch nicht für die »Kirche des Volkes«. Genau das beabsichtigte aber das Zweite Vatikanische Konzil: auf die biblischen Urkunden gestützt, die Kirche als pilgerndes Volk Gottes zu erneuern.

So galt es, einen Weg zu finden, auf dem Menschen, die Gott für seine Kirche beansprucht, in letzter Einsamkeit vor Gott stehend eben die Frage stellen: »Gott, was traust du mir zu, damit die Kirche, der du mich hinzugefügt hast, lebendig ist und handeln kann?« Und wenn die Antwort gereift ist, ein Bewusstsein einer »unvertretbaren Eigenverantwortung«[84] gewachsen ist, kann diese Berufung auch in der Gemeinschaft

83   Vgl. Hoffmann, Paul: Priesterkirche, Düsseldorf 1987.
84   Vgl. Synode der Bistümer in der Bundesrepublik Deutschland, Würzburg 1976, im Dokument »Die pastoralen Dienste«.

gefeiert werden. Faktisch ist das dann eine neuerliche bewusste Annahme der Eingliederung in die Kirche durch Taufe, Firmung und Eucharistie. Auch Getaufte sprechen ihr urpersönliches »Adsum«.

Es war und ist Josef Fischer, der unter dem damaligen Seelsorgsamtsleiter Max Huber an der Umsetzung des Grundkursentwurfes und an seiner Erprobung im pastoralen Alltag maßgeblich beteiligt war. Im Haus der Begegnung »Heilig-Geist« in Burghausen hat er ein bewährtes und von vielen Einzelnen und Gruppen aufgesuchtes Zentrum für Grundkurse geschaffen.

Grundkurs meint aber nicht nur einen konkreten Kurs, sondern auch eine theologische Logik, eine »Methode«, also die Anleitung, einen Weg einsam und gemeinsam zu gehen. Menschen gehen ihrem Leben auf den Grund, wobei manches aus dem bisherigen Leben zugrunde gehen kann. Der Grundkurs gemeindlichen Glaubens lebt von der Logik der Mystagogie und macht diese praktisch.

Als in Burghausen im Jahr 2009 das 25-jährige Grundkursjubiläum gefeiert wurde, durfte Josef Fischer zu seinem, meinem und vieler anderer Leidwesen mich als Mitgründer nicht einladen, obgleich es bildlich gesprochen um den Geburtstag eines meiner prominentesten pastoralen »Kinder« ging. So verdorben war inzwischen die Stimmung in der Diözese Passau geworden.

Immerhin würdigte Bischof Schraml laut Meldung auf der Bistumshomepage das Projekt des Grundkurses, obwohl sich ihm dessen Logik wohl nie so richtig erschlossen hatte. Dies kann man daran erkennen, dass er es als ein »katechetische Erfolgsmodell« bezeichnete:

»›Wir brauchen auch Biotope des Glaubens, damit der Glaube nicht austrocknet, sondern lebendig bleibt‹. Das war die zentrale Botschaft des Passauer Diözesanbischofs zum 25-jährigen Jubiläum des Grundkurs gemeindlichen Glaubens. Am Samstag, 21. November, feierte Bischof Wilhelm Schraml ein Pontifikalamt in Burghausen. Dabei hat der Oberhirte weiter ausgeführt: ›Wir brauchen Erfahrungsräume des Christlichen, Lernorte des Glaubens‹. Es gehe um Orte, ›wo man Gott suchen und finden kann; Orte, wo uns die Wege gezeigt werden, die zu Gott führen: im Gebet, in der Schriftlesung, in der Feier des Gottesdienstes‹. Diesen Weg geht das Bistum Passau seit 1984 mit dem sogenannten GGG. Rund 11 000 Menschen haben sich seitdem auf den Weg gemacht, um zusammen mit anderen Gott und sich selbst auf die Spur zu kommen. Heute hat das katechetische Erfolgsmodell seinen festen Ort im Haus der Begegnung Heilig Geist, in Burghausen.«[85]

Intermezzo

Hier lohnt sich ein kleines fürstliches Intermezzo. In meiner Passauer Zeit war ich zweimal vom Fürstenpaar von Thurn und Taxis zum Abendessen im Spiegelsaal des Schlosses in Regensburg eingeladen worden. Einmal hatte ich noch ein wenig zu warten. Da gesellte sich ein Neffe der Fürstin zu mir, um mir die Wartezeit zu verkürzen. Seine erste Frage war, ob ich Priester sei. Ich bejahte. Warum ich dann kein Kollar trüge? Ich hatte mein Priesterkreuz angesteckt.

Solche Kleinigkeiten sind wie Selbstoffenbarungen, wo jemand kirchlich steht. Die Fürstin zählte schon damals als Adelige zu den »Hardcore-Traditionalistinnen«, wie auch einige aus der Familie Habsburg und andere Angehörige von Adelshäusern. Dass sie beim Begräbnis von Otto von Habsburg am Ende des Trauergottesdienstes die Kaiserhymne intonierten, war berührend und anachronistisch zugleich. Hatte doch Otto von Habsburg den Weg in das demokratische Europa besser als manch andere aus dem Hause Habsburg gemeistert. Mit der von ihm damals geleiteten Paneuropabewegung hatte er am 19. August 1989 an der ungarisch-österreichischen Grenze einen wertvollen Beitrag zur Befreiung Europas vom Joch des Kommunismus geleistet.

Die Fürstin ist mit Kardinal Joachim Meisner von Köln befreundet. Trug sie dazu bei, dass der damalige Regensburger Weihbischof Wilhelm Schraml zum Nachfolger Franz Xaver Eders in Passau gekürt wurde? Erreichte sie mit Schraml zusammen, dass seine umstrittene Amtszeit weit über die übliche Altersgrenze von 75 hinaus als Bischof verlängert wurde? Dann kam zum Glück für Passau der Papstwechsel dazwischen. Auch Kardinal Meisner beendete zwischenzeitlich seine Amtszeit in Köln. Er konnte den Nachfolger Schramls nicht mehr mitbestimmen. Viele andere Bischöfe in Deutschland, wie zum Beispiel in Würzburg, Hildesheim, Berlin, verdanken ihm ihre bischöfliche Karriere.

85   http://cms.bistum-passau.de/gemeinschaft-glauben/pastoral-seelsorge/gemeindepastoral/grundkurs-gemeindlichen-glaubens (Zugriff 22.5. 2014)

Wilhelm Schraml war ins Amt gebracht worden, um die Diözese Passau vor dem vermeintlichen »pastoralen Liberalismus« und vor der »Übernahme der Diözese durch die Laien« zu retten. Solche Missstände hätten sich unter Bischof Franz Xaver Eder eingeschlichen, wurde von selbsternannten Brandmeldern nach Rom berichtet. Beleg dafür sei der Passauer Pastoralplan, von dem ich gleich einiges erzählen werde, weil er zu den Highlights meiner praxisnahen Arbeit als Pastoraltheologe gehört. Wilhelm Schraml war von Rom zum Bischof von Passau bestellt worden, um diesen Pastoralplan, der zu Pfingsten 2000 von Bischof Eder feierlich in Kraft gesetzt worden war, wieder außer Kraft zu setzen. Stelle doch dieser, so Kardinal Giovanni Battista Re in seinem Brief an Bischof Franz Xaver Eder, eine beträchtliche »Konditionierung des bischöflichen Dienstes seines Nachfolgers« dar. Als ob ein Bischof nicht einer Diözese dient, die selbst als heiliges Gottesvolk für ihre Kontinuität steht. Das Konzil hat es selbst in hohen Kirchenkreisen schwer anzukommen.

Zwar betonte der neue Bischof öffentlich mehrmals, er setze den Pastoralplan des Bistums fort. Im Zuge der Auseinandersetzungen schrieb er mir am 17. Januar 2003:

»Es dürfte Ihnen nicht entgangen sein, dass ich als Bischof von Passau, schon am Tage meines Amtsantritts erklärt habe, dass ich mir die Grundintentionen des PPP 2000 zu eigen mache, und dies in der kurzen Zeit meines Wirkens im Bistum Passau wiederholt und vor wichtigen Gremien, wie z. B. dem Diözesanrat, bekräftigt habe. Keines der bisherigen Projekte wurde blockiert oder widerrufen, wenngleich die Umsetzung grundlegender Projekte (z. B. Projekt 1 ›Im Geheimnis Gottes wohnen‹) aus verschiedenen Gründen von Anfang nicht im gewünschten Maße auf den Weg gekommen ist. Dies aber hat nicht der neue Bischof zu verantworten. – Bezüglich der weiteren Umsetzung wird es daher noch grundlegender Überlegungen bedürfen, wie ein ›Passauer Weg‹, der auf die Bedürfnisse des Bistums zugeschnitten ist, gefunden werden kann, der der Erneuerung des pastoralen Handelns unserer Ortskirche dienlich ist. Ungefragte Interventionen von außen sind dabei wenig hilfreich und ich ersuche Sie, diese in Zukunft zu unterlassen.«

Eine solche Aussage geht davon aus, dass der unter seinem Vorgänger in einem breiten synodalen Vorgang erarbeitete Passauer Pastoralplan eben nicht auf die »Bedürfnisse des Bistums zugeschnitten ist« und im

Kontrast dazu ein Pastoralplan erst gefunden werden müsse, »der der Erneuerung des pastoralen Handelns unserer Ortskirche dienlich« ist. Folglich baute Bischof Schraml alles zurück, was mit dem bereits in Kraft gesetzten Pastoralplan zu tun hatte. Er schloss die Geschäftsstelle, die für die Durchführung des Pastoralplans eingerichtet worden war. Keines der im Pastoralplan beschlossenen Projekte lief an. Dem Bischof wurde ein fragwürdiger Umgang mit der Wahrheit angekreidet. Eine einfache Online-Umfrage unter den Haupt- und Ehrenamtlichen, wie sie die jüngste Entwicklung unter Bischof Schraml einschätzten, zeigte dies deutlich. Dies belastete letztlich seine ganze Amtszeit.

Einmal soll der Bischof geklagt haben: »Mein Vorgänger hat nach dem Konzil die Fenster der Diözese weit geöffnet – und ich stehe jetzt im Zug da!«

Da der Bischof viel mit Meisner telefonierte, hat er diesem sicherlich von der Umfrage und ihren für ihn nicht vorteilhaften Ergebnissen erzählt. Umgehend reagierte Kardinal Meisner in einer freilich eigenartigen Form: Er verbot in einer internen Sitzung den diözesanen Einrichtungen, mich als Referenten ins Erzbistum Köln einzuladen. Vorhandene Einladungen mussten storniert werden. Deshalb blieb mir diese »Strafmaßnahme« des Kardinals nicht verborgen.

Nachdem ich von einer Veranstaltung mit dem Diözesanrat ausgeladen wurde, rief ich umgehend den damaligen Sekretär des Kardinals Dominikus Schwaderlapp, inzwischen Weihbischof im Erzbistum, an und bat um einen Termin bei Kardinal Meisner. Am 13. August 2001 flog ich dazu eigens von Wien nach Köln. Der Kardinal empfing mich durchaus freundlich. Zum Einstieg erzählte er mir ganze zwanzig Minuten lang, was ihn gerade sehr bewegte. Er hatte vier Männer mit homosexueller Ausrichtung zu Priestern geweiht. Diese hätten ihm in die Hand versprochen, zölibatär zu leben. Offenkundig hielten sie ihr Versprechen nicht ein. Was er nun tun solle, fragte er mich zu meinem Befremden. Dann kamen wir auf das Redeverbot zu sprechen. Ich sei nicht auf dem Boden der Rechtgläubigkeit, meinte er. Ich würde die Laien zu hoch bewerten und das Amt zu gering. Darauf erinnerte ich den Kardinal, dass ich unter widrigen Umständen über Jahre hinweg in die DDR nach Heiligenstadt gereist sei. Dort hätten wir gemeinsam Priesterkurse gehalten. Er sei dafür sehr dankbar gewesen. Wir hatten dort Respekt füreinander gewonnen. Er müsse also wissen, wie sehr ich bei aller gut

begründeten und vornehm vorgetragenen Kritik an kirchlichen Missständen loyal zur Kirche stehe. Kritische Loyalität präge meine Beziehung zur Kirche. Ich könne auch nicht anders, wollte ich meine Pflicht
als Pastoraltheologe nicht vernachlässigen und dort Kritik üben, wo sich
die Kirche selbst schade. Dann fragte ich ihn: Wenn er schon Theologen
wie mir, die nachweislich in der offenen Mitte der Kirche stünden, Redeverbot erteile: Wer soll dann überhaupt noch reden dürfen? Nur noch
die ganz Rechten? Das muss man Kardinal Meisner lassen: Er konnte
konfrontierende Kritik und vornehm-kantige Gegenrede hören. Er
selbst trat ja auch in dieser Weise in der medialen Öffentlichkeit auf:
nicht nur gelegentlich, sondern gelegen oder ungelegen. Und wie er das
Redeverbot intern erlassen hatte, zog er es ebenso intern wieder zurück.
Aber erst viele Jahre später, nach dem Rücktritt von Kardinal Meisner
im Jahre 2014, wurde ich wieder zu einem Priesterkurs ins Erzbistum
Köln eingeladen. Auch das sagt viel über manche Mitarbeitende in diesem großen und reichen Erzbistum, das ich wegen sehr vieler toller
Frauen und Männer, Priester und Laien, überaus schätze.

Festgehalten werden muss allerdings auch: Die Karl-Rahner-Akade-
mie in Köln hat mir in dieser Zeit die Freundschaft nicht aufgekündigt.
Jedes Jahr bekam ich eine Einladung zu einem Vortrag. Der Kardinal hat
der Akademie wegen ihrer kritisch-loyalen Grundhaltung die diözesanen Zuschüsse gestrichen. Sie besteht aber als spendenfinanzierter eingetragener Verein weiter und steht für das freie Wort in der Kirche. Ich
zolle den Verantwortlichen der privaten Akademie meinen hohen Respekt, stellvertretend für viele stehen Heinrich Klauke, Rainer Nellessen
sowie Werner Holter SJ.

Pastorale Entwicklung Passau

Nun aber zum Anlass meiner ungewöhnlich heftigen Konfrontation mit
dem Passauer Bischof Wilhelm Schraml und indirekt mit Kardinal Joachim Meisner. Grund des öffentlichen Konflikts war der Passauer Pastoralplan. Ausgangspunkt für seine Entwicklung war die Überzeugung, die
auch Bischof Franz Xaver Eder teilte, dass die Kirche in einem epochalen
Umbau steht.[86] Das Konstantinische Zeitalter in seiner nachreformatori-

---

86 Zulehner, Paul M.: Kirche umbauen, nicht totsparen, Ostfildern 2004, 2009.

schen Gestalt ist definitiv zu Ende. Religion ist für die Menschen auch in der Diözese Passau nicht mehr »Schicksal«, sondern wird immer mehr zum Thema einer urpersönlichen »Wahl«. Das ist die bekannte Formel des international bekannten Religionssoziologen Peter L. Berger. Das Auslaufen der herkömmlichen Kirchengestalt zeigt sich an bekannten Krisensymptomen: Es gibt zu wenige Priester in den kleiner gewordenen Gottesdienstgemeinden; Austritte nehmen zu, das Geld nimmt ab; auch das kirchliche Engagement der jungen Menschen in der Diözese lässt nach.

Viele Diözesen in Mitteleuropa haben als Reaktion auf diese Umbauherausforderung begonnen, die Strukturen zu ändern. Orientiert an den sinkenden Priesterzahlen wurden immer größere pastorale Räume eingerichtet. Bichof Franz Xaver Eder wollte einen anderen Weg gehen. Zuerst sollte in einem »gut geleiteten synodalen«[87] Entwicklungsprozess geklärt werden, wohin der Weg des Bistums unter den heutigen Bedingungen führen soll. In überschaubaren und evaluierbaren Projekten sollten sodann einzelne Etappen auf diesem Weg umrissen werden und Schritt für Schritt angegangen werden. Erst dann sollten die Strukturen und Finanzen ihren visionären Projekten angepasst werden. Das alles wurde in einem knappen Dokument festgeschrieben und verbindlich als Passauer Pastoralplan vom Bischof zu Pfingsten 2000 im Hohen Dom zu Passau in Anwesenheit von Vertretern aus allen Pfarrgemeinden und Einrichtungen feierlich promulgiert.

Dieser Pastoralplan wurde in Rom »angezeigt«. Sieben (!) Kongregationen haben sich mit dem kompakten 36-seitigen Dokument beschäftigt. Der Chef der Bischofskongregation fasste die Beanstandungen der konsultierten Dikasterien summierend in einem Schreiben an Bischof Eder zusammen. Er forderte den Bischof auf, den Pastoralplan entweder zurückzunehmen oder die beanstandeten Textpassagen zu »korrigieren«. »Ich halte es jedoch für meine Pflicht, Sie zu bitten«, schrieb Kardinal Giovanni Battista Re an Bischof Franz,

»den ›Pastoralplan 2000‹ einer erneuten Prüfung zu unterziehen und Wege zu finden, um die notwendigen Verbesserungen anzubringen. Ich überlasse es Ihnen, Exzellenz, die geeignetste Weise herauszufinden, um dieser Bitte

87 Zur »geleiteten Synodalität« siehe Zulehner, Paul M: Rückbau der Beteiligungskirche. Eine pastorale Fehlentwicklung, in: Stimmen der Zeit 221 (2003), Heft 7, 435–448.

nachzukommen. Ich stelle es Ihrem Urteil anheim, ob dies nicht sinnvollerweise mittels Veröffentlichung einer klärenden Note geschehen sollte, die auch die Zurücknahme der diskutablen Teile des Dokumentes beinhaltet. Über eine Beruhigung der Gewissen vieler Gläubiger über Ihre Diözese hinaus, würden Sie, Exzellenz, auf diese Weise Ihrem Nachfolger einen wichtigen Dienst erweisen.«

Der Bischof wurde gebeten, »dieses Schreiben streng vertraulich zu behandeln«, woran Franz Xaver Eder sich konsequent hielt. Inzwischen liegt es im Archiv der Diözese und ruht dort für den Rest von 50 Jahren. Bekannt wurde, dass nach Meinung der Vatikanischen Gutachter beispielsweise zu selten das Wort »Oberhirte« vorkam. Außerdem wurde beanstandet, dass sich die Pastoral mit Geschiedenen, die wieder geheiratet haben, weniger sakramententheologisch um die »communio in sacris,« sondern mehr diakonal um die »communio in vita« kümmern sollte, also darum, wie sich nach der Scheidung wieder ein »Leben in Frieden« einstellen könne – denn dazu habe »Gott uns berufen« (1 Kor 7,15). Als wünschenswert wurde »eine der katholischen Ehetheologie angemessenere und weniger funktionalistische Sprache« erachtet. Der Wunsch, bei der Besetzung einer freien Pfarrstelle auch den Pfarrgemeinderat zu konsultieren, wurde als zu weitgehend befunden – solches, so die Kritiker aus Rom, sehe das Kirchenrecht nur ›gegebenenfalls‹ als Möglichkeit vor. Partizipation war unerwünscht. Es war den römischen Kritikern ein Dorn im Auge, dass der Pastoralplan selbst das Ergebnis einer breiten Beteiligung des Kirchenvolks ist. Dabei vermerken die Verantwortlichen rückblickend selbstkritisch, dass vor allem die Fakultät oder auch manche dem Prozess gegenüber skeptischen Pfarrer mehr hätten einbezogen werden müssen. Es wurde von Rom darauf hingewiesen, dass Subsidiarität nicht gegen das hierarchische Prinzip ausgespielt werden dürfe. Die Diözese sei kein »Server« für »pastorale Kleinstunternehmen« (Pfarreien): eine Bezeichnung, die als nicht besonders glücklich verworfen wurde, weil sie »zu einer Verdunkelung der übernatürlichen Wirklichkeit der Kirche Jesu Christi« führen könnte.

Den Pastoralplan jedoch als eine Art »Putsch der Laien« zu deuten, verfehlt dessen Anliegen. Das Ziel war, sich in konkreten Projekten der Vision einer Kirche zu nähern, die »Gott und den Menschen nahe« ist. Es gelte dazu, in Gott einzutauchen und von dort her bei den Menschen, vorrangig bei den Armen aufzutauchen. Es ist der Projektgruppe Pastorale Entwicklung unter der Leitung des herausragenden Organisationsentwicklers Helmut Höfl zu verdanken, dass dieser Text mit hoher Beteiligung aus dem Kirchenvolk gelungen und über weite Strecken in einer verständlichen Sprache abgefasst ist. Die letzte Verantwortung für den Pastoralplan lag aber in jeder Phase beim Bischof selbst, der sich zur Wahrnehmung seiner Bischöflichen Aufsicht eine Pastorale Arbeitskommission (PAKO) eingerichtet hatte, die unter seinem Vorsitz tagte.

Franziskus, nunmehr Bischof von Rom, hätte sicher Freude mit diesem Pastoralplan gehabt. Wer heute tief in die Diözese Passau hineinhorcht, wird nach wie vor den Geist des Pastoralplans spüren. Zwar wurde von der Kirchenleitung versucht, den Pastoralplan abzusetzen, aber all das hat ihn nicht gänzlich vernichtet. In den Herzen vieler ist er wie Glut unter der Asche lebendig. Nun brauchte es nach der winterlichen Schraml-Eiszeit bald einen »österlichen« Bischof, der Gottes Geist diese Glut wieder entfachen lässt und einen pastoralen Frühling erblühen macht. Die Zeit ist unter Franziskus dafür günstig. Wird der neue Bischof Stefan Oster die Wunden heilen können? Es ist der Diözese Passau von Herzen zu wünschen.

Gerne gebe ich zu, dass mich die Außerkraftsetzung des in vielen Monaten erarbeiteten, ja errungenen Pastoralplans sehr bewegt hat. Dass mich dieser kirchenpolitische Vorgang etwas anging, hat nicht nur damit zu tun, dass ich die Steuerungsgruppe um Helmut Höfl beraten habe. Ich tat dies noch auf der Basis des bis dahin bestehenden Arbeitsvertrags mit dem Seelsorgeamt. Als dies dem Bischof Wilhelm Schraml, der mir Einmischung vorwarf, mitgeteilt wurde, kündigte er umgehend den Vertrag.

Er nötigte den Ordinariatsrat, unter der Federführung meines langjährigen Freundes und Generalvikars Lorenz Hüttner, mir am 1. April 2003 einen Brief zu schreiben, in dem es unter anderem hieß:

»Akzeptieren Sie die Tatsache, dass Ihre Rolle im Prozess der pastoralen Entwicklung im Bistum Passau zu Ende ist, dass wir selbst durchaus in der Lage sind, das gute und von vielen Christinnen und Christen erarbeitete Leitbild des PPP 2000 in die Tat umzusetzen. Wir wollen das in vertrauensvoller Zusammenarbeit mit unserem Bischof Wilhelm Schraml tun, der sein Leitungsamt mit großer Gewissenhaftigkeit und im engen Kontakt mit den mitverantwortlichen Leitungsgremien ausübt und die Laien auch immer wieder zur Mitarbeit ermuntert.«

Alle Ordinariatsräte haben dieses abgepresste Schreiben unterzeichnet: Lorenz Hüttner, Erich Baumann, Alois Furtner, Hans Wagenhammer, Otto Mochti, Hans Kümmeringer, Josef Werkstetter, Michael Bär, Manfred Ertl, Josef Fischer, Max Bloch, Konrad Bürgermeister. Einige der Unterschreiber haben es später bereut, sich dem massiven Druck des Bischofs gebeugt zu haben und mir nach langen Jahren loyaler und engagierter Zusammenarbeit gleichsam die Freundschaft aufzukündigen. Ich trage es keinem von ihnen nach. Generalvikar Lorenz Hüttner und danach Generalvikar Otto Mochti sind bald von ihrem Amt zurückgetreten. Das Verhalten von Bischof Wilhelm Schraml gegenüber seinem Vorgänger war die Jahre hindurch demütigend – nach außen hin in schöne Worte gekleidet, nach innen aber kalt und unbrüderlich.

Bischof Franz Xaver Eder hat mir die ganze Zeit hindurch in aller herzlichen Diskretion die Treue gehalten. Als ich ihm zum goldenen Priesterjubiläum gratuliert habe, fügte er seinem Antwortschreiben im Juli 2007 eigenhändig hinzu:»Irgendwann zerbrechen offenkundig auch die dickwandigsten Krüge ...« Zu Weihnachten 2007 hat er seinen Wünschen den Satz angehängt:»Ich sage Dank für Dein treues Engagement für uns Passauer. Auch so ein Wettereinbruch hat einmal ein Ende; wir geben die Hoffnung nicht auf!« Er hat freilich dieses Ende nicht mehr erlebt. Am 20. Juni 2013 verließ er uns Menschen und wurde Gott ganz innig nahe. Papst Franziskus würdigte ihn als»Seelsorger des Ausgleichs und der Versöhnung«.

Den Unterzeichnern des befremdlichen Briefs aus dem Ordinariat Passau halte ich die Sorge um den Frieden im Bistum zugute. Dabei bleibt hier die Frage unerörtert, wo die wahre Ursache der Friedensstörung zu suchen war. Lag diese denn nicht im ekklesiologisch höchst fragwürdigen autoritären Eingreifen von außen in die Geschichte des Bistums Passau, das sich im Vertrauen auf den Heiligen Geist mutig auf den Weg gemacht hatte? Letztlich ging es um den pastoralen Kurs der Diözese unter den heutigen gesellschaftlichen und kulturellen Bedingungen. Die Diözese wollte mit modernen Menschen auf dem Weg sein, die auf Beteiligung großen Wert legen, die klerikales Gehabe im Namen Gottes ablehnen und die ein Anrecht auf eine verständliche Sprache erheben. Nicht wenige von ihnen leiden unter der kirchlichen Sprache, in der manchmal mit theologischen Worthülsen jongliert wird. Auch wird viel zu sehr vollmundig vom »lieben Gott« geredet, ohne Empfindsamkeit für das Meer von Leiden in der Welt, für Scheitern und Traurigkeit. Auch die begründete Skepsis moderner Zeitgenossen wird ignoriert. Das Programm des Pastoralplans ist nicht, wie zumeist in kirchlichen Dokumenten üblich, nach den »Grundfunktionen« Liturgia, Martyria und Diakonia (und manche fügen noch die Koinonia hinzu) strukturiert. Die Struktur bildet das Doppelgebot Jesu, Gott und den Nächsten wie sich selbst zu lieben. Mit dem Ratzinger-Schüler Hans Kümmeringer war um diese Strukturierung in einer engagierten theologischen Diskussion beim Verfassen des Textentwurfs für den Pastoralplan gerungen worden. Er konnte überzeugt werden. Das war das Leitbild, die leitende und bewegende Vision: Jene, die heute den Weg des Evangeliums gehen, sollen wie das gesamte Bistum »Gott und den Menschen nahe« sein. Die wohl wichtigste spirituelle und pastorale Passage im Pastoralplan lautet:

»Eine Kirche, die um sich selbst kreist und dabei Gott vergisst, wird leidunempfindlich. Wer hingegen in Gott eintaucht, taucht neben den Menschen auf. Dabei kann der Weg auch in die andere Richtung verlaufen: Wer den Menschen begegnet, findet in diesen auch Gott (Mt 25).«[88]

Das sind Sätze, die inzwischen Papst Franziskus in vielen Variationen gesprochen hat.

Als ich 2008 in Wien emeritiert wurde, hat mir der schon vor mir emeritierte Bischof Franz Xaver eigenhändig geschrieben. Es ist für mich ein berührender Text, weil er etwas von dem enthält, was in der Kirche eher rar ist – Dankbarkeit:

»Sehr verehrter Herr Professor, lieber Paul!
Mitte der Siebzigerjahre da saßen wir uns ein allererstes Mal gegenüber. Du warst gerade auf den neu errichteten Lehrstuhl für Pastoraltheologie berufen und offenbartest mir als dem Regens des Priesterseminars mit all Deiner überzeugungsstarken Eloquenz Deine Vorstellungen. Du standest vor einem

---

88   Passauer Pastoralplan 2000, 16.

dürftig bestellten Feld, selber aber voller Ideen und Tatendrang. Ich erhoffte mir in Dir einen Verbündeten in den sehr schwierig gewordenen Zeitverhältnissen der Priestererziehung. Du hast bei uns in Passau in jenen Jahren ein Dir und Deinem Temperament gemäßes Territorium gefunden, hast Unruhe und Unsicherheiten aufgefangen, Ungeduld und Zorn junger Gemüter umgeformt, die Horizonte aufgehellt und unseren Studierenden Ziele mit gangbaren Wegen aufgezeigt. Dabei hast Du weit über die Mauern der Hohen Schule ausgegriffen. Für unser ganzes Bistum warst Du in vielfältiger Weise wahrhaft ein Lehrer und zugleich rastloser Vorarbeiter. Du bist mir als Regens des Priesterseminars und dann als Bischof wichtig und bedeutsam geworden – und Du hast hier gefehlt, als Du in die Arme der altehrwürdigen Alma Mater aller Pastoraltheologie heimgekehrt bist! Jener Alma Mater, unter deren Errichtungsdekret Unterschrift und Sigillum eines Bischofs von Passau anhängen.

Du hast Dich in die pastorale Geschichte unseres heutigen Bistums eingebracht. Unser Passauer Pastoralplan 2000 »Gott und den Menschen nahe« ist von Deinem Wirken an unserer Fakultät schon vorbereitet gewesen und wäre ohne Dich nicht so, wie er ist, geworden. Deine Beratung und Begleitung hat uns auch durch die kritischen Tiefen, die mit einem solchen Entwicklungsprozess verbunden sind, hindurchgeholfen. All das blieb freilich auch an Dir nicht ohne seine Spuren. Wir haben Dir viel zu danken.

Und nun wirst Du ein »Emeritus«. Das Leben bleibt und gewinnt neue Farben. Und wie ich Dich kenne, wird dieser neue Lebensabschnitt in Dir nichts von Resignation beinhalten. Du bleibst ja, der Du geworden bist (– auch ein Stück vom alten Passau!).

Ich wünsche Dir in Dankbarkeit zu einer festen Gesundheit hinzu jenen Mut und jene Unverdrossenheit, wie ich sie an Dir immer erfahren habe ... Dein alter – Franz Eder!«

Beirat der deutschsprachigen PastoraltheologInnen

Während meiner Lehr- und Lernzeit in Passau trat ich dem Beirat der Konferenz der deutschsprachigen PastoraltheologInnen bei. Ihre Mitglieder kommen aus Deutschland, Österreich, den Niederlanden und der Schweiz.

Diese Konferenz war kurz vor der Ausrufung des Konzils 1960 gegründet worden. 1984 wurde sie als eingetragener Verein mit Statuten neu organisiert. Der Beirat hat einen Vorstand mit einem Vorsitzenden. Diese Aufgabe hatte ich als Nachfolger des Jesuiten Ludwig Bertsch zwei Amtsperioden inne. In der Amtszeit von Ludwig Bertsch waren in der Faszikelreihe »Pastorale« nach der »Würzburger Synode« wichtige pastorale Publikationen herausgegeben worden.[89] Ich lernte in diesen Jahren die Buntheit der deutschsprachigen Pastoraltheologien kennen.[90] Es gab selbst im Beirat Lagerbildungen, manchmal auch publikations- und resolutionslähmende Belagerungen. Eine kleine Gruppe zeigte sich als wohl organisiert und meldete sich wiederholt als Teilgruppe getrennt vom Gesamtbeirat zu Wort, wenn dieser ihre Positionen nicht mittrug. Dieser Fraktion gehörten an: Norbert Mette, Norbert Greinacher, Ottmar Fuchs, Hermann Steinkamp, manchmal mein Lehrer Rolf Zerfaß.

Diese Pastoraltheologen waren ihrer Selbstdefinition nach weniger kirchen-, denn Reich Gottes- und evangeliumsorientiert. Ihre große Sorge war, dass die Pastoraltheologie, die sich zu sehr mit der Kirche und der Meliorisierung ihrer Praxis beschäftige, lediglich dem Systemerhalt und der Selbstrekrutierung diene, was diese Gruppe wohl auch mir unausgesprochen unterstellte. Ihre Vertreter waren stark nach Lateinamerika orientiert und bezogen von den dortigen Basisgemeinden und den Theologen der Befreiung wertvolle Inspiration für die Pastoraltheologie in Deutschland.

Eine Mittelposition nahmen Ludwig Bertsch (1929–2006), Johannes B. Hirschmann (1908–1981) und der für die deutschsprachige Pastoraltheologie enorm wichtige Ferdinand Klostermann (1907–1982) ein.

Klostermann war, als ich den Vorsitz innehatte, am Lehrstuhl in Wien (1962–1977), wo auch Norbert Greinacher promovierte. Er war im Beraterteam als »peritus« von Kardinal König am Konzil dabei. Mit dem Werk »Prinzip Gemeinde«[91] fundierte er jene in der Praktischen Theolo-

---

89   Bertsch, Ludwig: Pastorale. Handreichung für den pastoralen Dienst, Mainz 1970. – Ders.: Pastorale 2. Handreichung für den pastoralen Dienst, Mainz 1974.

90   Wie schwierig, ja manchmal höchst ungerecht bei der hohen Originalität der einzelnen Persönlichkeiten solche Zuordnungen sind, zeigt die Habilitationsschrift von Nauer, Doris: Seelsorgekonzepte im Widerstreit. Ein Kompendium, Stuttgart/Berlin/Köln 2001. Ich selbst finde mich in ihrer Kategorisierung nicht wirklich wieder.

91   Klostermann, Ferdinand: Prinzip Gemeinde. Gemeinde als Prinzip des kirchlichen Lebens und der Pastoraltheologie als der Theologie dieses Lebens, Wien 1965.

gie des Protestantismus schon viel weiter gediehene Gemeindetheologie.[92] Klostermann war auch eine Art Vater der Katholischen Aktion.[93] Diese spielte in Österreich, wo anders als in Deutschland nach dem Krieg nicht die Verbände erneuert worden waren, eine wichtige Rolle in der Präsenz der Laien in Gesellschaft und Kirche. Derzeit ist die Katholische Aktion in einer Überlebenskrise. Es ist nicht sicher, ob es sie in der heutigen Form in wenigen Jahren noch geben wird. Das sind Zweifel, die schon unter Kardinal König gehegt worden waren.

Wichtig war dem Beirat nicht nur die Vernetzung der an akademischen Einrichtungen Tätigen. Pastoraltheologen wollen ja nicht nur die am Kommen des Reiches Gottes ausgerichtete Kirchen-Praxis analysieren, sondern auch, wie der Redemptorist, Psychologe und Pastoraltheologe in Innsbruck, Hermann Stenger, unentwegt mahnte, die kirchliche Praxis als Reich-Gottes-Praxis meliorisieren. Das verlangte nicht nur die Zusammenarbeit mit den Verantwortlichen für die pastorale Praxis, sondern auch ein gediegenes Kennenlernen ihrer Grundannahmen.

Mit meinem Freund und Kollegen Hermann Stenger war ich stets darum bemüht, »Rom verstehen zu lernen«. Das brachte uns bei anderen Kollegen, die »Rom« für hoffnungslos veraltet einschätzten, manchmal nur Kopfschütteln ein.

Ich erinnere mich, wie ich als Vorsitzender des Beirats und in dessen Auftrag einmal zu Kardinal Joseph Höffner nach Köln reiste. Dieser war damals Vorsitzender der Deutschen Bischofskonferenz. Ich sollte ihm vortragen, dass es der ausdrückliche Wunsch der in der Konferenz vernetzten Pastoraltheologen sei, formell mit einem Mitglied in der Pastoralkommission der Deutschen Bischofskonferenz vertreten zu sein. Ich hatte bei ihm freilich mit diesem Anliegen keinen Erfolg. Kardinal Höff-

---

92 Nach Auskunft mancher Designer des derzeitigen Kirchenumbaus sei inzwischen die Gemeinde am Ende. Den geistlichen Bewegungen (Movimenti) sowie freien Projekten gehörten die Zukunft, meinen manche. Die traditionelle Pfarrgemeinde hingegen sei out. Es sei kein Schaden, sie rechtlich aufzulösen und zu Filialgemeinden umzugestalten. Bucher, Rainer: ... wenn nichts bleibt, wie es war. Zur prekären Zukunft der katholischen Kirche, Würzburg 2012.

93 Klostermann, Ferdinand: Dekret über das Apostolat der Laien. Authentischer lateinischer Text der Acta Apostolicae Sedis, Münster 1967. – Ders.: Katholische Aktion nach Vatikanum II, in: Der Seelsorger: Zweimonatsschrift für Praxis und Theorie des kirchlichen Dienstes, 36 (1966), Heft 5.

ner sagte mir nur:»Wenn Pastoraltheologen dabei sind, dann wird alles so kompliziert.«

Immerhin gab es zur Bischofskonferenz eine gute Brücke. Anton Schütz (1930–2012), der langjährige Leiter der damals in Bonn angesiedelten Kirchlichen Zentralstelle für pastorale Grundfragen und Referent für pastorale Fragen im Bonner Sekretariat der Deutschen Bischofskonferenz Abteilung Pastoral, war als Mitglied des Beirats kooptiert worden. Dasselbe galt für den herausragenden Kirchenpolitiker Helmut Erharter vom renommierten Österreichischen Pastoralinstitut. Seine Stelle wurde anschließend mit Walter Krieger nachbesetzt. In seiner Zeit hat es, ganz anders als unter Helmut Erharter, noch nie einen Konflikt mit der Kirchenleitung gegeben.

Die vom Österreichischen Pastoralinstitut (ÖPI) veranstaltete Österreichische Pastoraltagung hat sich über die Jahrzehnte hinweg hervorragend bewährt. Wichtige Themen der Pastoral wurden und werden aufgegriffen und auf hohem Niveau diskutiert. Diese für Ausländer offene Österreichische Pastoralversammlung war vor allem in jener Zeit von Wichtigkeit, in der Osteuropa unter kommunistischer Herrschaft war. Es konnten dank persönlicher Einladungen und bereitgestellter finanzieller Mittel viele Laien und Priester aus den Kirchen dieser Länder teilnehmen. Zu den Konferenzen der deutschsprachigen Pastoraltheologen waren ebenfalls etliche Osteuropäer gekommen und wurden mit Stipendien unterstützt.

Auch die Konferenz der deutschsprachigen Pastoraltheologen veranstaltet alle zwei Jahre ein großes Symposium zu einem aktuellen Thema der pastoralen Theoriebildung oder der pastoralen Praxis. Das Highlight in meiner Zeit als Vorsitzender war ein aufschlussreiches Symposium mit Alfred Lorenzer vom Horkheimer-Lehrstuhl in Frankfurt. Dieser hatte 1981 das provokante Buch »Das Konzil der Buchhalter«[94] veröffentlicht. Den Kirchen, zumal der katholischen, warf er vor, das Menschheitsgemeingut der Rituale den Menschen mit dem Ziel der Vermittlung der eigenen Weltanschauung zu enteignen.»Pädagogisierung der Rituale« bezeichnete er diesen ritualzerstörenden Missbrauch. Da-

---

94 Lorenzer, Alfred: Das Konzil der Buchhalter. Die Zerstörung der Sinnlichkeit; eine Religionskritik, Frankfurt 1981.

bei machte er in seiner Kritik keinen Unterschied zwischen Johannes Paul II. und Hans Küng.

In der Tat: Kirchen sind von dieser Versuchung keineswegs frei, wie die anregenden Diskussionen mit dem Fachmann außerhalb des kirchlichen Feldes zeigten. Oft wird die Sakramentenvorbereitung als Bedingung für die Feier der Sakramente gefordert. Bei Nichtbestehen der erforderten Standards verweigern manche ein erbetenes Ritual. Das dürfe die Kirche nicht, mahnte Alfred Lorenzer, die Menschen vor ihr in Schutz nehmend. Denn diese seien in ihrem Leben dringend auf die tiefenwirksamen und vernetzenden Rituale angewiesen. Nicht das diskursive Wort, eher schon das präsentative, vor allem aber das wortlose Ritual an sich würde die unbewussten Schichten des Menschen erreichen und heilen. Zugleich schaffen Rituale Gemeinschaft.

Könnte es also nicht sein, dass gerade die absichtslose Feier von Sakramenten die beste Vermittlung des Evangeliums darstellt? Eine solche ginge in die Tiefe und würde faktisch auch in die kirchliche Gemeinschaft einbinden. Dann ginge es nicht in erster Linie darum, zur Erstkommunion oder Firmung gute Katechesen abzuhalten. Vielmehr bräuchte es in den Kirchengemeinden eine qualifiziert hochstehende Ritenkultur, ja geradezu eine absichtslose Ritendiakonie.[95]

Eine wichtige Stellungnahme des Beirats zu einer sensiblen pastoralen Sprachregelung ist mir lebendig in Erinnerung. Die Deutsche Bischofskonferenz hatte eingefordert, dass nichtordinierte kirchliche Mitarbeiter in der Seelsorge nicht den Titel »Seelsorgerin« oder »Seelsorger« führen dürfen. Allein Priester und Bischöfe dürften diesen Titel erhalten. Wir meinten damals im Beirat, dass dies eine unzulässige Klerikalisierung der Seelsorge und zugleich einen Rückfall vor das vertiefte Verständnis von Kirche und ihrem Tun auf dem Zweiten Konzil im Vatikan darstelle.

Seelsorge würden in einem weiten Sinn Eltern mit ihren Kindern ebenso machen wie Tischmütter bei der Erstkommunionvorbereitung. Seit der Einführung von PastoralassistentInnen und PastoralreferentInnen ging freilich in der deutschen Kirche die Sorge um, dass dadurch das Berufsprofil der Priester ausgedünnt werde. Der Priesterberuf erscheine

---

95 Zulehner, Paul M.: Ritendiakonie, in: Die diakonale Dimension der Liturgie, hg. v. Kranemann, Benedikt/Sternberg, Thomas/Zahner, Walter, Freiburg 2006, 271-283.

immer weniger jungen Menschen als attraktiv. Aber ist es nicht makaber, wenn eine dafür bestens ausgebildete junge Frau, amtlich mit Seelsorge betraut, im Einsatz bei den Verletzten, den Feuerwehrleuten und der Polizei – gefragt, wer sie sei – nicht sagen darf, dass sie die Notfallseelsorgerin der katholischen Kirche sei? Die evangelische Schwesternkirche hat dank eines anderen theologischen Pastorinnenbilds diese seltsam anmutende Sorge um das attraktive Berufsbild ihrer Pastorinnen nicht.

Zurück nach Wien

Nach zehn Jahren in Passau eröffnete sich die Möglichkeit, mich nach Wien heimzubewerben. Das hatte ich nach der Emeritierung von Ferdinand Klostermann schon einmal versucht. Damals kam ich aber nicht einmal auf die Liste. Die Begründung – Rudolf Weiler lässt grüßen: Ich sei doch »nur ein Soziologe«. Den Lehrstuhl übernahm Josef Müller, der zuerst die Berufungskommission geleitet hatte. Dann aber fand er, dass ihm ein Wechsel von der Religionspädagogik in die Pastoraltheologie seine »Heimberufungschancen« nach Freiburg erhöhen könnte, was schließlich auch der Fall war.

Nach Josef Müllers Berufung nach Freiburg wurde der Lehrstuhl neuerlich ausgeschrieben und ich bewarb mich wieder. Dieses Mal wählte ich für das Absenden der Bewerbung den letztmöglichen Poststempel, um die Zeit der neuerlich erwartbaren Intrigen zu verkürzen. Dennoch gab es sie. Der damalige Dekan Josef Lenzenweger rief noch in der Nacht einen Kollegen aus Österreich an, er solle sich bitte umgehend noch vor Mitternacht formlos für Wien bewerben, denn »sonst kommt Zulehner«. Als ich später Josef Lenzenweger einmal arglos fragte, was er denn gegen meine Berufung gehabt habe, fragte er nur aufgeregt zurück, wer mir das erzählt habe. Ich hatte meinem Informanten versprochen, es für mich zu behalten. Also bedeutete ich dem Kollegen Lenzenweger, dass ich es ihm leider nicht sagen könne, worauf er mir vor dem Eingang ins damalige Institutsgebäude am Schottenring 21 auf der Stelle das Du-Wort entzog. Kollegialität an einer Fakultät kann auch so aussehen!

Ich bin gern nach Wien zurückgegangen. Die Passauer Lehrzeit war für mich zwar höchst fruchtbar gewesen. Ich wollte nun aber das Gelernte an einer größeren Fakultät vielen Studierenden vermitteln. Auch war zu erwarten, dass unter den vielen Studierenden das Potenzial an herausragenden Nachwuchswissenschaftlerinnen und -wissenschaftlern größer war. Das war auch der Fall. Ich konnte eine beträchtliche Anzahl von Personen auf dem Weg zum Doktorat sowie zur Habilitation begleiten. In der Zeit von 1999 (seit diesem Jahr gibt es elektronische Aufzeichnungen) bis 2013 war ich bei 58 Promotionen Erstgutachter. Habilitiert haben in Wien unter meiner fachwissenschaftlichen Begleitung Andreas Heller, Christian Friesl, Isidor Baumgartner (Passau), Ernst Leuninger (Limburg), Stefan Knobloch (Passau-Mainz), Andras Mate-Toth (Szeged), Michael Fischer (Münster) und Oliva Wiebel-Fanderl (Passau). Auf dem Weg zur Lehrbefugnis sind derzeit Thomas Wienhart (Augsburg) und Klara Csiszar (Satu Mare). Die Habilitierten haben fast alle im akademischen Bereich Fuß gefasst.

In Wien kam ich an ein historisch einmaliges Institut. Es ist der weltälteste Lehrstuhl für Pastoraltheologie. 1774 war er von Kaiserin Maria-Theresia unter der Mithilfe von Franz Stephan Rautenstrauch (1734–1785) gegründet worden. Dieser war ein böhmischer Theologe, Kanonist und Abt vom Stift Břevnov und Broumov (Braunau). Die staatlichen »Religionsdiener«, so hießen die Priester in dieser staatsabsolutistischen und bibelfreien Zeit, sollten für ihren Dienst besser ausgebildet werden. Sie sollten die ihnen anvertraute Pfarre gut leiten können, sich um die Armen kümmern, Soldaten rekrutieren und den Bauern am Sonntag die Aufforderung zum Impfen der Kühe vermelden. Das erste Lehrbuch von Franz Giftschütz[96] erreichte viele Auflagen und war in der ganzen k. u. k. Monarchie verbreitet.

Das geschah mit meiner vierbändigen Pastoraltheologie nicht. Sie erreichte zwar zwei Auflagen, wurde ins Italienische übersetzt[97] und auch an anderen theologischen Einrichtungen im deutschsprachigen Raum

---

96   Giftschütz, Franz: Leitfaden für die in den K. K. Erblanden vorgeschriebenen deutschen Vorlesungen über die Pastoraltheologie, Wien 1785. – Pirich, Gustav: Franz Giftschütz (1748–1788) – der erste Wiener Pastoraltheologe; theologische Grundlinien in Leben und Werk unter dem Einfluß des Jansenismus, der katholischen Aufklärung und des Ultramontanismus, Würzburg 1992.

97   Pastorale fondamentale. La Chiesa fra vompitzo e attesa, Brescia 1993. – Pastorale della communità. Luoghi di prassi cristiana, Brescia 1993. – Passagi. Pastorale delle fasi della vita, Brescia 1993. – Futorolgie pastorale. La Chiesa in cammino verso la società di domani, Brescia 1993.

als Lehrbuch herangezogen. Antiquarisch haben die inzwischen vergriffenen vier Bände Kultwert erhalten. Entstanden ist dieses Werk aus den Vorlesungen über vier Semester. Die Assistenten am Institut wirkten an einzelnen Bänden maßgeblich mit: Hannes Gönner, Johannes Haas, Andreas Heller, Rupert Stadler und Maria Widl waren Koautorinnen und Koautoren.[98]

Kirchenumbau

Vom Institut aus beteiligten wir uns in den turbulenten Jahren der Kirche in Österreich analytisch an wichtigen kirchenpolitischen Ereignissen.

Als in Gmunden 1996 eine *Ökumenische Frauensynode* stattfand, führten dort engagierte Frauen unter der Leitung der Assistentin Veronika Prüller-Jagenteufel zusammen mit anderen Feministinnen im Umkreis des Instituts eine viel beachtete Begleitstudie durch, die als AfkS-Dossier erschienen ist.[99] Das sind thesenhaft wichtige Erkenntnisse der Studie:

»Das Hauptthema der Diskussionen ist der Abschied von der traditionellen Frauenrolle bei antiautoritären und höher gebildeten Frauen. – Der Abschied wird eher revolutionär denn reformerisch gesucht. – Das geschieht unter den Untersuchten auf der Basis einer hohen religiösen Selbsteinschätzung. – Diese Religiosität tendiert vom ausformulierten Christlichen zu einer feministisch-esoterischen Spiritualität. – Die niedrigen Korrelationen verweisen auf eine relativ hohe Einheitlichkeit der befragten Gruppe.«

Veronika Prüller-Jagenteufel machte nach ihrem Ausscheiden aus dem Institut Karriere als Chefredakteurin der Zeitschrift Diakonia. Danach

---

98 Zulehner, Paul M./Haas, Johannes/Stadler, Rupert/Widl, Maria: Fundamentalpastoral. Kirche zwischen Auftrag und Erwartung, Düsseldorf 1989. – Zulehner, Paul M.: Gemeindepastoral. Orte christlicher Praxis, Düsseldorf 1989. – Zulehner, Paul M./Heller, Andreas: Übergänge, Düsseldorf 1990. – Zulehner, Paul M. zusammen mit Haas, Johannes/Heller, Andreas/Stadler, Rupert/Widl, Maria K.: Pastorale Futurologie, Düsseldorf 1990.

99 Prüller-Jagenteufel, Veronika: Frauen, Kirche, Feminismus. Die Teilnehmerinnen der Ersten Europäischen Frauensynode als Avantgarde kirchlicher und gesellschaftlicher Erneuerung, Graz 1998.

vertraute ihr Erzbischof Kardinal Schönborn das Pastoralamt in Wien an. Derzeit wirkt sie federführend an einer tiefgreifenden Reform der diözesanen Strukturen mit. Von den 660 Pfarren der Erzdiözese sollen dem Vernehmen nach etwa 500 aufgelöst werden. Im Raum der »(Groß-) Pfarre neu«, in dem ein zentrales Priesterteam wirken und eine zentrale Eucharistie verbindlich gefeiert werden wird, sollen die bisherigen Pfarrgemeinden als Filialgemeinden weiter bestehen und wirken. Die Leitung sollen ehrenamtliche Laien übernehmen. Zugleich sollen neue Gemeinschaften gegründet und gemeinsame pastorale Projekte entworfen und durchgeführt werden. Ein missionarischer Ruck werde, so die Vision, durch das Erzbistum gehen. Struktureller Umbau soll die Vision »Apostelgeschichte 2010« unterstützen.

Es ist bewundernswert, mit welcher Standfestigkeit die vom Kardinal eingesetzte Steuerungsgruppe mit den Widerständen umgeht, auf Kritik unterschiedlich reagiert und zielsicher die Leitungs-Zügel mit dem Ziel erhöhter Akzeptanz der ungeliebten Reform locker lässt. Dass eine solche Reform auch gewichtige Anfragen verursacht, überrascht nicht. In einer für die Steuerungsgruppe nicht gerade erfreulichen Online-Umfrage in der Erzdiözese habe ich solche Bedenken ans Licht gehoben. In der Steuerungsgruppe wurden mir 25 Minuten eingeräumt, um über die Ergebnisse zu berichten. Ernsthaft diskutiert wurde nicht. Ich hatte beim Gehen das Gefühl, »man wollte es und nicht mich hinter sich bringen«. Verstehen kann ich dieses Vorgehen, denn ich hatte von den Ergebnissen dem Herrn Kardinal als Erstem Mitteilung gemacht und dieser hat mich dann für die nächste Sitzung der Steuerungsgruppe auf deren Programm gesetzt. Nicht die Gruppe hatte mich also eingeladen, sondern Eminenz hatte mich auf die Tagesordnung gesetzt.

Das sind nun gewichtige pastoraltheologische Fragen, welche sich auf die erhobene Meinungslage stützen: Werden die vielen bislang selbstständigen Pfarren, unter denen durchaus viele lebensfähige sind, nicht doch deshalb aufgelöst, damit sie keinen Rechtsanspruch auf einen eigenen Pfarrer, auf eigene Finanzen und nicht zuletzt auf eine eigene sonntäglich Eucharistiefeier erheben? Liegt das Ziel der »Entpfarrlichung« (»Entparochialisierung«) der bisherigen Pfarreien nicht allein darin, Laien ohne kirchenrechtliche Bedenken in die Leitung der neuen »Filialgemeinden« einsetzen zu können? Weitergefragt: Was bedeutet es dann amtstheologisch, wenn Laien die Leitung von Gemeinden übernehmen?

Wird dadurch bei ihnen nicht ein »Weihemangel« erzeugt? Wenn nicht: Wird auf diese Weise nicht das Amt in gläubigen Gemeinden letztlich überflüssig oder auf »Sakramentenspendung« reduziert? Natürlich leiten einige Pfarrer eine Pfarre, aber diese sind dann eher so etwas wie Minibischöfe mit einem Presbyterium aus weiteren hochqualifizierten Hauptamtlichen sowie kostensparenden erfahrenen Ehrenamtlichen. Manchen Mitgliedern dieser neuen pfarrlichen Presbyterien schmeckt dieser Vorgang auch deshalb nicht, weil sie aus eigenständigen Pfarrern zu weisungsgebundenen »Hilfspfarrern« zurückgestuft werden. Das Beispiel aus anderen Diözesen lehrt zudem, dass für die Leitung derart großer pastoraler Einheiten nicht ausreichend viele qualifizierte Priester zur Verfügung stehen. Waren doch die Priester für Seelsorge und nicht als Führungskräfte für »pastorale Mittelbetriebe« ausgebildet worden.

Um nicht missverstanden zu werden: Ich bin kein Freund des »Campanilismo«, wie die italienischen Pastoraltheologen sagen, und lehne mit Klostermann einen antiquierten »Parochialismus« ab, der nicht über den Kirchturm hinauszuschauen vermag. Es gibt zweifellos pastorale Aufgaben und auch Milieus, die nach einer pfarrübergreifenden Zusammenarbeit verlangen – in der Bildungsarbeit, in der Sorge um die Armen, bei der Qualifizierung der Mitwirkenden, in der Jugendarbeit. Zusammenarbeit ist aber auch dann möglich, wenn die Pfarreien nicht aufgelöst werden.

Das Fragen geht aber noch tiefer: Ist es wirklich zukunftsträchtig, den Kirchenumbau »im vorgegebenen Rahmen« zu betreiben, statt weltkirchlich auch über die »Reform des Rahmens selbst« nachzudenken? Diese Frage ist umso spannender, weil es aus Rom Signale gibt, dass über eine Reform des Rahmens durchaus geredet werden könne. Ist es nicht ein schweres Unrecht, wenn gläubigen Gemeinden in ihrer Gemeinschaft vor Ort die Feier die sonntägliche Eucharistiefeier vorenthalten wird, um den Zölibat der katholischen Weltpriester zu »retten«?

Der Hinweis darauf, die heutigen Gemeinde seien zu kleine Gemeinschaften und die Mitglieder könnten zudem leicht zur zentralen Eucharistiefeier fahren, überzeugt nicht: Auch die Gemeinden der neutestamentlichen Frühzeit in Korinth, Ephesus, Philippi oder in Rom waren nicht größer als Menschen in ein damaliges Haus oder in die engen Nischen der römischen Katakomben passten.

Mutige, theologisch gut gebildete Gemeinden wissen inzwischen, dass es in Zeiten des Kirchenlehrers Tertullian in Nordafrika um 209 selbstverständlich war, dass zum »offerre et tinquere« (taufen und Eucharistie feiern) jemand aus der Gemeinde genommen wurde, falls die kirchliche Autorität keinen Ordinierten zugewiesen hat.[100] Die Begründung des Kirchenlehrers: Ihr seid doch alle priesterlich. Können also Kirchenmitglieder in einem Einzelfall amtlich handeln, ohne auf Dauer bestellte Amtsträger zu sein oder werden zu müssen? Bei der Taufe ist das bis heute kirchenrechtlich verbürgt. Warum nicht auch bei der Feier der Eucharistie, fragen manche angesichts der Hilflosigkeit der Kirchenleitung, für die gläubigen Gemeinden ausreichend viele Personen zu ordinieren. Manche lokal Verantwortlichen haben allerdings auch in dieser Hinsicht bereits aufgehört zu fragen: sie handeln. Ich kenne christliche Gemeinschaften in Pfarren der Erzdiözese Wien, in denen für gewöhnlich der Pfarrer der Eucharistiefeier vorsteht. Wenn er aber verhindert ist, übernimmt (»nichtamtlich«) den Vorsitz ein dafür vorzüglich vorbereiteter »Laie«. Es ist wie bei einer »Ehe ohne Trauschein«. Diese ist, so spekulierte einmal Joseph Ratzinger, »theologisch nicht nichts«. Dasselbe gilt, wenn Laien ohne anwesenden Ordinierten »Herrenmahl« feiern, also tun, was Jesus uns zu tun aufgetragen hat. Aber kann eine untätige Kirchenleitung eine solche Entwicklung wirklich wollen?

Fritz Lobinger

Fritz Lobinger war als »Fidei-Donum-Priester« aus Regensburg nach Südafrika gegangen und ist dort Bischof geworden. Zuvor hatte er im bekannten LUMKO-Pastoralinstitut an der Entwicklung des Bibelteilens maßgeblich mitgewirkt. Bischof Lobinger hat nicht nur im Pastora-

---

100 »Nonne et laici sacerdotes sumus? scriptum est: regnum quoque nos et sacerdotes deo et patri suo fecit. Differentiam inter ordinem et plebem constituit ecclesiae auctoritas et honor per ordinis consessum sancitifcatus a deo. Ubi ecclesiastici ordinis non est consessus, et offers et tinguis et sacerdos es tibi solus; scilicet ubi tres, ecclesia est, licet laici.« (Sind nicht auch wir Laien Priester? Es steht geschrieben: ›Er hat uns zu Königen gemacht und zu Priestern für Gott und seinen Vater.‹ Den Unterschied zwischen Priesterstand und Laien hat die Autorität der Kirche festgesetzt und die von Gott geheiligte Rangstellung im Kreise der Kleriker. Wo kein kirchlicher Stand eingerichtet ist, da bringst du das heilige Opfer dar und spendest die Taufe und bist für dich allein Priester; selbstverständlich ist da eine Kirche, wo drei beisammen sind, mögen sie auch Laien sein.) Tertullian: De exhortatione castitatis, 7.3.

linstitut, sondern danach auch in seiner Diözese Aliwal sehr viel für die Gemeindeentwicklung getan. Ähnlich wie der Erzbischof Albert Rouet aus Poitiers[101] hat er Laien ermutigt, gläubige Netzwerke zu bilden, in denen drei Ehrenamtliche die wichtigen Dienste erfüllen. In diesen *communautés locales* wurde im secteur zusätzlich eine Person für die Finanzen und eine für die Leitung gewählt. Albert Rouet hat an dieser Stelle seine innovative Entwicklung gestoppt. Ein beim Bischof wohnender Priester wird nach der Anerkennung lebensfähiger Lokalgemeinden einem solchen »secteur« zur Feier der Sakramente, zumal der zentralen Eucharistie im »secteur« zugeordnet. Es ist das Konzept, das letztlich auch die Steuerungsgruppe in Wien verfolgt.

Fritz Lobinger geht einen Schritt weiter. In Zusammenarbeit mit dem Dogmatiker Peter Neuner und mir hat er diese Idee auf den dogmatischen und pastoraltheologischen Prüfstand gestellt.[102] Dabei haben sich keinerlei (pastoral)theologische Bedenken gezeigt, die gegen eine Realisierung sprechen könnten. Bischof Fritz Lobinger schlägt vor, in lebensfähigen gläubigen Gemeinden, die alle erforderlichen Dienste über fünf Jahre zufriedenstellend in Eigenverantwortung erfüllen, eine Handvoll »gemeindeerfahrener Personen« wählen zu lassen. Diese sollten, wenn nötig berufsbegleitend, ausgebildet und vom Bischof in ein »Team of Elders«[103], ein »Ältestenteam« geweiht werden.

Die Weihe von verheirateten Pastoralassistenten oder auch von Diakonen und in diesem Sinn von »viri probati«, also Ehe-bewährten Personen, unterstützt Bischof Lobinger nicht. Er hat die Sorge, dass sich in den Gemeinden das verlängert, was vielfach beobachtet wird: dass die Hauptamtlichen die Priesterkirche lediglich in eine Expertenkirche[104] transformieren, nicht aber in eine wirkliche »Kirche des Volkes im Volk«. Die Kirche sei aber kein Dienstleistungsbetrieb, sondern eine Gemeinschaft, die Dienste leistet. Bischof Lobinger geht es daher um

101 Feiter, Reinhard/Müller, Hadwig: Was wird jetzt aus uns, Herr Bischof? Ermutigende Erfahrungen der Gemeindebildung in Poitiers, Ostfildern 2010.

102 Lobinger, Fritz: Wie Gemeinden Priester finden. Ein Weg aus dem Pfarrermangel, Graz 1998. – Zulehner, Paul M./Lobinger, Fritz: Um der Menschen und der Gemeinden willen. Plädoyer zur Entlastung von Priestern; weitere Folgerungen aus der Studie Priester 2000, Ostfildern 2002.

103 Lobinger, Fritz: Teams of Elders. Moving beyond Viri Probati, Quezon City 2007.

104 Diese Kritik wurde im Gesundheitsbereich laut, Illich, Ivan: Entmündigung durch Experten. Zur Kritik der Dienstleistungsberufe, Reinbek bei Hamburg 1979.

Priester(teams), die aus den Gemeinden kommen und nicht in die Gemeinden geschickt werden. Er findet auch das Ersetzen einheimischer Priester durch Priester aus Afrika oder Kerala nicht zielführend.

Ich hatte diesen Vorschlag von Bischof Lobinger für Kardinal Christoph Schönborn auf einer Seite zusammengefasst. Er war auf dem Sprung nach Rom zu einer Privataudienz bei seinem Freund Benedikt XVI. Mein Vorschlag: Er sollte vom Papst die Erlaubnis erbitten, in drei kleineren Gemeinden im Weinviertel zusammen mit den Gemeindemitgliedern solche gemeindeerfahrenen Personen aufzuspüren und auszuwählen, dann drei Jahre lang auszubilden (Josef Weismayer und ich haben dazu einen Vorschlag ausgearbeitet und publiziert[105]) und schließlich in ein Priesterteam zu weihen. Ein eheloser, akademisch ausgebildeter und zudem supervisorisch versierter Priester soll für die Unterstützung dieser drei Teams sorgen. Der Vatikan solle eine Kommission einrichten, um das Projekt zu begleiten und nach zehn Jahren unabhängig zu evaluieren.

Zehn Jahre seien vorzusehen: Im ersten Jahr sollten die Personen unter breiter Beteiligung der (Pfarr-)Gemeinden gefunden werden; dann kämen drei Jahre Ausbildung; schließlich fünf Jahre Praxis. Dann lägen ausreichend viele Erfahrungen für eine gediegene Evaluierung vor. Der Weltkirche stünde auf diese Weise eine Alternative zum derzeitigen Priestermangel zur Verfügung und sie könne dann auf einer Bischofssynode erfahrungsgestützt entscheiden.

Als Kardinal Schönborn aus Rom zurückkam, erzählte er mir zunächst zufrieden, dass er von Papst Benedikt XVI. für die verwaiste Diözese Linz einen neuen Bischof zugesagt bekommen habe. Es war der Salesianer Ludwig Schwarz, der sich in Gymnasien Verdienste erworben und dann Weihbischof in Wien geworden war. Der Rücktritt des wunderbaren Bischofs Maximilian Aichern war zuvor umgehend (!) angenommen worden. Kardinal Schönborn wollte einen Mann seines Vertrauens nach Linz setzen. Denn diese Diözese fuhr in liturgischen Fragen, hinsichtlich der Leitung von Pfarrgemeinden durch Teams und Laien, auch bei der Ausweitung des Aufgabenkatalogs von LaientheologInnen einen überaus offenen Kurs. Innerdiözesan polarisierte dieser Kurs mächtig und führte zu einer Flut theologisch unwürdiger Anzei-

---

105 Zulehner, Paul M./Lobinger, Fritz/Neuner, Peter: Leutepriester in lebendigen Gemeinden. Ein Plädoyer für gemeindliche Presbyterien, Ostfildern 2003.

gen nach Rom. Im »Linzer Priesterkreis« formierte sich konservativ-re-aktionärer Widerstand. Ein führender Kopf der Gegner des Bischofs Maximilian war der Pfarrer von Windischgarsten Gerhard Maria Wagner. Dieser war an den Gremien vorbei zum Weihbischof ernannt worden. Umgehend erhob sich heftiger Protest im Kirchenvolk bis hin zur Dechantenkonferenz, die ihn aufforderte, um des diözesanen Friedens willen das Amt nicht anzunehmen. Überraschend hat dann Rom ihn gebeten, von sich aus die Ernennung abzulehnen.

Pfarrer Wagner hatte Positionen vertreten, die theologisch nur Kopfschütteln verursachen. So schrieb er in der Weihnachtsnummer 2009 des Windischgarstner Pfarrblatts in einem Beitrag über »Genderismus«, in dem er feministische Positionen als Aufstand gegen Gott einstufte:

»Doch Gott ist nicht unsere Mutter! Er ist männlich. Jesus war ein Mann und seine 12 Jünger waren Männer. Die Bibel ist von Männern geschrieben, und die Priester sind Männer. Das soll natürlich nicht heißen, dass die unzähligen frommen und engagierten Frauen, die Christus treu gedient haben, weniger wichtig sind. Doch Gott delegiert seine Autorität an Männer, und Männer sind dazu bestimmt, die Last, das Opfer und die Verantwortung dieser Bestimmung zu tragen. Letztlich ist es ein Aufstand gegen Gott.«[106]

Gerhard Maria Wagner ist nicht Weihbischof geworden. Manche freuten sich über den Erfolg des Widerstands. Letztlich aber hat er sich selbst – wie aus verlässlichen Quellen bekannt wurde – aus dem Rennen geworfen.

Nachdem mich also Kardinal Schönborn über den vom Papst zugesagten neuen Bischof für Linz berichtet hatte, fragte ich ihn: »Und haben wir die Erlaubnis für Priester anderer Art aus den Gemeinden«? Er darauf: »Ich hab's nicht mitgenommen. Es war zu früh.« Ich darauf: »Eminenz, vielleicht ist es zu spät.«

Einige Zeit später – es war schon unter Papst Franziskus – vermerkte der Kardinal mit Blick auf diese Zeit: Angesichts des päpstlichen Anliegens einer »Dezentralisierung« der Kirche und einer Stärkung der ortskirchlichen Eigenverantwortung sei er bislang in Rom zu zaghaft aufgetreten. Wörtlich gestand er ein: »Da schlage ich an meine Bischofsbrust:

Wir haben uns sicher zu wenig getraut, auch zu sagen, was unsere Situation erfordert und wie wir die Dinge sehen.«[107] Kurz davor hatte er bereits vermerkt:»Die Reform von oben war schneller als wir.«[108] Es ist erstaunlich, wie Papst Franziskus viele Bischöfe links überholt.

Kirchenvolks-Begehren

Enorme mediale Unterstützung hatte 1995 das Kirchenvolksbegehren gefunden. Die fatale Behandlung der Missbrauchsgeschichte durch Kardinal Hans Hermann Groër hatte das Kirchenvolk in hellen Aufruhr versetzt. Thomas Plankensteiner nutzte die aufgeheizte Stimmung und startete mit Freundinnen und Freunden eine österreichweite Unterschriftenaktion mit Forderungen nach einer tiefgreifenden Kirchenreform. Die gewichtigen Irritationen, welche die Kirche nicht nur bei externen Skeptikern, sondern auch bei Insidern verursachte, sollten überwunden werden. So wurde in einer Handvoll Forderungen, die man durch die Unterschrift unterstützen konnte, beklagt, dass die Kirche sexualneurotisch, frauenfeindlich, undemokratisch, vormodern, also reformbedürftig sei. Nicht die erwarteten 200 000 Unterschriften kamen zusammen, nein, eine halbe Million Menschen haben unterschrieben.

Kurz bevor das Begehren»ins Feld« ging, hatte mich Thomas Plankensteiner angerufen und gefragt, ob ich bereit sei, in das Unterstützungskomitee zu gehen. Ich fragte:»Welche Strategie verfolgt die Aktion? Was ist ihr Ziel? Wie sieht der Reformweg aus? Konkret: Was wird mit den erhofften Unterschriften geschehen?« Plankensteiner sagte:»Darum soll sich die Katholische Aktion kümmern.« Gespräche mit dieser waren aber nicht erfolgreich verlaufen. Unter diesen Umständen war ich nicht bereit, mich mit dem Institut für Pastoraltheologie ins Proponentenkomitee aufnehmen zu lassen.

Kurz vor dem Start des Kirchenvolks-Begehrens in England beklagte ich im englischen Tablet[109] das Fehlen einer solchen zielführenden Strategie.

---

107   Kardinal Schönborn im Gespräch mit Peter Huemer am 19.1.2014. http://www.erzdioezese-wien.at/site/home/nachrichten/article/33388.html (Zugriff 1.2.2014)
108   Kurier, 8.11.2013.
109   Zulehner, Paul M.: Austria's naive reformers, in: The Tablet, 23 November 1996, London (1996), 1534f.

Umgehend bekam ich von Rudolf Schermanns »Kirche intern«, einer lokalen österreichischen Reformzeitschrift, sowie vom deutschen Publik-Forum heftige Kritik, und dies in bedrohlichen Worten: »Sehr geehrter Herr Professor, unsere Redaktion ist entsetzt über Ihren Tablet-Artikel. Sie beschädigen Ihr Ansehen massiv. Da kommt was auf Sie zu – lassen Sie uns telefonieren. Seiterich-Kreuzkamp«[110].

Auch Hans Küng schrieb mir, was ich als weiteren Beleg dafür ansehe, wie sehr ich mich in der offensiven Mitte der Kirche aufhalte, weil ich nicht nur von rechts, sondern auch von links angegriffen wurde.

Hans Küng

Als junger Theologe habe ich Hans Küng geschätzt. Sein Bestseller »Christ sein«[111] war für uns ein begierig gelesenes Buch. Nach und nach, vor allem in Begegnungen mit Johann B. Metz, wurde mir freilich klar, wo Hans Küng theologiegeschichtlich steht. Er gehört zur liberalen Achtundsechzigergeneration. Keine Chance zur ätzenden Kritik des Vatikanischen Establishments, das ihn gewiss unter fragwürdigen Bedingungen wegen seiner Positionen zur päpstlichen Unfehlbarkeit aus dem Amt als Theologieprofessor entfernt hatte, ließ er verstreichen. Vor die Wahl gestellt, eine globale Ethik wie Hans Küng nach der flexiblen Goldenen Regel oder gestützt auf die Autorität der Leidenden aufzubauen, finde ich mich eindeutig im Denkraum meines Freundes Johann Baptist Metz wieder. Hans Küng hat zwar im Laufe der Jahre seiner liberalen Theologie einige befreiungstheologische Themen lose »angefügt«. Theo-

---

110 Fax aus der Redaktion des Publik-Forums vom 29.11.1996.
111 Küng, Hans: Christ sein, München u. a. 1974. – Ders.: 20 Thesen zum Christsein, 1975.

logisch integriert erlebe ich aber diese Optionen nicht. Dass er von der liberalen deutschen FDP eine Ehrung angenommen hat, zeigt, wo er politisch steht. Er ist gern gesehener Gast bei den Mächtigen der Finanzwirtschaft und des Militärs. Was er wohl von *Evangelii Gaudium* und dessen scharfer Kapitalismuskritik hält, wo es beispielsweise lapidar heißt:»Diese Wirtschaft tötet« (EG 53)? Wie geht es Hans Küng, wenn der Papst von einer»Wirtschaft ohne Gesicht und ohne ein wirklich menschliches Ziel« (EG 55) spricht? Wie steht er zur Aussage:»Solange die Probleme der Armen nicht von der Wurzel her gelöst werden, indem man auf die absolute Autonomie der Märkte und der Finanzspekulation verzichtet und die strukturellen Ursachen der Ungleichverteilung der Einkünfte in Angriff nimmt, werden sich die Probleme der Welt nicht lösen und kann letztlich überhaupt kein Problem gelöst werden.« (EG 202)

Der Brief von Hans Küng zu meinem Beitrag im Tablet liegt auf dieser liberal-kritischen Linie. Hier sein Brief vom 12. Dezember 1995:

Lieber Herr Zulehner,

soviel ich weiß, haben wir uns persönlich nie getroffen. Ich habe aber ihre Tätigkeit sehr wohl beobachtet, und mich jedes Mal gefreut, wenn Sie konstruktive Lösungen für die gegenwärtige Krise der katholischen Kirche beisteuerten. Ihre Einstellung scheint sich aber im Laufe der letzten Jahre immer mehr gewandelt zu haben und vor allem im Zusammenhang mit dem in Ihrem Lande aufgebrochenen KirchenVolksbegehren – eine der erfreulichsten Initiativen in der winterlichen Kirche heute – haben Sie nicht nur Kritik angemeldet, was selbstverständlich jeder tun kann, sondern haben auch eine konservative Gegenbewegung inszenieren wollen, die meines Wissens nach nur klägliche Resultate hervorgebracht hat.

Nun aber lese ich als Abonnent des ›Tablet‹ Ihren neuesten Bericht über das KirchenVolksbegehren in Österreich, und dazu kann ich nur kurz feststellen, dass diese Darstellung und Bewertung der Vorgänge in Österreich tendenziös und ungerecht ist und etwas von jener selbstgerechten Arroganz spüren lässt, die sonst nur bestimmten kirchlichen Verlautbarungen vorgeworfen wird. Das erstaunt mich doch nun sehr, und ich frage mich, welches eigentlich Ihre Motivationen sind. Es wird Ihnen zu Recht oder zu Unrecht zugeschrieben, dass Sie für das Bischofsamt vorgesehen sind. Das weiß ich selbstverständlich nicht, und ich möchte darüber auch nicht spekulieren.

Tatsache ist, dass sich auch schon andere Theologieprofessoren bekannten Namens rechtzeitig sich in ähnlicher Form für die Hierarchie ›bewährt‹ haben. Wie immer: Sollten Sie mit Ihrer Agitation fortfahren (leider kann ich das nicht anders nennen), so werden Sie sich nur damit nicht nur unter kritischen, sondern auch unter durchaus gemäßigten Theologen isolieren. Das möchte ich Ihnen nicht wünschen, und deshalb hab ich Ihnen diesen Brief ohne Arg, aber doch als ›correctio fraterna‹ geschrieben. Vielleicht ist es für Sie eine Gelegenheit zur (jederzeit willkommenen) Kontaktaufnahme. Mit guten Wünschen für die Adventszeit und freundlichen Grüßen,

Ihr Hans Küng

Und das war meine Antwort vom 16. Dezember 1996 auf sein Schreiben:

Sehr geschätzter Herr Kollege Küng!

Ihr mahnender Brief ist bei mir gut angekommen und auch aufgenommen worden. Er hat mir Ihre Informationskanäle offengelegt. Dafür habe ich Verständnis. Daß Sie sich freilich den untergriffigen Argumenten (wie »will Bischof werden« und versucht, sich auf konservativem Wege zu »bewähren«) anschließen, finde ich bedauerlich. Ich bitte Sie, dies auch aus nunmehr besserem Wissen zu unterlassen und auch anderswo solchem üblen Reden entgegenzutreten. Ihr Satz »Es wird Ihnen zu Recht oder zu Unrecht zugeschrieben« und »daß sie vorgesehen sind« (von wem?), hätte Ihrerseits zumindest der Klärung bedurft. Sie haben ja meine Adresse (und nun auch meine Telefon- und Fax-Nummer): Warum dann die Anschuldigung, die Sie mit der rhetorischen Floskel »Das weiß ich nicht, und ich möchte darüber auch nicht spekulieren« nicht entkräften. Ihre weitere Argumentation baut zudem auf dieser perfiden Unterstellung auf. Sicherlich gehöre ich nicht zu jenen, welche die Kirchenleitung »apriori« für untauglich ansehen. Ich bin in der Tat bemüht, eine rationale Gesprächsbasis zu den Bischöfen zu unterhalten und notfalls auch zu schaffen. Auch Bischöfe gehören für mich zum laós. Ohne sie bleibt auch ein KVB letztlich reformuntauglich. Dabei finde ich mich wieder in der Schule meines hochverehrten Lehrers Karl Rahner und seiner kritischen Loyalität zur Kirche. Dafür von Ihnen eine Rüge zu erhalten, enttäuscht mich nicht wenig.

Schade finde ich auch, daß Sie (wie auch Frau Hardt in ihrem Leserbrief im Tablet) die Aufbruchsbewegung junger Menschen in der Oststeiermark (»Weizer Pfingstvision«) völlig uninformiert

155

- erstens als eine »konservative Gegenbewegung« abqualifizieren (dann ist auch das KVB konservativ, weil es in den strukturellen Reformwünschen nahezu identisch ist),

- zweitens sie dann auf meine Person umbuchen (die Aufbruchsbewegung gibt es seit 1989; ich bin weder Gründer noch Leiter, sondern habe lediglich – wie auch andere – dreimal bei den Pfingsttreffen gepredigt und die engagierten jungen Leute bei der Formulierung ihrer eigenen Kirchenvision kritisch begleitet – ein Normalgeschäft für einen Theologen, der nicht nur erklärt, sondern auch an faktischen Veränderungen mitarbeitet) und

- drittens, wiederum wider alle Fakten, als »gescheitert« einschätzen. Wie man nur gegen alle Realitäten anreden kann, wenn nicht sein darf, was nicht sein kann.

Und schließlich meine Auseinandersetzungen mit dem Weg des KVBs. Ich habe nie Zweifel daran gelassen, daß ich für Reformen der Kirche optiere, vielleicht ein wenig mehr in der Art von Metz. Mag sein. Wogegen aber ich von allem Anfang an war, ist die in meinen Augen fahrlässige Leichtfertigkeit, mit der die Verantwortlichen des KVBs den Reformweg erschweren und damit auch zu den eigenen Gefährdern der Reformen werden. Ich hatte stets in Verhandlungen angeboten, mit den Verantwortlichen des KVBs in Österreich über angemessene Reformwege nachzudenken, hinter verschlossenen Türen ein kleines hochkarätiges Fachsymposium abzuhalten, zusammen mit den besten Organisationsentwicklern, die wir auftreiben können – und mit denen ich im Übrigen seit Jahren zusammenarbeite. Nicht also, weil ich Bischof werden will (und Sie können mir glauben, daß mir mein Amt als Pastoraltheologe weitaus mehr menschlich und fachlich gefällt und ich geradezu ein Feind meiner selbst wäre, würde ich unter den heutigen Bedingungen ein solches kirchliches Amt anstreben), sondern weil ich es tragisch finde, wie die Reformer mit dem ohnedies knappen Reformpotential der Kirchen in den reichen Ländern leichtfertig und unbedacht umgehen.

Als ich vor dem Start ins KVB von den Verantwortlichen angefragt worden war, ob ich ins Proponentenkomitee gehen wolle, habe ich nur verlangt, daß man sich Gedanken machen solle, was dann mit den Unterschriften geschehen solle. Darüber, so schrieb damals Plankensteiner in einem Fax, sollten sich das Institut für Pastoraltheologie und die Katholische Aktion Gedanken machen. Sie würden vorerst einmal Unterschriften sammeln. Bis heute sehe ich nicht, wie ernsthafte Reformfortschritte geschehen sollen, wenn faktisch neben den vorhandenen Reformthemen noch zusätzliche neue Konflikte auf der Macht- wie der Inhaltsebene geschaffen werden.

Ich räume ein, daß mir in der letzten Zeit (wohl auch wegen mancher verbaler Kränkungen von Seiten des KVBs) einige semantische Unglücksfälle passiert sind. Aber in einem Gespräch mit Thomas Plankensteiner am 22.10. 1996 in Innsbruck haben wir dies ausgeräumt und eine neue Konfliktkultur vereinbart. Bedauerlicherweise ist erst nachher jener Artikel im Tablet erschienen, den ich Anfang Juli als Auftragsarbeit verfaßt hatte und der dann meiner Aufmerksamkeit entglitten war. Ich habe mich dafür im Radio in einer Sendung, in der auch Plankensteiner auftrat, öffentlich entschuldigt (vorausgesetzt, daß diese Passage aus meinem Interview nicht entfernt worden ist, was zu prüfen nicht in meiner Reichweite liegt – eine entsprechende öffentliche Erklärung von Seiten des KVBs ist mir nicht bekannt). Zudem ist auch der von den KVBlern inkriminierte Titel von den »naiven« Reformern vom Herausgeber. Dabei stehe ich in der Sache sehr wohl zu den massiven Bedenken, die ich organisationsentwicklerisch zu den Reformstrategien des KVBs habe. Das ist aber nicht nur mein gutes Recht, sondern auch meine Pflicht. Daß dabei der Wind nun von den KVBlern wie von den Bischöfen in mein Gesicht bläst, schwächt nicht meine Entschlossenheit, meine kritische Arbeit als Pastoraltheologe nicht nur »gelegentlich« zu machen, sondern auch und gerade wenn es einmal »ungelegen« ist.

Sie haben sich als einer der ganz großen Theologen unseres Jahrhunderts für einen mahnenden adventlichen Brief Zeit genommen. Sie haben aber auch immer verlangt, daß es dem Kritisierten zustehe, sich zu rechtfertigen. In vorweihnachtlichem Frieden habe ich es ansatzhaft versucht.

Mit guten Wünschen für das Fest und für 1997,

Ihr Paul M. Zulehner

Dialog für Österreich

Unbeschadet solcher Turbulenzen versuchte ich vom Institut für Pastoraltheologie aus, dem Kirchenvolks-Begehren mit anderen Mitteln Flankenschutz zu geben. Es wurde ja von Gegnern der Aktion argumentiert, dass man letztlich nicht genau wisse, welche Menschen das Kirchenvolks-Begehren unterschrieben haben und wie die Meinungslage in Österreich insgesamt sei. Genau das sollte eine repräsentative Studie zum Kirchenvolks-Begehren aufhellen. Das Resultat: Die Unterstützung war sehr breit, und das nicht nur im harten Kern der Kirchgänger, sondern weit darüber hinaus. Ein massiver kirchlicher Reformstau wurde sichtbar.[112]

Den Vorsitz in der Bischofskonferenz hatte zu dieser Zeit der Grazer Bischof Johann Weber inne. Er versuchte, als Antwort auf das Kirchenvolks-Begehren einen österreichweiten Dialog in Gang zu setzen. Johannes Paul II. hatte ihn bei seinem Österreichbesuch 1998 anfänglich dabei unterstützt. Es gelang Bischof Weber trotz ständiger Querschüsse des St. Pöltner Bischofs Kurt Krenn, eine erste Delegiertenversammlung in Salzburg durchzuführen. Sie sollte freilich zugleich die letzte sein. Die Abstimmungen fielen mit großen Mehrheiten zugunsten von tiefgreifenden Reformen aus. Dabei wurden nicht nur innerkirchliche, sondern auch gesellschaftliche Reformen postuliert. Die Delegierten sprachen einstimmig gegen eine Legalisierung der aktiven Sterbehilfe aus. Ebenso viele waren für den arbeitsfreien Sonntag: ein Volksbegehren sollte angedacht werden. 93 % wünschten sich eine Option für die Jugend. Ein Menschenrecht auf Arbeit wurde gefordert; Modelle für eine Grundsicherung sollten entwickelt werden (72 %).

Auf der innerkirchlichen Reformliste standen alle seit dem Konzil diskutierten Themen. Zu diesen waren Voten mit enorm hoher Zustimmung abgegeben worden:

- Mitwirkung der Ortskirche bei Bischofsernennungen (91 %)
- Zulassung wiederverheirateter Geschiedener zu den Sakramenten (87 %)
- Änderung der Zulassungsbedingungen zu Weiheämtern (80 %)
- Diakonat der Frauen (79 %)
- eine positive Sicht der Sexualität (75 %)
- Respekt für die Gewissensentscheidung hinsichtlich der Methoden der Empfängnisverhütung; wobei die Grenze zur Abtreibung klar gezogen werden müsse (75 %)
- Achtung gegenüber homosexuellen Menschen (75 %)
- Priesterweihe von »viri probati« (75 %)
- Gleichberechtigung der Frauen im kirchlichen Leben (75 %).

Angesichts dieser einhelligen Voten verstärkte sich der Druck aus

---

112   Zulehner, Paul M. (Hg.): Kirchenvolks-Begehren und Weizer Pfingstvision. Kirche auf Reformkurs, AfkSDossier 5, Innsbruck 1995.

Rom auf die Österreichische Bischofskonferenz. Bischof Johann Weber gab den Vorsitz an Kardinal Christoph Schönborn ab. Der Dialog für Österreich kam rasch zum Erliegen. Nur der mutige Eisenstädter Bischof Paul Iby setzte den Reformprozess als »Dialog für das Burgenland« fort und nahm dabei meine Mitarbeit intensiv in Anspruch. Einmal sagte ihm der damalige Nuntius: »Arbeiten Sie nicht immer mit Zulehner zusammen!« Die Glaubenskongregation erteilte Bischof Paul Iby für den »Dialog fürs Burgenland« eine scharfe Rüge. Ich dokumentiere das Mahnschreiben des Staatssekretärs Kardinal Tarcisio Bertone vom 14. Mai 2001, das in Eisenstadt am 28. Dezember 2001 eingelangte (Prot.N 12/73-12954), weil es den höchst fragwürdigen Umgangsstil des Vatikans mit Ortsbischöfen sichtbar macht:

Exzellenz!

Hochwürdigster Herr Bischof!

Dieses Dikasterium ist auf den im Rahmen des »Dialogs für Burgenland« erarbeiteten Maßnahmenkatalog aufmerksam gemacht worden, der nun in verschiedenen diözesanen Gremien und Räten diskutiert und dann in eine Endfassung gebracht werden soll.

Nach einer sorgfältigen Prüfung muss Sie die Kongregation darauf hinweisen, dass der genannte Entwurf schwerwiegende Mängel, Irrtümer und Zweideutigkeiten enthält.

Besorgniserregend ist die theologische Oberflächlichkeit des Textes, der die eigentlich wichtigen Fragen der gegenwärtigen Stunde fast zu Gänze ausblendet. Das zentrale Anliegen, den Glauben in seiner Schönheit, Fülle und Integrität – etwa mittels des »Katechismus der Katholischen Kirche« – an die Menschen weiterzugeben und ihnen zu einem Leben aus dem Glauben zu verhelfen, kommt nur am Rande zur Sprache. Der Text bleibt inhaltlich beinahe ausschließlich bei den bekannten innerkirchlichen Streitthemen stehen, die in humanistischer Sichtweise angegangen und keiner theologischen Lösung zugeführt werden. Dies wird etwa deutlich im fünften Kapitel, in dem eine menschliche, zeitgemäße, offene und lebensnahe Kirche postuliert wird. Hier ist nicht davon die Rede, was der Herr mit seiner Kirche wollte, sondern nur noch davon, was die Menschen wollen. Der Primat Gottes scheint ersetzt durch den Primat eines humanistischen Horizontalismus und Pragmatismus, der letztlich der Sendung der Kirche vorbeizielt.

Bei einem solchen Ansatz verwundert es nicht, dass die meisten Anliegen des sogenannten »Kirchenvolksbegehrens« wieder auf den Tisch gelegt werden: Priesterweihe der »viri probati«, Frauendiakonat, weiterführende Debatte über das Frauenpriestertum, Entscheidungsvollmacht der pastoralen Räte, Änderung der Vorgangsweise bei Bischofsernennungen, Einbeziehung von Laien in die Leitung von Pfarreien, Kommunionempfang für wiederverheiratete geschiedene Gläubige, Tolleranz (sic) der (sic) vorehelichen Zusammenlebens, der künstlichen Empfängnisverhütung, der Homosexualität, usw. Zu diesen Themen, die zum Teil in die Glaubenssubstanz der Kirche hineinreichen, gibt es verbindliche Stellungnahmen durch den Heiligen Stuhl. Es wäre an der Zeit, sich tatkräftig und entschieden für die Rezeption dieser Dokumente einzusetzen und sie nicht laufend neu in Frage zu stellen, was nur zu neuen Enttäuschungen führen kann.

Es ist deshalb unumgänglich, dass Sie in Ihrer Verantwortung als Lehrer und Hirte der Diözese Eisenstadt klar und deutlich zu dem vorliegenden Text Stellung nehmen und den Dialog so orientieren, dass er mit der Lehre und der Disziplin der Kirche voll übereinstimmt und dem Wohl der Gläubigen dient.

In Erwartung Ihrer geschätzten Antwort verbleibe ich einstweilen mit freundlichen Grüßen und Segenswünschen

Im Herrn Ihr

Tarcisio Bertone

Bischof Iby bewirkte durch die Weiterführung des von Rom missbilligten Reformprozesses allerdings auch, dass er auf die Auswahl seines Nachfolgers Ägidius J. Zsifkovics keinerlei Einfluss hatte. Wieder einmal wurde eine Ortskirche mit dem Instrument der Bischofsernennung »auf den rechten Weg zurückgeführt«.

In den darauffolgenden Jahren versuchten Initiativen von Laien oder Pfarrern[113] immer wieder, die ungelösten Reformthemen aufzugreifen. Aber es waren stets frustrierende Versuche. Nervöse Reaktionen zeigten die Verantwortlichen allerdings bei der Pfarrerinitiative von Helmut Schüller. Seine »unehrenhafte« Entlassung als Generalvikar durch Kardinal Schönborn hatte den Priesterrat ziemlich erbost, obwohl sich Helmut Schüller in diesem Amt unter den Pfarrern nicht nur Freunde gemacht hatte. Schüllers Reforminitiative verlangte in manchen ihrer

---

113 Zur Pfarrerinitiative: Zulehner, Paul M.: Wie geht's, Herr Pfarrer? Ergebnisse einer kreuz und quer-Umfrage: Priester wollen Reformen, Graz 2010.

Forderungen gar nicht mehr Reformen durch die Kirchenleitung. Die Unterzeichner ließen die die Kirchenleitung vielmehr wissen, dass sie ab sofort bzw. weiterhin im Sinn ihrer Reformforderungen »ungehorsam« handeln werden: Sie werden in den ihnen anvertrauten Gemeinden mit wiederverheiraten Geschiedenen oder evangelischen Kirchenmitgliedern die Kommunion teilen oder Laien predigen lassen. Rom solle aber diese längst laufende Praxis absegnen. Die Diskussion verbiss sich bedauerlicherweise im Motto »Aufruf zum Ungehorsam«. Manche machten dies auch nicht ungern, um nicht über die Reformen selbst diskutieren zu müssen. Die Pfarrer hatten die Sympathie und Unterstützung von weit mehr Menschen als Kardinal Schönborn bei einer Predigt in Mailand mit der Aussage wider besseres Wissen »die Initiative bewege sich innerhalb der Promille-Grenze« zugab. Auch die Resonanz, die Helmut Schüller bei einer Werbetour in den USA erreichte, war beträchtlich, wobei manche Ortsbischöfe durch das Verbot seiner Auftritte in kirchlichen Häusern unbezahlbare Werbung gemacht hatten.

Seit der Wahl von Papst Franziskus ist es um die Pfarrerinitiative still geworden. Die römischen Verhältnisse haben sich in kurzer Zeit tiefgreifend verändert. Papst Franziskus hält nichts davon, wenn sich die Kirchenleitung dem Reformstau nicht stellt. Mutig fragt er die mit dem Evangelium lebenden Verheirateten, Geschiedenen, Wiederverheirateten, Homosexuellen, wie sie unter modernen Bedingungen in ihren Beziehungen mit dem Evangelium zurande kommen. Bischöfe, die auf pastoralen Zusammenkünften jahrelang bei wichtigen Reformanliegen sofort die rote weltkirchliche Karte gezeigt haben, begreifen nach und nach, dass sie dadurch ihre Verantwortung für die Entwicklung der Weltkirche letztlich verraten haben. Diesen zeigt heute der Papst selbst die rote Karte und fordert sie zum Dialog mit den Menschen auf, um zu erfahren, wo diesen der Schuh drückt. Franziskus machte sehr schnell viele hoffen, dass in seiner Amtszeit die eine oder andere schon lange geforderte Reform kommen werde: in der Scheidungspastoral, beim Zugang zu den Weiheämtern, hinsichtlich der Dezentralisierung der Weltkirche, bei der Ausweitung synodaler Mitbestimmung am Beispiel der Ostkirchen.

Aus heutiger Perspektive war das Kirchenvolks-Begehren trotz der vielen Unterschriften eher ein Misserfolg mit beträchtlichen Kollateralschäden. Der Mangel an Reformstrategie hat sich leider in jener Weise nachteilhaft ausgewirkt, vor der ich gewarnt hatte. Die gebündelte Kraft von 500 000 Unterschriften verflüchtigte sich rasch. Der Verdacht, dass das Kirchenvolks-Begehren ungewollt das ohnedies schlechte Image der Kirche noch weiter verschlechtert habe, ist nicht ganz von der Hand zu weisen. Natürlich ist das Kirchenvolks-Begehren nicht schuld am schlechten Image der Kirche. Das verursacht eine reformunwillige Kirche selbst. Aber das Trommelfeuer von keinesfalls kirchenfreundlichen Medien, mit dem die Forderungen des Kirchenvolks-Begehrens über erstaunlich lange Zeit hinweg bereitwillig in ansonsten sehr kurzatmigen Medien präsentiert wurden, hat das vorhandene schlechte Klima weiter verstärkt. Unentwegt wurde ein nur negatives Image der Kirche gezeichnet. Alle Stärken, welche die katholische Kirche an der Schnittstelle von Spiritualität und Solidarität, Gottes- und Nächstenliebe natürlich auch heute und in unserem Land nach wie vor hat, entschwanden im unsichtbaren Hintergrund. Die leise Musik Gottes konnte im lauten kirchenpolitischen Lärm nicht mehr gehört werden. Sind wir »gotttaub« geworden, fragte Benedikt XVI. in seiner unnachahmlich feinfühligen Weise bei seinem Besuch im Jahre 2006 in seiner Heimat beim Gottesdienst in München-Riem.

Weizer Pfingstvision

Es ist für mich keine Frage, dass es in der katholischen Kirche einen enormen Reformbedarf gibt. Kardinal Carlo M. Martini klagte kurz vor seinem Tod, dass die Kirche 300 Jahre hinter der Zeit nachhinke.[114] Der Reformbedarf entspringt aber nicht nur der kulturellen Gotteskrise, auf die Johann B. Metz[115] während einer Fachtagung zur Vorbereitung des Dialogs für Österreich 1996 in Gösing nachdrücklich verwiesen hat, sondern auch einer beträchtlichen Kirchenkrise, die von der Gotteskrise nicht gelöst werden kann.

Allerdings gibt es heute empirische Anhaltspunkte dafür, dass die Zukunft des Evangeliums und mit ihm der katholischen Kirche im Land auch dann nicht gesichert wäre, wenn alle Konfliktpunkte beseitigt wä-

---

114 Martini, Carlo Maria/Sporschill, Georg: Jerusalemer Nachtgespräche. Über das Risiko des Glaubens, Freiburg 2008.
115 Metz, Johann B.: Gotteskrise.»Versuch zur geistigen Situation der Zeit«, in: Metz, Johann./Ginzel, Günter Bernd u. a.: Diagnosen zur Zeit, Düsseldorf 1994, 77ff.

ren. Ein Blick auf die evangelische Schwesternkirche kann dies verdeutlichen.[116] Denn in dieser gibt es die typisch katholischen Irritationen nicht, obgleich nicht sicher ist, dass sie nicht andere haben. Wenn Michael Chalupka von der evangelischen Diakonie sich heftig in die österreichische Innenpolitik einmischt, kommt es schon vor, dass »rechte« Protestanten demonstrativ die Kirche verlassen. Auch gibt es inzwischen eine Art »Ökumene der Irritationen« und des schlechten Images. Erleidet eine der Schwesternkirchen eine schwerwiegende Irritation, zieht diese auch die anderen in ihren Bann.

Beachtlich ist, dass in der evangelischen Kirche nahezu zwei Drittel der Mitglieder im Austrittsstandby stehen, obwohl moderne Irritationen fehlen. Dies zeigt, dass Irritationen für einen Austritt natürlich nicht ganz ohne Belang sind, sie aber mehr »Brandbeschleuniger« denn Brandursache sind. Denn der Hauptgrund für einen Kirchenaustritt sind nachweislich nicht Irritationen, sondern fehlende Gratifikationen: also Kräfte, die mich an die Kirche binden und die einer Teilnahme am kirchlichen Leben für das eigene Leben Bedeutung verleihen. Solche Gründe reichen vom »ewigen Leben« (Joh 6,64) über Rituale, Spiritualität bis hin zur Caritas, kirchlichen Schulen und Krankenhäusern.

Schon geraume Zeit vor dem Kirchenvolks-Begehren war in der oststeirischen 10.000-Einwohnerstadt Weiz vom charismatischen Pastoralassistenten und Visionär Fery Berger die Weizer Pfingsvision ins Leben gerufen worden. Junge Menschen feierten miteinander Pfingsten und träumten von einer Kirche, deren Grundzüge Gottesverwurzelung, Geschwisterlichkeit und Menschenentfesselung sind. Weiz setzte gezielt auf attraktive Gratifikationen. Erlebbar wurden diese starken Seiten der Kirche für Jugendliche im gemeinsamen Singen, in engagierten Solidarprojekten, in bewegenden gottvollen und erlebnisstarken Gottesdiensten im »Steinbruch« oder in der Weizer Wallfahrtskirche. Typisch für Weiz war »Christina lebt«, ein Verein, der mit hundert jungen Mitgliedern die Stadt Weiz behindertengerecht umgestaltete.

Kardinal König war zu Pfingsten 1995, also im Jahr des Kirchenvolks-Begehrens, in Weiz zu Gast. Dort sagte er bei der Predigt im Steinbruch vor unzähligen Jugendlichen: »Einige Zeit vor dem letzten Konzil wurde Papst Johannes XXIII. gefragt, was er sich denn eigentlich vom Konzil

---

116 Mehr dazu in Zulehner: Verbuntung.

erwarte. Und seine Antwort war: Ich erwarte mir ein neues Pfingsten. Und so ähnlich antworte auch ich, wenn ihr mich fragt, warum ich nach Weiz gekommen bin: Ich erwarte mir von eurem Weizer Treffen ein neues Pfingsten.«

Weiz verstand sich überhaupt nicht als Gegen-Volksbegehren, auch wenn Hans Küng und seine Einflüsterer das aus verständlichen Gründen so sehen wollten. Viele, die in Weiz mitmachten, unterschrieben auch beim Kirchenvolks-Begehrern. Doch längerfristig ging es der Weizer Pfingstvision nicht allein und auch nicht vorrangig um den raschen Abbau von Irritationen (das auch!), sondern darum, auf die Bedeutung einer attraktiven, visionären Kirche aufmerksam zu machen, die aus dem Geist des Evangeliums schöpft.

Diözesansynode Rottenburg-Stuttgart

1985 berief mich Bischof Georg Moser aus Rottenburg-Stuttgart als externen Pastoraltheologen zum Synodalen der diözesanen Kirchenversammlung. Zwar hatte Tübingen mit Norbert Greinacher einen prominenten Pastoraltheologen. Aber dessen Verhältnis zum Ortsbischof war getrübt. Auch war Norbert Greinacher, Schüler von Ferdinand Klostermann und bei diesem in Wien habilitiert, mehr an Lateinamerika und den Theologien sowie der Praxis der Befreiung interessiert.

Ich war der Kommission Jugend zugeteilt worden. Dort lernte ich prächtige Persönlichkeiten der diözesanen Jugendarbeit in Wernau kennen: Wolfgang Tripp, den Jugendseelsorger, der später Caritasdirektor werden sollte. Dazu Gertrud Widmann, derzeit Verlagsleiterin in der Verlagsgruppe Patmos in Ostfildern bei Stuttgart.

Wichtig wurde mir die Zusammenarbeit mit dem auch in der Jugendarbeit sehr erfahrenen Jesuiten Roman Bleistein. Sein spirituelles Buch »Die jungen Menschen und die alte Kirche« (Freiburg 1965) hatte mich inspiriert. Roman Bleistein und ich erarbeiteten gemeinsam die Vorlage für den Jugendtext. Eine damals geschmiedete Formel begleitet mich bis heute. Sie hat auch in den Passauer Pastoralplan Eingang gefunden. Zunächst findet sich dieses Axiom in den »Theologischen Grundlagen« des Beschlusstextes: »*Um* die Auseinandersetzung mit diesem für die Weitergabe unseres Glaubens so wichtigen biblischen Anliegen voranzutreiben, haben wir die Formel geprägt: ›Je mystischer Christen sind, desto politischer werden sie sein.‹ Wo immer Kirchengemeinden so aus Gott leben, wird der Glaube auf die nächste Generation überspringen.«[117] Ausführlicher meditiert diese Formel der Text über die Jugendarbeit:

»Wie das Heilshandeln Jesu Heils-, Welt- und Menschendienst in einem ist, so wird das Handeln der Christen immer mystisch und politisch zugleich sein müssen. Deshalb sagen wir: Je mystischer wir Christen sind, umso politischer werden wir sein. Durch die Menschwerdung Gottes in Jesus Christus führt jede Zuwendung zu Gott unweigerlich auch zu den Menschen. Umgekehrt begegnen wir in jeder dienenden Zuwendung zum Menschen dem in Jesus Christus menschgewordenen Gott (vgl. Mt 25,31–46). Die Politik ist aber ›eine anspruchsvolle Art, die schwerwiegende Christenpflicht zu erfüllen, anderen zu dienen‹ (Octogesima adveniens 46). Auch wenn nicht jede konkrete Politik dem Menschen dient und vor Gott bestehen kann, so ermuntern wir junge Menschen eindringlich zum sachgerechten Dienst am Gemeinwohl, in der gläubigen Zuversicht, dass sie auch darin Jesus Christus begegnen und auch so das Gebot der Gottes- und Nächstenliebe verwirklichen.«[118]

Und schließlich taucht die Formel noch einmal auf bei der Zusammenstellung »Wichtiger Inhalte« für die Jugendarbeit: »Darum kann wiederholt werden: Je mystischer wir Christen sind, umso politischer werden wir sein. Jede Form, jeder Träger von Jugendarbeit muss sich fragen lassen, ob seine Spiritualität politisch genug ist, und ob seine Politik aus der Gottesverwurzelung lebt.«[119]

Die Theologie umkreist dieses Doppelgebot mit Mystik und Politik (Dorothee Sölle, Johann B. Metz) oder auch Kontemplation und Kampf (Roger Schutz). Im Passauer Pastoralplan 2000 steht: »Eine Kirche, die um sich selbst kreist und dabei Gott vergisst, wird leidunempfindlich. Wer hingegen in Gott eintaucht, taucht neben dem Menschen auf. Dabei

---

117 Beschlüsse der Diözesansynode Rottenburg-Stuttgart 1985/86. Weitergabe des Glaubens an die kommende Generation, hg. v. Bischöflichen Ordinariat Rottenburg, Ostfildern 1986, 37.
118 AaO., 94.
119 AaO., 100.

kann der Weg auch in der anderen Richtung verlaufen: Wer den Menschen begegnet, findet in diesen auch Gott (vgl. Mt 25).«[120] Mit der Diözesansynode war meine Tätigkeit in der Diözese Rottenburg nicht zu Ende. Oft wurde ich zu Pastoralkonferenzen eingeladen. Sodann führte mich der Weg in den letzten Jahren öfter nach Wangen, eingeladen durch die pastoral überaus kundige Dekanatsreferentin Karin Berhalter. Diese wiederum vermittelte mich zum »Ravensburger Konzil« im Jahre 2013 mit dem Motto »Kirche hör(t) zu!!«. Christine Mauch, Gemeindereferentin in St. Jodok, war bei der Gestaltung des Konzils überaus hilfreich. Das Ravensburger Konzil versucht, den Dialog zwischen den vier Pfarreien der Gesamtkirchengemeinde Ravensburg und den Menschen der Stadt zu intensivieren.

An der Universität Wien

1984 war ich also nach Wien heimgekehrt. Und dies nach 13 Jahren als »akademischer Gastarbeiter« in Deutschland mit den Stationen Bamberg und Passau. Rufe nach Bochum und Bonn habe ich nicht angenommen, weil dort der Schwerpunkt auf der Religionspädagogik lag. Die Trennung von Pastoraltheologie und Religionspädagogik, die ich in den Verhandlungen erreichen wollte, erfolgte in Bonn erst nach meiner Absage im Jahre 1988. Kollege Walter Fürst wurde dann erster »reiner« Pastoraltheologe nach Karl Delahay (1912–1987).

Ich erfreute die Studierenden durch Vorlesungen, in denen ich nie »vorlas«, sondern stets frei und zumeist launig vortrug. Den roten Faden sicherten Overhead-Folien und später Powerpointpräsentationen. Die Vorlesungen boten mir auch eine Plattform, um kirchenpolitische Ereignisse zu kommentieren. Einmal hatte ich die köstliche Karikatur aus der Feder von Bischof Reinhold Stecher über Hans Hermann Groër als Don Quijote und Kurt Krenn als Sancho Pansa als Testfolie auf den Overhead gelegt. Als genialer Zeichner hatte er diese während einer Sitzung der Bischofskonferenz gemacht.

---

120 Gott und den Menschen nahe. Passauer Pastoralplan 2000, hg. v. Bischof von Passau, Passau 2000, 16.

Gleich am nächsten Tag bekam ich einen Brief des Kardinals, der mich deshalb rügte. Als ich dem befreundeten Personalentwickler Leopold Stieger davon erzählte, beruhigte er mich: »Sei doch froh, dass du deinen Vorgesetzten derart einfach Nachrichten zukommen lassen kannst.« Ich bedankte mich in der nächsten Vorlesung beim Überbringer.

Geraume Zeit später machte mich eine andere Begebenheit sehr nachdenklich. Es gab neuerlich Unbekömmlichkeiten mit Bischof Kurt Krenn, der inzwischen Bischof von St. Pölten geworden war. Ich kommentierte wiederum in der Vorlesung in meiner kantigen Art. Da meldete sich aufgeregt aus der letzten Reihe des Hörsaals ein Student, ich solle doch solche Kommentare unterlassen. Ich bat ihn, sich am Ende der Vorlesungen noch einmal mit seinem Anliegen zu Wort zu melden. Ich hoffte, dass bis dahin seine Gefühle etwas abgekühlt sein würden. Er meldete sich erneut. Und erzählte seine Geschichte. Er war in seinem Leben außer Tritt geraten. Bischof Krenn habe ihn mit seinem Insistieren auf Eindeutigkeit, Wahrheit und Klarheit wieder in die Spur gebracht. Meine Anmerkungen zu Kurt Krenn würden ihn aber neuerlich verunsichern. Ich habe seitdem keine Kommentare mehr abgegeben. Mir war klar geworden, dass wir an der Fakultät eine andere Studierendengeneration bekommen haben. Auch das kritische Fragen war weithin verstummt, das ich noch aus den Siebzigerjahren in Passau gewohnt war.

Den Studierenden wollte ich immer eine geerdete Zuversicht vermitteln. Das habe ich einmal am Besuch der drei Männer bei Abraham und Sarah festgemacht. Bei den zwei Alten ging nichts mehr. Die Hoffnung auf ein Kind und damit auf Zukunft war geschwunden. Da schenken die drei Gäste dem Abraham und der hinter dem Zelteingang mitlauschenden Sara ein Hoffnungswort: »Ums Jahr, wenn ich wiederkomme, wird deine Frau Sara einen Sohn haben.« Unmöglich, sagen Soziologisten, welche die Trends der kirchlichen Statistik hochrechnen! Also schenkte ich den Studierenden dieses Gedicht:

WUNDER

glauben sie

fragte sie zögernd

es wäre ein wunder

wenn morgen

wieder leben käme

in unsere kirche?

und wollten sie

wirklich

uns lehren

zu glauben

an dieses wunder?

»Über Jahr komme ich wieder zu dir,

dann wird deine Frau Sara

einen Sohn haben.«

(zu Gen 18,19)

In einer Studie an den Studierenden unserer Wiener Fakultät ist mir klar geworden, dass viele Theologie studieren, um spirituell in die Tiefe zu graben, um ihr Leben ins Reine zu bringen, aber nicht, um später einen Dienst in der Kirche anzunehmen. Zugleich entdeckte ich, dass es weit mehr Studierende gibt, die geweiht werden möchten, als die Kirche derzeit zur Weihe zulässt. Darunter waren Männer und Frauen, welche die Sakramente Ehe und Priesterweihe miteinander verbinden wollen. Diejenigen, welche zur Ehelosigkeit bereit sind, gerieten in die Minderheit. Zudem zeigte sich, dass zur Ehelosigkeit ein bestimmter Persönlichkeitstyp neigt: die meisten erwiesen sich als »autoritär« im Sinn von Adorno, also unterwerfungsbereit. Damit hing bei vielen auch eine scharfe Abgrenzung und Ablehnung der »modernen Welt« zusammen. Dies wirft auch einen Blick auf die wachsende Zahl von Spätberufenen. Welche Erfahrungen bringt jemand im Beziehungsbereich mit, wenn er sich mit 40 zur Ehelosigkeit durchringt? Unter jenen, die sich zur Kombination von Ehelosigkeit und Priesteramt bereitfanden, waren zunehmend auch Personen mit einer homoerotischen Orientierung. Das liegt nahe, denn wer heiraten will, wird heute in unseren reichen Kirchen Pastoralreferent/Pastoralassistent oder Religionslehrer, falls er nicht in die Wissenschaft geht.

Anfrage Roms zur Frauenordination

Apropos Frauenordination. Dazu ist mir eine lehrreiche Begegnung mit Kardinal Schönborn just im Wiener Stephansdom in Erinnerung. Die Universitätsleitung stattete dem Grab Rudolf IV. (1339–1365), der auch wegen der Gründung der Universität den Beinamen »der Stifter« trug, in der Krypta des Domes ihren jährlichen Besuch ab. Die Gruppe wurde angeführt durch Rektor Georg Winckler, im Gefolge die Dekane aller damals sieben Fakultäten. Ich vertrat die katholisch-theologische Fakultät. Da kam kurz vor Beginn der Feier der Kardinal auf mich zu und fragte, ob ich nachher für ihn Zeit habe. Gern, sagte ich. Mit Kardinal Schönborn hatte ich als Dekan die Vereinbarung getroffen, dass es bei eventuellen Meinungsverschiedenheiten zwischen der Erzdiözese und der theologischen Fakultät als ersten Schritt immer ein persönliches Gespräch gebe. Dazu gab er mir seine private Handynummer. Ich brauchte sie selten.

Kardinal Schönborn leitete unser Gespräch mit den Worten ein, Kardinal Ratzinger habe sich als Chef der Glaubenskongregation schriftlich bei ihm gemeldet. Er möchte wissen, was ich über die Frauenordination denke und öffentlich sage. Ich erzählte, was ich bei Vorträgen ausführe: Pius IX. hatte 1864 in seinem »Syllabus errorum« sinngemäß erklärt, dass der Pontifex Romanus sich »nie und nimmer« mit der Religionsfreiheit und anderen modernen (liberal konzipierten) Freiheitsrechten anfreunden werde. 1965 erklärte das Zweite Vatikanische Konzil in seinem Dekret über die Religionsfreiheit, dass diese aus der Mitte des Glaubens komme. Das »Nie-und-nimmer« habe 101 Jahre gehalten. Das Konzil habe für den Meinungswandel theologische Gründe angeführt. Denn ohne Freiheit sei christlicher Glaube nicht möglich. 1994 schrieb Johannes Paul II., dass die Kirche »nie und nimmer« Frauen ordinieren werde. Der Papst wörtlich: »Die Kirche [hat] keinerlei Vollmacht, Frauen die Priesterweihe zu spenden, und dass sich alle Gläubigen der Kirche *endgültig* an diese Entscheidung zu halten haben« (Ordinatio Sacerdotalis 4). Ich frage mich nun: Wie lange wird dieses Mal der »Countdown« dauern?

Ich war überrascht, als der Kardinal dann fortfuhr: Richtig, heute haben wir in der Apostelgeschichte gelesen, dass Petrus »nie und nimmer« von unreinen Speisen essen werde. Dafür gebe es keinerlei Tradition.

Doch Gott selbst belehrte den Apostel bei der Stadt Joppe dreimal im Traum, dass er es anders haben wolle. Vielleicht, so Kardinal Schönborn, schenke Gott in der Frage der Frauenordination eines Tages ein neues Joppe. Ich wurde daraufhin von der Glaubenskongregation in Ruhe gelassen. Mein Verhältnis zu Kardinal Ratzinger war in der Zeit, als er noch Professor war, durchaus entspannt. Das blieb auch später so, als er schon nach Rom berufen war. Einmal waren wir, beim 40-Jahre-Bischofsjubiläum von Bischof Laszlo in Eisenstadt, Koreferenten. Beim Mittagessen kam ich neben dem Kardinal zu sitzen. Damals waren gerade die »Lineamenta«, ein Grundlagenpapier für die Bischofssynode über die Laien im Gespräch. Ich hatte das Papier gründlich studiert. Dabei hatte ich mit der Zuteilung Heilsdienst an die Priester und Weltdienst an die Laien ziemliche Probleme. Waren nicht viele Laien, ehrenamtlich und hauptamtlich oder ohne jegliche Amtlichkeit zum Welt- *und* Heilsdienst berufen? Und was ist der Heilsdienst der Priester, wenn er nicht in das ganz alltägliche weltliche Leben der Menschen und der Kulturen inkarniert wird? Nicht zuletzt: Wenn in der Todesstunde Jesu der Vorhang des Tempels zerriss: Haben nicht viele Theologen dies dahingehend gedeutet, dass es von da an keine Abgrenzung mehr gebe zwischen dem *fanum* und dem *profanum*, dem Heiligen und dem, was davor ist? Solche Bedenken erzählte ich Kardinal Ratzinger. Er sagte lapidar: »Dann versuchen Sie es eben anders. Trennen sie beides nicht.« Ich war ziemlich verblüfft. Denn ich hatte erwartet, dass er den Vorschlag aus seinem Haus, der Glaubenskongregation, verteidigen werde.

Zurück zu meiner Arbeit als Lehrender an der Fakultät. Neben den Vorlesungen, die mir viel Freude machten, gab es auch interdisziplinäre Seminare. Herausragend ist für mich bis heute das Seminar »Rahner in Wien«, das zum 100. Geburtstag von Karl Rahner im Jahre 2004 gemeinsam mit Hermann Stinglhammer von Passau, seiner damaligen Assistentin Anna Hennersperger und Josef Weismayer von der eigenen Wiener Fakultät gehalten worden war. Karl Rahner war nach der Schließung der theologischen Fakultät und des Jesuitenkollegs im Jahre 1939 schon bald nach dem Beginn der Naziherrschaft in Österreich gauverwiesen worden. Die Jesuiten, deren Fakultät und nicht zuletzt das von ihnen als »Pfaffenburg« geschmähte Canisianum waren den Nationalsozialisten ein Dorn im Auge. Das Canisianum ging nach Sitten ins

Schweizer Exil. Karl Rahner zog nach Wien ins Pastoralamt und hielt bei den Theologischen Kursen Vorträge, die freilich oftmals die Zuhörenden überforderten.

Frauen in die Bildungskongregation

Eine Erfahrung als Dekan verdient es, in Erinnerung gehalten zu werden. Handelt es sich doch um ein Gemenge von Entmündigung von Ortskirchen und Schikanen gegen Frauen in unserer katholischen Kirche. Es ging um die Berufung der Nachfolgerin des Moraltheologen Günter Virt. Die Berufungskommission hatte sich auf Sigrid Müller aus Tübingen geeinigt. Alle Schritte im Berufungsverfahren verliefen glatt. Die Berufungskommission hatte Sigrid Müller einmütig an die erste Stelle gesetzt. Nun brauchten wir das »Gefallen« (Placet) der Kirche. Dieses können derzeit nicht mehr die Ortsbischöfe erteilen. Die Bildungskongregation war dafür zuständig gemacht worden. Das hatte Johannes Paul II. so verfügt, um weltweit über die Berufungen die Kontrolle in die Hand zu bekommen. Ihren eigenen Bischöfen traute die römische Kirchenleitung offenbar nicht mehr. Zumeist galt das Misstrauen jenen Ortsbischöfen, die vom Zweiten Vatikanischen Konzil geformt und für eine weltoffene dialogische Theologie eintraten.

Kardinal Schönborn schickte also die Anfrage an den polnischen Kardinal Zenon Grocholewski in der Bildungskongregation. Die Antwort war ablehnend. Der Grund war peinlich: Das Doktorat, das Sigrid Müller in Tübingen gemacht hatte, war auf der Basis eines Lehramtsstudiums verliehen worden. Dort erlässt die Fakultät den Promovendinnen dank der Vorstudien ein Rigorosum. Wohlgemerkt: Dieses Doktorat ist kirchlich voll und ohne Einschränkungen anerkannt. Kardinal Grocholewski begründete nun die Ablehnung des Placets aber just damit, dass jemand, der in einem Hauptfach nicht »rigoros« geprüft sei, für einen Lehrstuhl nicht infrage komme. Daraufhin nahmen wir uns in Wien Zeit. Ich bat Sigrid Müller, sich für das Studium der Fachtheologie anzumelden, sich einen Bescheid ausstellen zu lassen und das eine Rigorosum nachzuholen. Das hatte sie binnen drei Monaten mit Bravour erledigt. Die Prüfungskommission hatte ich gebeten, streng zu prüfen und die Prüfung detailliert zu protokollieren.

Meine Sorge war nicht unbegründet. Wir berichteten Kardinal Schönborn von der Behebung des beanstandeten »Mangels«. Er möge jetzt der Bildungskongregation von der erfolgten Prüfung Mitteilung machen und um die Erteilung des Placets ersuchen. Was als schnoddrige halbseitige Antwort zurückkam, hatte auch Kardinal Schönborn erbost.

Der ganze Vorgang ist ein Beleg dafür, wie unsinnig die Zentralisierung von Zuständigkeiten in der katholischen Weltkirche ist. Sie zeigt eine Schwäche der katholischen Kirchenorganisation, die zu beheben Papst Franziskus u. a. gewählt worden war. Kardinal Grocholewski schrieb, dass man in so kurzer Zeit das fehlende Wissen in einem Hauptfach nicht erwerben könne und blieb bei seiner Ablehnung des Placets.

Ich riet nun Kardinal Schönborn, das Placet jetzt in eigener Verantwortung zu erteilen. Das sei ihm rechtlich auch möglich. Denn dieser neuerliche ablehnende Bescheid stelle einen flagranten Bruch des Konkordats zwischen dem Heiligen Stuhl und der Republik Österreich dar. Die Fakultät ist nämlich als staatliche Behörde für Prüfungen zuständig. Die Nicht-zur-Kenntnisnahme einer rechtlich intakten Prüfung widerspricht den Vereinbarungen zwischen der Republik und dem Vatikan. Kardinal Schönborn setzte sich am nächsten Tag in das Flugzeug und kam mit dem Placet zurück.

Ich hatte als Dekan der Fakultät freilich einen Preis zu bezahlen. Im Fach Kirchengeschichte stand die Berufung eines Nachfolgers für Karl-Heinz Frankl an. Die Berufungskommission hatte sich nicht einigen können. Zwei Lager bildeten sich, neben dem Votum der Berufungskommission lag ein Minderheitsvotum vor. Konkret ging es um die Berufung des nunmehrigen Kirchenhistorikers Thomas Prügl. Er war aus dem Martin-Grabmann-Institut für mittelalterliche Theologie in die USA berufen worden. Aus demselben Münchner Institut waren schon Marianne Schlosser als Nachfolgerin für Josef Weismayer für Spirituelle Theologie und zuvor Ludger Müller für das Kirchenrecht gekommen. Der Rektor bat mich angesichts des Minderheitsvotums, ein weiteres auswärtiges Gutachten einzuholen. Dieses verfasste Markus Ries, Kirchenhistoriker aus Luzern in der Schweiz und damals Rektor der kleinen Universität, in der ich später mehr als ein Jahrzehnt als Universitätsrat diente. Bevor aber der Rektor seine Wahl treffen konnte, »entschied« faktisch der Kardinal. Als er mir das Placet für Sigrid Müller überreichte und ich mich persönlich für seinen Einsatz bedankte, vermerkte er: Jetzt habe ich aber bei der Fakultät etwas gut. Ich möchte, dass Thomas Prügl berufen wird. Was auch geschah.

Die höchst peinliche Geschichte mit Kardinal Grocholewski ermunterte mich, nach der Wahl von Papst Franziskus an Kardinal Schönborn eine SMS zu schicken. Ich fände es gut, simste ich, wenn an die Spitze der Bildungskongregation eine Theologin berufen werden würde. Es müsse ja, so Franziskus wiederholt, kein Ordinierter, schon gar kein Kardinal sein. Kardinal Schönborn meldete mir per SMS zurück: Fände ich auch gut. Geraume Zeit später fragte ich just Sigrid Müller, inzwischen Dekanin der Fakultät, ob sie nicht Lust hätte, die Leitung der Bildungskongregation zu übernehmen. Sie antwortete, dass das auch ihr Mann interessant fände.

Antrittsbesuch bei Kardinal König

Weichenstellend für meine Tätigkeit am Wiener Lehrstuhl war der Antrittsbesuch bei meinem Erzbischof Kardinal Franz König.

Zunächst erzählte ich ihm, dass ich seinetwegen von der Glaubenskongregation ein Monitum erhalten hatte. In meinem Buch »Scheidung, was dann?«[121] hatte ich die Erklärung der Österreichischen Bischöfe zum pastoralen Umgang mit Scheidung und Wiederheirat aus dem Jahre 1980 zitiert. Mir dieses Monitum mitzuteilen, war meinem damaligen Ordinarius Bischof Antonius Hofmann aufgetragen worden. Ich wusste davon schon aus einer Meldung in »Publik-Forum«. Aber der Bischof sagte nichts. In dieser Zeit hatte ich als Dekan der Passauer Fakultät einen Termin beim Bischof. Bei der Verabschiedung fragte ich den Bischof, ob er mir nicht ein Monitum zu übermitteln habe. Das brachte den herzensguten Bischof in Verlegenheit. »Sie sind ein ›doron tou theou‹, ein Geschenk Gottes an unser Bistum«, sagte er mir. Ja und dann sei da noch dieses Monitum. Aber ich solle mich darüber nicht grämen.

In diesem »Verweis« ließ mich die Glaubenskongregation also wissen, dass die ortskirchliche Erklärung, die mit Kardinal Königs Absicht gezielt im kleinen Zeitfenster nach der Familiensynode und vor dem Apo-

---

121 Zulehner, Paul M.: Scheidung, was dann …? Fragment einer katholischen Geschiedenenpastoral, Düsseldorf 1982, ³1990.

stolischen Schreiben von Johannes Paul II. »Familiaris consortio« abgegeben worden war, zu diesem lehramtlichen Dokument im Widerspruch stehe. Diese Erklärung war allerdings in Österreich nie widerrufen worden. Sie blieb in Österreich für die Pastoral rund um Scheidung und Wiederheirat bis heute maßgeblich. Kardinal König erzählte mir nun, dass von Rom her ein solcher Widerruf wiederholt gewünscht wurde, bislang aber unterblieben sei. Denn auch ein Widerruf würde nichts daran ändern, dass die Erklärung zutreffend sei. Nebenbei bemerkt: Inzwischen hat Papst Franziskus dieses Thema auf sein Kirchenreformprogramm gesetzt. Eine ostkirchliche Lösung zeichnet sich ab. Kardinal Walter Kasper, mit dem ich bei der Rottenburger Synode gemeinsam Synodale war, hat im Kardinalskollegium ein differenzierendes Plädoyer dafür abgegeben. Kardinal Gerhard Müller hat ihm auf der Stelle mit einer Reihe von Kardinälen heftig widersprochen, während Papst Franziskus ihn Tags darauf öffentlich würdigte. Die Österreichische Erklärung wird eine späte Rechtfertigung erhalten.

Dann kam der Kardinal auf meine Pläne auf dem Wiener Lehrstuhl zu reden. Ich erzählte ihm, dass ich mich zunächst auf die Vorlesungen konzentrieren und zusammen mit den Assistenten und Assistentinnen eine mehrbändige Pastoraltheologie verfassen wolle. Er hörte aufmerksam zu. Dann gab er mir einen folgenreichen guten Rat: »Die meisten Kollegen von Ihnen in der Pastoraltheologie orientieren sich heute nach Lateinamerika. Könnten Sie sich von Wien aus nicht nach Osteuropa orientieren?«

Kardinal König war in der Zeit des Kommunismus der geheime Außenminister des Vatikans für Osteuropa. Vom neutralen Österreich aus konnte er gut die Nachbarkirchen besuchen. 1960, auf dem Weg zum Begräbnis von Kardinal Alojzije Stepinac in Zagreb, verunglückte er mit seinem damaligen Sekretär Helmut Krätzl schwer. Gerüchte, es sei ein Anschlag gewesen, konnten nie ganz aus der Welt geräumt werden. Der Chauffeur kam dabei ums Leben, der Kardinal und sein Sekretär wurden schwer verletzt.

Jedenfalls bat ich den Kardinal, mir tatkräftig Wege zu ebnen, falls ich seinen Rat in die Tat umsetzte. Er versprach es und hielt dieses Wort auch. Er übernahm, zusammen mit dem Prager Kardinal Miloslav Vlk, den Ehrenschutz für das nach der Wende 1989 gegründete »Pastorale Forum« und kam zu jeder Vorstandssitzung. Nur einmal musste er sich entschuldigen: Er hatte die Gewohnheit, zum Abschluss des Tages auf der Dachterrasse des Krankenhauses der Barmherzigen Schwestern in der Millergasse ein paar Schritte zu machen. Er merkte nicht, dass Arbeiter Werkzeug liegen ließen, stolperte und schlug sich ein blaues Auge. Mit diesem wollte er sich in der Öffentlichkeit nicht zeigen.

Pastorales Forum

Kardinal Königs Rat führte zunächst dazu, dass das Institut für Pastoraltheologie jedes Jahr ein anderes osteuropäisches Land zum Schwerpunkt erkor. Jeweils im Wintersemester fand dazu ein Seminar statt, um die Lage des Landes und der Kirche zu studieren. Im Sommersemester organisierte das Institut sodann eine Exkursion in eben dieses Land. Dort wurden über die österreichischen diplomatischen Vertretungen Kontakte geknüpft und Gespräche mit führenden Persönlichkeiten aus Politik und Kirchen geführt. Diese Dialoge kreisten um die Lage des Landes, aber auch um die Situation der Kirchen und die Haltung der Behörden zur Religion und ihren Gemeinschaften und Amtsträgern. Besucht wurden Ungarn, Estland, Russland, Polen, die Slowakei, Tschechien und Rumänien.

Das Interesse und die Beteiligung der Studierenden an diesem Osteuropaprogramm waren phänomenal. Dann kam 1989 unverhofft die »samtene Revolution«. Die Berliner Mauer fiel. Die Außenminister Gyula Horn aus Ungarn und Alois Mock aus Österreich öffneten am 27. Juni 1989 in einem symbolischen Akt die ungarisch-österreichische Grenze. Mit Ungarns Billigung fand am 19. August das Paneuropäische Picknick statt, das die Paneuropabewegung Otto von Habsburgs organisierte. Über Ungarn gelangten einige hundert Bürgerinnen und Bürger aus der DDR nach Österreich. Dies war der Auftakt für eine Massenausreise von Ostdeutschen in den Westen. Womit wir am Institut angesichts dieser historischen Entwicklungen aber nicht gerechnet hatten: Nach dem Ende der Reisebeschränkungen hatten die Studierenden das Interesse an Ostexkursionen schlagartig verloren. Ich musste mein Osteuropaengagement neu ausrichten. Zunächst plante ich eine Vernetzung der in den postkommunistischen Ländern lehrenden und forschenden Pastoraltheologen. Für die Lehrenden einfach Fortbildungskurse zu machen stand mir nicht zu. Ich schlug als »Fortbildungsmaßnahme« ein länderübergreifendes Forschungsprojekt vor: In den postkommunistischen Ländern wollten wir gemeinsam erforschen, wie sich die Kirchen während des Kommunismus positioniert haben und wie sie sich nun nach dem Kommunismus in den jungen Reformdemokratien repositionieren. Zudem wollten wir erkunden, welche Auswirkungen die aggressive Politik gegen die Religion, deren Gemeinschaften und Amtsträger auf die religiöse Dimension der Kulturen hatte.

Bei einem Vortrag für Sponsoren der Gregoriana in Rom lernte ich Rudolf Brenninkmeijer kennen. Da wir vor dem Abflug noch Zeit hatten, besuchten wir gemeinsam die Domitilla-Katakomben mit dem berühmten Fresko des Orpheus-Christus. Dabei kamen wir ins Gespräch. Ich erzählte ihm von meinen Osteuropaplänen, die ihn überaus interessierten. Kurze Zeit später wurden mir von einer internationalen Stiftung, die nicht genannt werden will, 500.000 DM Forschungsmittel bewilligt. Das versetzte mich in die Lage, mit zusätzlichen Forschungsgeldern der Republik Österreich durch das Markt- und Meinungsforschungsinstitut GfK Austria (Rudolf Bretschneider, Angelika Kofler, Michaela Löffler) in zehn Ländern eine repräsentative Datenerhebung durchführen zu lassen. Niko Tos, Soziologe in Ljubljana und Mitglied des Herausgeberteams der Forschungsberichte, konnte dafür in Slowenien nationale Forschungsmittel auftreiben. In die Auswertung der Daten wurden die Pastoraltheologinnen und Pastoraltheologen aller betroffenen Länder einbezogen. Um die wissenschaftliche Kommunikation zu erleichtern, versorgten wir die Lehrstühle mit Faxgeräten, Computern und Sachmitteln. Drei große Symposien wurden durchgeführt, zwei davon in der Katholischen Akademie in Berlin, bei denen die damalige Direktorin Susanna Schmidt eine großzügige Gastgeberin war. Bei einem der Symposien in Ungarn am Balaton gab uns der damals in Ungarn wirkende Nuntius, Erzbischof Josef Rauber, die Ehre. Ich habe in lebendiger Erinnerung, wie er die Teilnehmenden durch seine ungewöhnliche kirchenpolitische Offenheit und damit verbundenen Kritik an manchen kirchlichen Missständen beeindruckte, manche auch überforderte.

Die Ergebnisse der Symposien und die reichhaltigen Vorbereitungstexte aus den einzelnen Ländern wurden schließlich von den beiden herausragenden Wissenschaftlern Andras Máté-Tóth und Pavel Mikluscak bearbeitet und unter dem Titel: »Nicht wie Milch und Honig«[122] als die erste ostmitteleuropäische Pastoraltheologie aus der postkommunistischen Zeit veröffentlicht. Mir war bei diesem Lernprozess wichtig, dass er ohne Beteiligung westlicher Pastoraltheologen stattfand. Ich selbst fühlte mich lediglich als Ermöglicher. Die Expertinnen und Experten aus Ost(Mittel)Europa sollten selbst erarbeiten, was die Kirchen aus den Erfahrungen in der kommunistischen »Totalität« lernten und was sie daher den Kirchen im Westen zur Verfügung stellen können. Zugleich aber sollten sie herausfinden, was sie »entlernen« müssen. Zu entlernen, so waren sich die Fachleute einig, war die Gewohnheit, sich im Binnenraum der Kirche, in den der Kommunismus sie zurückgedrängt hatte, wohlzufühlen. Dort überließen sie dem Klerus eine gemessen am Konzil überhobene Stellung. Zudem konnten sich auf diese Weise die Kirchen bequem aus der Mitarbeit an der Entwicklung der postkommunistischen Gesellschaft heraushalten.

Ein nicht einfaches und bis heute ungelöstes, weithin immer noch tabuisiertes Thema ist die Rolle des Klerus und auch mancher führender Laien gegenüber dem kommunistischen Staat. In den vielfältigen Recherchen hat sich eine Typologie herausgebildet. Sie reicht von den kooperativen Friedenspriestern über die kompromissbereiten Pragmatiker hin zu den vielen Märtyrern, die ihr Leben gaben oder deren Leben durch vielfältige Maßnahmen schwer beeinträchtigt worden war. Dabei reichte die Zeit der Märtyrer von der Machtübernahme durch die Kommunisten hin bis zur Friedenskonferenz in Helsinki 1975. Auf dieser Konferenz war den kommunistischen Regierungen unter wirtschaftlichem Druck eine religions- und kirchenfreundlichere Politik abgerungen worden. Dabei war die Religionspolitik der Kommunisten in den

---

122 Máté-Tóth, András/Mikluscák, Pavel: Nicht wie Milch und Honig. Unterwegs zu einer Pastoraltheologie Ost(Mittel)Europas ; [eine Veröffentlichung des Pastoralen Forums Wien], Ostfildern 2000.

einzelnen Ländern sehr verschieden: anders im Jugoslawien des Josip Broz Tito, anders in der Tschechoslowakei bis hin zum Prager Frühling 1969, der durch den Einmarsch von Truppen des Warschauer Paktes wie zuvor schon der Aufstand in Ungarn im Jahre 1956 durch die Rote Armee blutig niedergeschlagen worden war. Ich habe diese zwei Ereignisse allein deshalb in Erinnerung, weil damals auch in Österreich die Sorge bestand, der Konflikt könnte den Westen neuerlich in einen Krieg ziehen. Zudem kamen 1956 und 1969 sehr viele Flüchtlinge nach Österreich. Unser Land hat damals eine beachtliche Solidarität mit den Flüchtlingen praktiziert. Von Ausländerfeindlichkeit war zu dieser Zeit nichts zu spüren.

Alle diese Fördermaßnahmen verlangten nach einer stabilen und schlanken Infrastruktur. Zusammen mit Kardinal König gründete ich 1989 den Verein »Pastorales Forum. Zur Förderung der Kirchen in Ost(Mittel)Europa«. Für den Vorstand konnte ich renommierte Persönlichkeiten gewinnen (alphabetisch gereiht):

- Richard Biedermann, Leiter des Sozialministeriums im Fürstentum Liechtenstein – nach dessen tragischem Tod durch Ertrinken im Atlantik (1995) rückte seine Frau Gisela nach: Ärztin, Mutter von drei Kindern und später Landtagsabgeordnete
- Pfarrer Meinrad Gemperli aus Wil in der Schweiz
- Anna Hennersperger aus Passau/Freising, die sich anfangs um Jahresabschlüsse und Budgets kümmerte
- Richard Kruspel aus Wien, lange Zeit bei C&A in Düsseldorf und in Wien, dann beim Forum Alpach
- Walter Schwimbersky, Vorstandsmitglied der ERSTEBANK in Wien, danach Direktor der Salzburger Sparkasse
- Unverzichtbar wichtige Mitwirkende waren für die Geschäftsführung die Universitätsassistentin Ursula Hamachers und als deren Nachfolgerin seit 2004 Veronika Prinz-Fülöpova.

Eines der beklemmenden Ergebnisse der länderübergreifenden Studie war, wie Miklos Tomka herausgearbeitet hatte, dass die Glaubenden in den kommunistischen Ländern zu den ärmeren Schichten gehören. Das ist eine Folge der Bildungsbenachteiligung von den Glauben bekennender Menschen durch die kommunistischen Machthaber. Diese Benachteiligung wollten wir von Wien aus etwas abmildern. Wir legten das Stipendienprogramm »Beine nicht Steine« auf. Über hundert Personen, Frauen und Männer, Laien und Priester wurden in den ersten 25 Jahren promoviert und habilitiert, und dies mit dem Schwerpunkt Pastoraltheologie. Allein für die Stipendien waren mehr das drei Millionen Euro durch Fundraising aufgebracht worden. So hat etwa Hadwig Brenninkmeijer aus den Niederlanden mehrere Stipendien für Frauen zur Verfügung gestellt. Ihr und allen Geldgebern, die manchmal eine Namensnennung untersagten, bin ich im Namen der geförderten Projekte und Personen überaus dankbar.

Eine Stiftung machte es möglich, durch eine dreijährige Anschubfinanzierung den Lehrstuhl für Religionswissenschaft an der damals noch kommunistisch gefärbten JATE-Universität in Szeged zu gründen. Den Lehrstuhl hatte Andras Mate-Toth erhalten. Er konnte durch eine sehr aktive Politik jene Akkreditierung durch die ungarischen Behörden erlangen, die den finanziellen Bedarf des Instituts garantierte. Die Universität bedankte sich im Jahr 2002 mit der Verleihung des »Kunó Klebelsberg Preises«.

Ein weiteres Projekt war die Ausbildung für Trainer von Führungskräften durch Karl Berkel, aus Kranzberg bei Freising. Alumni des Pastoralen Forums schlossen sich mit Pastoraltheologinnen und -theologen Osteuropas zum Netzwerk PosT zusammen. Bewährter Generalsekretär ist der in Österreich lebende Tscheche Peter Slouk. Den Vorsitz hat der Lehrstuhlinhaber für Pastoraltheologie an der Fakultät in Đakovo, Pero Aracic, inne.

Sensibilisiert durch die lange Arbeit im mittel(ost)europäischen Raum beobachtete ich die dortigen kirchenpolitischen Vorgänge aufmerksam. Die kafkaeske Absetzung des beliebten Erzbischofs von Trnava Róbert Bezák machte der Kirche in der Slowakei sehr zu schaffen und stellte die traditionelle Kirchenbindung vieler Katholikinnen und Katholiken schwer auf den Prüfstand. Erzbischof Bezák war ohne Angabe von Gründen ohne ein schriftliches Dekret von Rom abgesetzt worden; den ihm nahegelegten Rücktritt hatte er nicht vollzogen. Er war nach kurzer Amtszeit auf finanzielle Machenschaften seines Vorgängers Erzbischof Ján Sokol gestoßen. Dieser soll zusammen mit altkommunistischen Seilschaften an geheimen Finanztransaktionen größeren Ausmaßes beteiligt gewesen sein, in die auch die Vatikanbank involviert gewesen sein soll. Der erste Parlamentspräsident Frantisek Miklosko, prominentes Mitglied der Untergrundkirche aus der kommunistischen Zeit, hatte Vatikanische Behörden (Rota Romana, Staatssekretär Kardinal Tarcisio Bertone) mit vielen Belegen auf Unregelmäßigkeiten und Intransparenzen aufmerksam gemacht. Erzbischof Bezák hatte daraufhin eine Visitation des Erzbistums angefordert. Um den Mantel des Vertuschens von den Vorgängen nicht wegzuziehen, hat »Rom« den Spieß umgedreht und den Erzbischof Bezák durch einen tschechischen Bischof visitieren lassen. In infamer Weise wurde ihm ein zu lässiger Lebenswandel vorgeworfen. Im Schnellverfahren war Erzbischof Bezák unter Benedikt XVI. ohne Angabe von Gründen seines Amtes enthoben worden. Bruno Primetshofer, der wie Róbert Bezák dem Orden der Redemptoristen angehörte, hatte an Papst Franziskus einen scharfen Brief geschrieben, dass die Absetzung dem Kirchenrecht frontal widerspreche. Auch Kardinal Schönborn hatte sich irritiert gezeigt: Es gehe nicht an, dass ein Bischof rechtlich weniger geschützt sei als ein Pfarrer. Allein die slowakische Bischofskonferenz scheint völlig uneinsichtig zu sein und erwartet, dass sich Bezák für sein Handeln beim Papst entschuldige. Inzwischen sind die tschechischen Bischöfe bei Papst Franziskus für Róbert Bezák eingetreten und erwarten eine Rehabilitation. Diese scheint unter Papst Franziskus in Gang gekommen zu sein.

Anfang Mai 2014 feierte das Pastorale Forum zusammen mit Kardinal Miloslav Vlk von Prag und dem Festredner Tomaš Halík in Wien sein 25-jähriges Bestehen. Es konnte bei diesem Fest vielen Förderern gedankt werden: darunter Orden, Stiftungen, Pfarrgemeinden. Dem Pastoralen Forum wurde von Seiten hoher kirchlicher und weltlicher Amtsträger Wertschätzung bekundet: vom Primas in Polen Joséf Kowalczyk, Erzbischof in Gniezno; vom Wiener Erzbischof Kardinal Christoph Schönborn, der sich mit der Zusage eines Stipendiums als Gastgeschenk einstellte, vom Altvizekanzler Österreichs, Erhard Busek, der die Arbeit des Pastoralen Forums in den Zusammenhang der jüngeren Europäischen Geschichte stelle, nicht zuletzt von Kardinal Miloslav Vlk, der als Ehrenschützer dem Pastoralen Forum von Anfang an eng verbunden ist.

Aus dem guten Rat Kardinal Königs bei meinem Amtsantritt im Jahre 1984 ist eine sehenswerte Erfolgsgeschichte geworden. Zwei große Studien geben fundiert Auskunft über die Entwicklung der religiösen Dimension der Kulturen in den meisten Ländern Ost(Mittel)Europas

(1997[123], 2007[124]) in und nach dem Kommunismus. Die Länderergebnisse für 1997 sind in mehreren Bänden publiziert.[125] Die Absolventen bilden, relativ gut vernetzt, ein starkes pastoraltheologisch fundiertes Netzwerk in ihren Ländern und Kirchen.

2014 kündigte mir die Universität Erfurt für meine Verdienste die Verleihung des Ehrendoktorats an. Das freut mich für meine vielen Kolleginnen und Kollegen, die mir in den 25 Jahren in Ost(Mittel)Europa zugewachsen sind und ohne deren engagierte Zusammenarbeit die großen Forschungen nicht möglich geworden wären. Dankbar bin ich auch dafür, dass diese Ehrung von der Universität Erfurt kommt. Die dortige Fakultät ist bei der Aufarbeitung des Kommunismus und seiner pastoralen Herausforderungen sehr engagiert. Sie ist ständig mit der zukunftsträchtigen Frage konfrontiert, wie Menschen,»die vergessen haben, dass sie Gott vergessen haben« (Bischof Leo Nowak von Magedeburg), glaubwürdig Gott bezeugt werden könne.

Universitätsreformen

Die Wiener Zeit war nicht nur eine Zeit intensiven Forschens und Lehrens. Ich hatte in den 24 Dienstjahren in Summe satte zehn Jahre das Amt des Dekans der Fakultät übertragen bekommen. Dass ich mehrmals wiedergewählt wurde, hat damit zu tun, dass es zwei große Universitätsreformen sowie eine Übersiedlung der verstreuten Institute in ein gemeinsames Haus hinter dem Burgtheater gab.

Um die katholisch-theologische Fakultät im Zuge der Neustrukturierung der Wiener Universität an dieser gut zu positionieren, waren nicht nur gute Beziehung zur Universitätsleitung in der Person von Rektor Georg Winckler, sondern auch zu den Dekanen der anderen Fakultäten notwendig. Andreas Khol, dessen »Hauskaplan« ich für seine kinderreiche Großfamilie bin, hatte mir auch Gelegenheit gegeben, an der Finali-

---

123   Tomka, Miklós/Zulehner, Paul M.: Religion in den Reformländern Ost(Mittel)Europas, Ostfildern 1999. – Diess.: Religion im gesellschaftlichen Kontext Ost(Mittel)Europas, 2000.

124   Zulehner, Paul M./Tomka, Miklos/Naletova, Inna: Religionen und Kirchen in Ost(Mittel)Europa. Zehn Jahre nach der Wende, Ostfildern 2008.

125   http://pastorales-forum.univie.ac.at/site/de/studieaufbruch/publikationen

sierung des letzten Universitätsgesetzes bei einem Hearing im Parlament mitzuarbeiten. Ich trachtete dabei zu erreichen, dass es für die theologischen Fakultäten in Österreich keinerlei Sonderrechte geben werde. Das Konkordat hätte zwar solche durchaus möglich gemacht. Doch hätten Sonderrechte jenen in die Karten gespielt, die Skepsis gegenüber einer universitär verankerten Theologie hegen, weil vermeintlich ihre Wissenschaftlichkeit durch die Bezogenheit auf den Glauben und auf die Kirche beeinträchtigt sei. Mein Bemühen wurde belohnt. Ich konnte erreichen, dass die ursprünglich nur den Theologen zugedachten Vorteile am Ende alle Fakultäten erhielten.

Im Zuge der Reform änderte sich die Finanzierung der Universität und ihrer Einheiten beträchtlich. Die Gewohnheit, das der Universität als Ganzer vom Ministerium zugewiesene Geld nach einem festen Schlüssel auf die damals sieben Fakultäten zu verteilen, wurde aufgegeben. Jetzt mussten die Fakultäten mit dem Rektorat eigene Budgetverhandlungen führen. Dabei ging es um Personal, um Sachmittel, um die neue Stellenbeschreibung des nichtwissenschaftlichen Personals, um die Umwidmung von sekretariellen Schreibressourcen in Finanzmittel für zusätzliches wissenschaftliches Personal.

Auch der Ablauf des organisatorischen Betriebs innerhalb der Universität wurde reformiert. Mitarbeitergespräche wurden verpflichtend vorgesehen. Alle fünf Jahre wurden die Fakultäten evaluiert. Ein »Scientific Advisory Board« sollte das akademische Niveau und die künftige Entwicklung der Fakultät absichern. Für dessen Start konnten von der Fakultät die ausgewiesenen Fachleute Peter Hünermann, Dietmar Mieth und Barbara Gerl-Falkovitz gewonnen werden. Mit Markus Koban hatte die Fakultät einen verlässlichen EDV-Beauftragten teilangestellt. Und ohne das Dekanatspersonal unter der überaus versierten Dekanatsdirektorin Eva Gliederer und Andrea Schönthoner sowie Claudia Maschek im Sekretariat wäre die enorm angewachsene administrative Arbeit der Fakultät nicht zu meistern gewesen.

Mir war es ein Anliegen, die »Professorenfakultät« in eine von allen getragene Fakultät umzugestalten. Bei einem Besuch in Bologna, auf dem Lehrstuhl von Galileo Galilei stehend, ist mir klar geworden, dass es damals die Studierenden waren, die sich Bildung organisierten und Professoren bezahlten. Die Studierenden sollten sich auch an der Wiener Fakultät, so meine Vision, nicht nur durch gewählte Delegierte in den

fakultären Gremien vertreten lassen, sondern auch direkt in Fakultäts-
versammlungen informiert werden, sich äußern und mitgestalten können. Wichtige anstehende Fragen wurden dort breit diskutiert. Was auch
unüblich war: Ich bestellte als Vizedekanin mit Christa Schnabl eine
Angehörige des Mittelbaus. Christa Schnabl ist mir dann leider »nach
oben« hin abhandengekommen, weil Rektor Georg Winckler sie bei seiner Wiederwahl als Vizerektorin haben wollte. Für die theologischen
Fakultäten war dies freilich nur von Vorteil.

Ich lernte in meiner langen Dekanszeit, dass man sich nicht nur
Freunde macht, wenn es einem um das Gemeinwohl geht, weil das
manchmal Entscheidungen gegen gemeinwohlschädliche Formen von
Einzelwohl verlangt. Zudem konkurrierten in der Übergangszeit europäische und österreichische Bestimmungen. Das betraf nicht zuletzt die
Anerkennung ausländischer Studien. Es macht, so lernte ich, einen Unterschied, ob ein ausländisches Studium mit dem Ziel einer Berufstätigkeit in Österreich anzuerkennen war oder ob jemand eine Zulassung
zum Doktoratsstudium wünschte. Gerade die Zulassung zum Doktoratsstudium sollte ja durch die Lissabonner Verträge internationalisiert
und die Durchlässigkeit erleichtert werden, um die europäische Mobilität
im Universitätsbereich zu erhöhen. Ich hatte mit dem Kollegen Rudolf
Langthaler einen sehr verlässlichen, aber auch strengen und buchstaben-
getreuen Studienprogrammleiter bestellt. Dieser machte bei der Zulassung zum Doktoratsstudium meiner Ansicht nach gemessen an den
neuen Europäischen Standards des Lissabonner Vertrages unnötig hohe
Auflagen. Das verlängerte nicht nur das Doktoratsstudium, sondern war
auch eine finanzielle Belastung bei Studierenden, die ein Stipendium erhielten. Ich lernte dabei, unterstützt von meiner Vizedekanin, meine har-
moniesüchtige Konfliktscheu abzulegen. Mein Handeln war damals ungewöhnlich, brachte mir aber universitär einen erstaunlich guten Ruf
ein. Mein Misstrauen gegen die Zulassungspraxis meiner Studienprogrammleitung brachte ich symbolisch zum Ausdruck. Ich unterschrieb
als Dekan drei Berufungen, die von Studierenden gegen den Bescheid des
Studiendekans bei der universitären Rechtsmittelkommission eingelegt
wurden. Als Chef der Studienprogrammleitung hatte Kollege Langthaler
wieder einmal für die Zulassung zum Doktoratsstudium in meinen Augen zu hohe Auflagen gemacht. Mit deren Abarbeitung hätten die Kan-
didatinnen zumindest ein ganzes Jahr gebraucht, bevor sie sich an ihre

Dissertation hätten machen können. Alle drei Berufungen wurden zugunsten der Studierenden entschieden. Daraufhin rang ich mich in Absprache mit dem Rektor dazu durch, den Studienprogrammleiter nach der halben Amtszeit nicht weiterzuverlängern. Kollege Rudolf Langthaler war nicht amused. Aber ich rechne es ihm sehr hoch an, dass er mir deshalb bis heute menschlich nichts nachträgt. Respekt!

Biblische Bilder als Inspiration meiner Pastoraltheologie

Josef Brandner, der begnadete Priesterseelsorger, Exerzitienleiter und biblische Fortbildner in der Erzdiözese München und Freising, hat in meinem pastoraltheologische Schaffen eine gar nicht hoch genug einzuschätzende Rolle gespielt. Ich habe ihn kennengelernt im Rahmen einer Fortbildung, die ich für Laien und Priester von Passau aus in Freising am

Institut für Theologische und Pastorale Fortbildung organisiert hatte. Brandner hat mich allein durch seine oberbayerische Wortgewalt betört. Er war ein Mann des Erzählens, seine Rede war packend, weil bildreich. Wie Martin Buber es einmal formuliert hat: Man müsse die alten Geschichten so erzählen, dass man dabei zu tanzen beginne.

Brandner hatte stets die Bibel offen vor sich liegen. Das Alte Testament las er zumeist in der Übersetzung von Martin Buber. Seine sowohl theologisch wie spirituell tiefen Ausführungen begannen mit dem Lesen, genauer Erzählen des biblischen Textes. Seit den gemeinsamen Fortbildungstagen kann ich mir Pastoraltheologie nicht mehr ohne biblische Texte vorstellen.

Das Zweite aber, was mir durch Josef Brandner zugewachsen ist, sind die wunderschönen und lehrreichen Bilder zu den biblischen Themen aus den alten Codices, wie etwa dem von Echternach oder aus der Kirche in St. Georg zu Obernzell auf der Insel Reichenau im Bodensee. Bilder schildern und deuten zugleich. Die Buchmalerei der Reichenauer Mönche begeistert mit ihren Farben und Motiven, die allesamt wortlose Predigten an die damals des Lesens und Schreibens nicht kundigen Zeitgenossen waren. So setzte der Reichenauer Mönch in die für den Entwurf meiner vierbändigen Pastoraltheologie zum Schlüsselbild gewordene Heilung eines Aussätzigen (Mt 8,1–4) in das biblische Ereignis ganz hinten mittelalterlich gekleidete Zeitgenossen in die Spur Jesu, in der auch Petrus und Johannes als Symbole der Liebe und des Rechts in der Kirche gehen.

Lebe!

Diese Heilung des Aussätzigen lehrt auf einer abstrakteren Ebene betrachtet, worum es geht: im christgläubigen und kirchlichen Leben ebenso wie in dessen pastoraltheologischer Reflexion. Natürlich steht im Mittelpunkt der Szene Jesus, um dessen Wirken herum sich das Ereignis aufbaut. Er steht »mittendrin«, eingespannt zwischen Gott, in den er nächtens »eingetaucht« ist und der als der Berg präsent bleibt, von dem Jesus herabstieg, und dem Aussätzigen. Dieser wird vom Künstler an den Rand des Bildes/der Gesellschaft ganz nach unten gesetzt. »Gott und den Menschen nah« – so titelte der Passauer Pastoralplan und orientiert sich dabei am Handeln Jesu. Mich hat immer berührt, dass Jesus in dieser Begegnung das »heilige« religiöse Gesetz bricht, das einen Menschen heillos in der Region des Todes festhielt. Aussätzige zählten in Israel zu den Toten. Die Heilung des Aussätzigen im Fresko der Kirche St. Georg zu Obernzell ist deshalb unter die Darstellung aller Totenerweckungen eingereiht. Dass Jesus in seiner linken Hand eine Gesetzesrolle hält, hat mir mein Kollege und Freund Georg Braulik als Analogie zum Herabsteigen des Mose vom Berg Sinai ausgedeutet. Jesus offenbart im gesamten Geschehen der Heilung des Aussätzigen, dass es

Gott darum geht, dass Leben aufkommt, während menschliche, darunter »heilige« Gesetze oftmals bewirken, dass Leben umkommt. »Seines Herzens Sinnen waltet von Geschlecht zu Geschlecht, sie den Toden zu entreißen und sie zu nähren in ihrem Hunger nach Leben« (Ps 33). Dieser Psalm über unseren Gott mit Herz gibt wieder, dass Gott ein Liebhaber des Lebens ist (Weish 11,26).

Josef Brandner hat dies in einer anderen biblischen Meditation mit dem großen alttestamentlichen Erfahrungstext untermauert, der Israel als Säugling aufs Feld hinausgeworfen in seinem Blute liegend beschreibt, zu dem Jahwe hinzutritt und ihm wirkmächtig zuruft: »Lebe!« (Ex 16,3–6)[126].

Das Bild aus dem Codex Echternach lehrte mich, den Horizont der Pastoraltheologie abzustecken sowie die entscheidenden Fragen der Pastoraltheologie zu stellen. Der Horizont ist die Begegnung zwischen dem lebendigen Gott und den vom Tod bedrohten Menschen, und dies die gesamte Geschichte hindurch. Diese Begegnungen haben zum Ziel, dass Gottes Lebensabsicht für die Menschen eine Chance hat. In diesem Sinn geht es immer darum, dass »Gottes Reich komme«. Nur in diesem Rahmen ist sodann die Berufung der Christen und der Kirche zu entfalten. Der Reichenauer Buchmaler macht das eindrucksvoll. Die Kirche wird symbolisiert in den beiden Gestalten Petrus und Johannes, welche das Recht und die Liebe symbolisieren, ohne deren Zusammenspiel das Leben in der Kirche Schaden leidet. Ein Moment dieser Liebe ist *compassion*, Mitgefühl, Erbarmen. Erbarmen meint aber nicht feudalistische Herablassung. Vielmehr schützt das Erbarmen davor, dass Recht in Unrecht kippt. Das Recht wiederum stellt sicher, dass das Erbarmen nicht feudalistisch, ja rechtlos wird.

Dann wird der Künstler in seiner Einfachheit theologisch genial. Er lässt Petrus seine Hand anschauen. Offenbar hat dieser zuvor erlebt, wie »Jesus seine Hand ausstreckte« und durch diese schöpferische Geste mit göttlicher Kraft heilte. Petrus nimmt Maß am Maßgeblichen, der für ihn Jesus ist, in dessen Spur er »nachfolgt«. Die elementaren Fragen an die

---

126 Brandner, Josef; Zulehner, Paul M.: Lebe! Das Anliegen Gottes als Schwerpunkt der Pastoral seiner Kirche, Meitingen u. a. 1981. – Nachgedruckt in: Zulehner, Paul M.; Brandner, Josef: »Meine Seele dürstet nach dir« (Psalm 63,2); GottesPastoral, Ostfildern 2002, sowie in: Zulehner, Paul M.: Christenmut. Geistliche Übungen nicht nur für fromme Zeitgenossen, Gütersloh 2010.

Kirche sind damit gestellt, Fragen, die ich sodann in pastoraltheologischen Arbeitsfeldern ausgebaut und mit Studierenden oder Haupt- wie Ehrenamtlichen in den christlichen Kirchen erwogen habe:

Geht die Kirche auf die Aussätzigen von heute zu? Wer sind diese? Welches sind die Zeichen der Zeit, durch welche Gott seiner Kirche den Weg zu den Menschen erschließt? Trifft zu, was die Pastoralkonstitution des Zweiten Vatikanischen Konzils, welche die Kirche in eine »gute Verfassung« bringen sollte, der Kirche ins missionarische Stammbuch geschrieben hat? Dort heißt es: »Freude und Hoffnung, Trauer und Angst der Menschen von heute, besonders der Armen und Bedrängten aller Art, sind auch Freude und Hoffnung, Trauer und Angst der Jünger Christi. Und es gibt nichts wahrhaft Menschliches, das nicht in ihren Herzen seinen Widerhall fände« (GS 1). Diesen ersten Frageblock habe ich als »Kairologie« bezeichnet, die Kunst, mit allen Kenntnissen der Wissenschaften vom Menschen menschennah zu sein.

Sodann die tiefschürfende Frage: Handelt die Kirche jesusgemäß? Kommt sie vom Berg herab, um Gottes Absichten zu verwirklichen? Taucht sie bei den Menschen, und hier wieder bei den Arm(gemacht)en auf und begegnet sie ihnen so, dass Leben auf- und nicht umkommt? Dient die Kirche dem Kommen des Reiches Gottes in der einen Menschheit und deren Geschichte, die immer zugleich Welt- und Heilsgeschichte ist? Weil es darum geht, das Tun der Christen und ihrer kirchlichen Gemeinschaften auf den Prüfstand jesuanischer Praxis zu stellen und zur Evaluierung Kriterien zu entwickeln, heißt die wissenschaftliche Befassung mit diesem Frageblock in meiner Pastoraltheologie »Kriteriologie«.

Schließlich kann das kairologische und kriteriologische Fragen zeigen, dass es für das Handeln der Kirchen und deren strukturelle Ermöglichung stets einen Entwicklungs- und Reformbedarf gibt. Kirchen lernen und entlernen. Die moderne Organisationswissenschaft nennt das Change Management. Hermann Stenger sprach vom Meliorisieren der Praxis. Für Jesus heißt das anspruchsvolle Wort: Umkehr. Konkret bedeutet das, dass die Praxis der Kirche durch einen Dialog mit den Erkenntnissen der Organisations- und Personalentwicklung verbessert werden soll. Praxeologie ist fachwissenschaftlich gesprochen die Bündelung solcher pastoraltheologisch begründeter Bemühungen. Dann kann es sein, dass eine bestimmte Kirchengestalt vergeht, weil – um mit Rainer

Maria Rilke zu sprechen – ein »Ast, mitten im Blühen müd, keine Früchte haben« wird. Aber im Stamm bleibt der Baum Gott lebendig. Es wird einen neuen »Frühling Gottes« geben, weil der Sohn »in Mänteln und Metamorphosen durch alle steigenden Stimmen der Zeit« gehen wird.

DER Ast vom Baume Gott, der über Italien reicht,
hat schon geblüht.
Er hätte vielleicht
sich schon gerne, mit Früchten gefüllt, verfrüht,
doch er wurde mitten im Blühen müd,
und er wird keine Früchte haben.

Nur der Frühling Gottes war dort,
nur sein Sohn, das Wort,
vollendete sich.
Es wendete sich
alle Kraft zu dem strahlenden Knaben.
Alle kamen mit Gaben
zu ihm;
alle sangen wie Cherubim
seinen Preis.

Und er duftete leis
als Rose der Rosen.
Er war ein Kreis
um die Heimatlosen.
Er ging in Mänteln und Metamorphosen
durch alle steigenden Stimmen der Zeit.
RAINER MARIA RILKE

Erbarmen

In der bibeltheologischen Schule Josef Brandners hat ein weiteres Thema bei mir an Bedeutung gewonnen: die innerste Eigenschaft Gottes zur Schöpfung und zu den Menschen, sein Erbarmen. Josef Brandner schenkte denen, die zu seinen didaktischen Monologen gekommen waren, eine meditative und theologisch tiefschürfende Auslegung des Gleichnisses vom Erbarmen des Vaters mit seinen zwei verlorenen Söhnen. Wortgewaltig erzählte er, wie der eine verlorene Sohn in seiner Karriere nach unten am Ende bei den Schweinen landete. Er hat, oberbayerisch bildhaft formuliert, »sein Leben versaut«.

Viel Aufmerksamkeit gab Brandner aber auch dem anderen verlorenen Sohn. Er symbolisiert die Gefährdung der Frommen und moralisch Erfolgreichen: Sie verstehen das Erbarmen Gottes nicht und können sich an der Riesenfreude des Vaters nicht erfreuen. Noch nicht?, frage ich mich manchmal, auch für uns Frommen hoffend. Es ist eine ständige Auseinandersetzung in der Kirche um dieses Erbarmen des Vaters in Gang. Einerseits berufen sich Betroffene und begleitende Seelsorgerinnen und Seelsorger darauf, dass Gott auch mit Menschen, deren kirchlich geschlossene Ehe scheitert, Erbarmen hat. Solches lässt der Bischof in einer orthodoxen Kirche in seiner »Oikonomia« durchscheinen; Oikonomia ist die Kunst des Bischofs, in der Familie Gottes ein guter Hausvater zu sein. Andererseits stößt Papst Franziskus mit einer solchen Praxis bei gewichtigen Personen im Vatikan, wie etwa dem Präfekten der Glaubenskongregation, Gerhard Ludwig Müller, auf Widerstand.

Wie wichtig das Erbarmen in der Seelsorge heute ist, habe ich bei einer Begegnung mit wiederverheirateten Geschiedenen erlebt. Wir waren im Rahmen der WIGE (Plattform für Wiederverheiratete Geschiedene) zu einem Glaubensgespräch zusammengekommen. Ich fragte eine Teilnehmerin, die als Geschiedene in einer neuen Ehe lebt, wie ihrer inneren Erfahrung nach Gott zu ihr steht, jetzt inmitten des Scheiterns und auf ihrem neuen Lebensweg. Da sagte sie: »Ich bin sicher, dass Gott mir vergeben hat. Aber die Kirche vergibt mir nicht.« Das eine Mal spricht sie vom ersten verlorenen Sohn, in dessen Geschichte sie sich wiederfindet. Das andere Mal erzählt sie vom zweiten verlorenen Sohn. Das grandiose Bild von Rembrandt van Rijn zeigt den Vater, wie er seine mütterliche und väterliche Hand auf die Schultern des Heimgekehrten legt. Dessen schuhlose Fußsohlen sind vom Gehen verwundet. Sein Kopf ist wie der eines Sklaven kahl geschoren. Dennoch trägt er bei allem Scheitern in seinem Leben immer noch den Dolch im Gürtel, Symbol der Freiheit und Würde. Die Frage Jesu aber ist: Wird der andere Sohn den Vater verstehen lernen? Jesus erzählt, wie sehr sich der Vater bemüht, ihn zu gewinnen, sich am Fest des Erbarmens zu beteiligen, das dem Heimgekehrten ein neues Leben, ja eine Auferstehung eröffnete:»Er war tot und ist auferstanden«, sagt Jesus zweimal vom heimgekehrten Sohn. Erbarmen lässt Tote auferstehen. Was anderes sollte das Tun der Kirche bewirken, als Auferstehung zu einem neuen»Leben in Frieden«, zu dem Gott uns berufen hat (1 Kor 7,15)?[127]

Leibhaftig glauben

An einem dritten Themenfeld, das mir in meinem pastoraltheologischen Wirken sehr wichtig geworden ist, habe ich mit Josef Brandner gearbeitet: an der Lebenskultur nach den Evangelischen Räten. Schon früh in meinem gläubigen Leben hat mich irritiert, dass es in der Kirche zwei Vollkommenheitsklassen gab: hier die Vollkommenen, die Ordensleute und schon ein wenig abgemildert die Weltpriester, dort die Fußgänger des christlichen Leben, die weltlichen Laien und hier wieder abgestuft die Verheirateten. Hier die Christen, die nach den evangelischen Räten leben, dort jene, denen diese Zumutungen nicht gelten. Gilt aber das Wort Jesu nicht für alle Nachfolgenden?»Ihr sollt also vollkommen sein, wie es auch euer himmlischer Vater ist« (Mt 5,48).

Mir hat die Frage weitergeholfen, warum es just diese drei Räte waren, die in der christlichen Spiritualität Karriere gemacht haben. Jesus riet ja auch, nicht zu schwören. Ich habe aber den Anti-Modernismus-Eid sieben Mal schwören müssen. Jesus riet, die Feinde zu lieben. Auch daraus wurde kein lebensprägender Rat in der christlichen Tradition.

127 Luzern Auferstehungspraxis

Die Antwort fand ich, als ich auf die Studie des Sozialpsychologen Gerhard Schmidtchen »Was den Deutschen heilig ist« aufmerksam wurde.[128] Schmidtchen hatte von der Deutschen Bischofskonferenz den Auftrag bekommen, zu erheben, was bleibt, wenn ausdrückliche Religiosität verdunstet. Die Antwort des Forschers: Es bleiben »Lebensheiligtümer«. Über solche ließen die Menschen nichts kommen. Sie sind für sie unantastbar, tabu, eben in diesem sozialpsychologischen Sinn »heilig«. Schmidtchen nannte in seiner Studie Wachsen und Wurzeln als die Urdynamik des Lebens eines jeden Menschen. Der eine und einmalige Mensch sei wie ein Baum: Er treibt Wurzeln und will wachsen. Wurzeln, das sind Heimat, Geborgenheit, Dazugehören, ein Dach über dem Kopf und über der kosmisch unbehausten Seele. Wachsen meint kreativ sein, seine eigene Geschichte schreiben, »a room for one's own« (Virginia Woolf). Wo diese Erfahrungen nicht vorkommen, breitet sich der Geruch des sozialen Todes aus, eines Todes vor dem Tod also. Der Mensch ohne Wurzeln wird heimatlos, entfremdet, physisch wie psychisch obdachlos. Und ohne Wachsenkönnen breitet sich Ohnmacht aus.

Der einmalige Mensch, der einen »Namen« hat, nicht austauschbar ist, sich sehen lassen kann vor jeder Leistung und in aller Schuld, braucht also »Heimat« und »Macht«. Solche Macht ist dabei etwas anderes als »Gewalt«, die einer anderen antut oder selbst erleidet.

Die Urwünsche Name, Heimat und Macht korrelieren mit den drei Evangelischen Räten. Ist das der Grund, dass sich just diese drei durchgesetzt haben, weil es bei ihnen um die Kultur der Lebensheiligtümer im Geist und aus der Kraft des Evangeliums geht? Also um die Kultur der Würde, des Ansehens und Anerkennens; um die Kultivierung der Heimat, jenes Bodens, auf dem man sitzen, den man besitzen kann, der dem Lebenshaus wie ein Fels ein festes Fundament gibt, das aber zugleich Beweglichkeit, Wachsen und Gestalten ermöglich, also Macht erleben lässt?

Dann aber ist es entscheidend, die Evangelischen Räte als eine *Lebens*kultur zu entwerfen und zu praktizieren. Es geht nicht an, dass dann Menschen, die sie geloben, ihr Leben ausdünnen und herunterfahren:

---

128 Schmidtchen, Gerhard: Was den Deutschen heilig ist. Religiöse und politische Strömungen in der Bundesrepublik Deutschland, München 1979.

Ein Verdacht, der in einem dicken Buch von Eugen Drewermann mit Blick auf die Kleriker geäußert worden war.[129]

- *Gehorsam* ist dann nicht abgegebene, sondern radikalisierte Freiheit. Ein gehorsamer Mensch horcht auf Gott, auf die Mitmenschen, auf eine Gemeinschaft hin. Er, sie bündelt alle Kraft seiner Freiheit und bindet diese für jemand oder für etwas. Macht meint dann nicht Gewalt gegen, sondern machtvolle Gestaltung des eigenen Lebens, das Schaffen von Lebensraum für andere. Sie gewinnt so an Autorität, um die herum Menschen aufkommen und nicht umkommen.

- Ein *besitzloser armer* Mensch muss dann nicht unbedingt ein Mittelloser sein, ein Bedürftiger oder Armer. Vielmehr ist es einer, der es nicht nötig hat, Reichtum anzuhäufen, weil Gott selbst sein Reichtum ist. Er verfügt über Güter, die er für das Wohl vieler teilen kann. Die Güter haben nicht ihn, er hat dann Güter.

- Und die *»Ehelosigkeit«*? Auch bei diesem Lebensheiligtum des »Namens« genügt es nicht, den negativen Weg der »Selbstabtötung« zu gehen. Vielmehr stellt sich die Aufgabe, die Liebe derart von allen Sicherheitsängsten und Geborgenheitsbedürfnissen freizupflegen, dass sie entgrenzt, universell werden kann. Sie verausgabt sich, ohne etwas zurückzuerwarten. »Ehelosigkeit« wird dann zur sich weitenden Liebesfähigkeit, welche die vielfach ambivalente Liebe zu einem Partner, die nie frei ist von ichbezogenen Sicherheitsbedürfnissen und eifersüchtigen Besitzwünschen, zurückzustellen vermag. Ehelosigkeit ist nicht Beziehungslosigkeit. Ohne Liebe wird Ehelosigkeit zur Karikatur, weil diese dann oft kompensatorisch klerikale Macht, kulinarisch verbrämte Genussgier und – Gott sei's geklagt – manchmal auch sexuellen Missbrauch begünstigt.

Solch leibhaftiges Glauben ist allen, die in der Jesusnachfolge leben, zugemutet. Eheleuten wie Alleinlebenden, Mitgliedern in Orden, Priestern und Laien. Dabei stimmt, dass im Idealfall Ordensleute diese Räte in »zugespitzter«, aus der bürgerlichen Normalität herausgerückter, »ver-rückter« Form leben. Es ist schon verrückt, nicht zu heiraten, in einer Selbstverwirklichungskultur zu gehorchen und inmitten des üppigen Wohlstands arm zu leben. Andere versuchen diese Kultur des Lebens nach dem Evangelium inmitten ihres bürgerlichen Lebens, Liebens

129   Drewermann, Eugen: Kleriker. Psychogramm eines Ideals, Olten 1989.

und Arbeitens. Aber niemand, der sich in die Jesusnachfolge begeben hat, ist von dieser Zumutung frei.

Johann B. Metz hat darauf hingewiesen, dass eine solche schöpferische Lebenskultur nach den evangelischen Räten nie nur privat bleibt, sondern auch politisch wird.[130] Aus dem evangelischen Rat der Armut wird dann eine Option für die Armen. Aus dem Gehorsam eine Option für die Entrechteten und Unterdrückten. Aus der Ehelosigkeit eine Option für die Einsamen und Vereinsamten, für jene, die niemanden finden, mit dem sie sich in diesem kurzen Leben verbünden können, für die in Beziehungen Gescheiterten.

Codex purpureus Rossanensis, Folio 7v – um 600

Mit der tiefen Dankbarkeit für diese wunderbaren Geschenke besuchte ich am 14. Oktober 2010 den sterbenden Josef Brandner in seinem Krankenzimmer in München. Es war einen Tag vor seinem Tod. Vor sich hatte er eine seiner vielen Kunstkarten stehen. Sie zeigt den Menschen am Boden liegend. Der Herr steht vor ihm und hebt ihn auf. Bis in den Tod haben also Josef seine biblischen Hoffnungsbilder getragen. Danke, Josef. Und das im Namen vieler für so vieles!

Medienarbeit

Es hat mich beschämt und geehrt zugleich, als Armin Wolf im Zeit-im-Bild-Studio des Österreichischen Rundfunks am »Küniglberg« einmal so nebenbei wertschätzend meinte: »Sie sind ja inzwischen so etwas wie der Marcel Pravy der katholischen Kirche.« Marcel Pravy, ein österreichischer Dramaturg und Opernkritiker, war immer im Bild, wenn es

130 Metz, Johann Baptist: Zeit der Orden? Zur Mystik und Politik der Nachfolge, Freiburg 1977.

um Musik, Konzerte und Opern ging. Es war ein Vergnügen, seinen fundierten und launigen Interpretationen zu lauschen.

Nun kann ich ja nicht leugnen, dass mich die Medien schätzen und ich wiederum die mediale Arbeit gerne mache. Egal, ob es Interviews mit Zeitungen waren, Gastkommentare in der Tageszeitung DIE PRESSE oder in der Wiener Zeitung, das Kommentieren von Großgottesdienstübertragungen aus Rom oder Club 2-Sendungen im ORF mit Peter Pawlowsky. Einmal ging es in einem Club 2 mit Brigitte Schwaiger um die Frauen in der Kirche; sie malte mir nach der Sendung in ein Buch von ihr ein Gesicht mit einer Krone. Wer das sei, fragte ich. Sie:»Kardinal König. Grüßen Sie ihn von mir.« Das machte ich. Der Kardinal rief sie kurz danach an. In einem anderen Club 2 war Bischof Kurt Krenn mit von der Partie. Ich wollte ein Argument mit der Bibel untermauern und griff in meine Tasche, um sie herauszuholen. Krenn:»Ach, hören Sie mir mit der Bibel auf!«

Ich habe in lebendiger Erinnerung, wie Mathilde Schwabeneder und ich zusammen die Übertragung des Begräbnisses von Johannes Paul II. aus Rom kommentierten. Wir saßen in einer Kabine oben in den Kolonnaden. Der Blick war direkt auf den Sarg gerichtet, auf dem das Evangeliar lag. Dabei wären wir fast nicht zu unserem»Arbeitsplatz« vorgedrungen. Wir hatten Presseausweise, aber beim Eingang, der auf dem Ausweis ausgewiesen war, waren aber nicht registriert. Zum Glück kam ein Prälat vorbei, den Matthilde Schwabeneder kannte. So kamen wir doch in die Übertragungskabine. Besonders eindrucksvoll war für mich, wie Roger Schutz, der Gründer von Taizé, bei der Kommunion im Rollstuhl vor Kardinal Joseph Ratzinger hinfuhr, der dem Trauergottesdienst vorstand. Ratzinger reichte dem Protestanten die Kommunion. Ein starkes ökumenisches Zeichen.

Zu den großen Gottesdienstübertragungen, bei denen ich mitwirken konnte, zählen die Beerdigung des Wiener Bürgermeisters Helmut Zilk (2008) sowie Otto von Habsburgs (2011). Nicht vergessen werde ich auch die Gottesdienstübertragung vom Besuch Papst Benedikts XVI. in Krakau (2006). Mit welcher Liebe die Polen den deutschen Papst empfangen haben! Zugleich aber zeigte ein Plakat die liebevolle Wertschätzung des polnischen Volkes für ihren großen Sohn Johannes Paul II. Auf dem Plakat waren große Fußstapfen zu sehen, in welche Papst Benedikt seine kleinen Füße setzte.

Eine Schrecksekunde musste ich bei der Kommentierung des Besuches von Papst Benedikt 2009 in Tschechien durchstehen. Als ich ins Studio kam, wurde mir gesagt, dass ich nicht nur den theologischen Kommentar, sondern auch die Moderation der Sendung übernehmen solle. Offenbar war die vorgesehene Moderatorin nicht einsatzbereit. So saß ich allein in der Kabine. Und erhielt Lob.

Die längste Zeit, die ich im Studio mit Matthilde Schwabender arbeitete, war beim Besuch von Papst Benedikt XVI. in Österreich. Das Studio war im Haashaus gegenüber dem Stephansdom, übertragen wurde auch aus Mariazell, dort bei strömendem Regen. Dass ich diese Arbeit machen konnte, verdanke ich der Standfestigkeit von Gerhard Klein von der Abteilung Religion und seit geraumer Zeit auch Wissenschaft im ORF. Mehrmals hatte ein hoher Würdenträger aus der Bischofskonferenz bei ihm anrufen lassen, um zu erreichen, dass jemand anderer als ich ins Studio gehen solle. »Wenn Sie mir jemand Besseren bringen«, war seine wertschätzende und erfolgreiche Antwort.

Einen enormen Marktanteil von 30 % hatte die Übertragung der Heiligsprechung der beiden Päpste Johannes XXIII. und Johannes Paul II. am 27. April 2014. Ich saß mit Christoph Riedl von der »Orientierung« im Studio. Ein offenkundig von der Osterliturgie ermüdeter Papst Franziskus sprach zwei große Männer der Weltgeschichte heilig. Johannes XXIII. hatte tatkräftig an der friedlichen Lösung der gefährlichen Kubakrise 1962 beigetragen, welche die Welt an den Abgrund eines atomaren Schlagabtausches zwischen Rußland und den USA gebracht hatte. Zudem hatte er das Zweite Vatikanische Konzil eröffnet, um der jahrhundertelangen Risikoschwangerschaft der katholischen Kirche in der modernen Welt ein Ende zu setzen. Dem Papst Johannes Paul II. hatte Michail Gorbatschow bescheinigt, dass er zum Ende des Kommunismus in Osteuropa beigetragen habe. »Der Geist des Herrn wird das Antlitz der Erde erneuern – dieser Erde!« sagte der Papst in seiner Predigt am Pfingstsonntag auf dem Siegesplatz in Warschau inmitten des Kriegsrechts in Polen – und stampfte dabei mit seinem Fuß auf den polnischen Boden.

Den Bischöfen und manchen »rechten« Kirchenmitgliedern war meine mediale Präsenz nicht geheuer. E-Mails, die ich nach meiner Emeritierung erhielt, wünschten, dass ich doch endlich schweige. Manche wünschten auch geradeheraus den Tod. Brüderlichkeit in der Kirche stelle ich mir anders vor. Sie verträgt nach meiner Auffassung eine Auseinandersetzung mit sprachlich geschliffener Klinge. Ich habe aber auch sehr viel ermutigendes Feedback erhalten. Viele haben mir gesagt, wie dankbar sie sind, dass es meine Stimme in der Öffentlichkeit gibt. Sie wären sonst schon längst aus der Kirche ausgetreten. Meine Absicht war stets, Klartext zu reden und nicht um den heißen Brei herum. Als ich nach den Turbulenzen im Priesterseminar St. Pölten im Morgenjournal des ORF-Radios interviewt wurde, stellte Hubert Arnim Ellessen die Frage, ob Bischof Kurt Krenn der prekären Lage in der Diözese Herr werden könne. Ich verneinte. Als er nachfragte, warum, redete ich nicht lange herum, sondern sagte nüchtern: Weil er alkoholkrank ist – woran er allerdings letztlich nach Ausweis der Ärzte nicht gestorben ist. Durch den Alkohol soll Bischof Krenn in seiner Amtsführung erheblich behindert gewesen sein. Solches zu sagen weckte in vielen Kreisen Verwunderung. Der Kaiser müsse doch immer Kleider anhaben. Andere haben es mir gedankt. Krenn musste damals zurücktreten.

Auf Wunsch von Elisabeth Margot Klestil war ich zu einem Abendessen zu Ehren des Nuntius in die Hofburg beim Bundespräsidenten eingeladen. Frau Klestil wollte mit mir am Rande ein paar Worte über ihre kirchlich schwierige Ehesituation wechseln, wozu es freilich nicht kam.

Ich saß gegenüber von Alfred Worms, dem langjährigen Chefredakteur der Zeitschrift NEWS. Links neben mir saß der Amerikanische Botschafter, diesem gegenüber Bischof Egon Kapellari. Geraume Zeit zuvor hatte ich Alfred Worms, dem in dieser Zeit ein Herzleiden schwer zu schaffen machte, erschöpft auf einer Bank im Rathauspark getroffen. Ich setzte mich damals neben ihn und fragte ihn, ob er Hilfe brauche. An diesem Abend erschien er mir aber sehr frisch. So fragte ich ihn, ob es ihm wieder gut gehe. Besser, bejahte er. Dann könne er doch in der Österreichischen Bischofskonferenz Mediensprecher werden. Alfred Worms dreht sich zu Bischof Egon Kapellari und sagt:»Herr Bischof, wenn Sie etwas sagen, dann weiß ich, was Sie Ihren Amtsbrüdern mitteilen wollen. Wenn Zulehner was sagt, weiß ich, was er denkt.« Diese Aussage hat die stets zwiespältige Beziehung von Bischof Kapellari zu mir nicht unbedingt verbessert.

Ich war ihm nie ganz geheuer. Er schätzt mich zwar, hegt aber zugleich auch ein verständliches Misstrauen. Dass ich Fery Berger und die Weizer Pfingstvision unterstütze, und das noch dazu in»seiner« Diözese, war ihm nie ganz recht und brachte auch Fery Berger unverdiente Vorbehalte ein. Weiz war natürlich, auch wegen des pastoral herausragenden Pfarrers Franz Lebenbauer, ein Ort der offenen Kirche. Bischof Kapellari zählte sich selbst dieser zu. Er konnte auch schon einmal Kurt Krenn öffentlich kritisieren. Ich war ihm aber doch zu vorlaut und zu offenherzig. Dennoch war das Verhältnis nie so belastet, dass wir nicht miteinander reden konnten. Als einer, der gern Rilke-Gedichte auswendig lernte, schätze ich seine Liebe zur modernen Literatur und Kunst. Da ist er eine herausragende kirchliche Lichtgestalt. Wann immer sich eine Gelegenheit dazu bot, ließ ich ihn das auch wertschätzend wissen, wohlwissend, dass das nicht seine einzige Stärke ist. Hatte ich ihm dieses Kompliment gemacht, fand ich wenige Tage später in der Post fünf seiner Bücher mit seinen einfühlsamen Texten zu Ingeborg Bachmann und vielen anderen Poetinnen.

Für meine mediale Arbeit habe ich viel bei Adolf Holl gelernt. Unter Kardinal König hatte Adolf Holl, schon Privatdozent an der katholisch-theologischen Fakultät, öffentlich kritische Anmerkungen darüber gemacht, wie in der Kirche über die Auferstehung Jesu geredet und geschrieben wurde. Unter massiven Druck musste daraufhin Kardinal König Adolf Holl die Lehrbefugnis entziehen und ihm die Ausübung des Priesteramtes untersagen. Adolf Holl behielt dennoch bis heute sein völlig archaisches Priesterbild.

Innerkirchlich war er durch die Veröffentlichung einer kritischen Zeitschrift aufgefallen. Sie trug den Titel »Das Freie Wort«. In der Redaktion waren neben Adolf Holl noch Heide Pils und Anton Pelinka. Im Priesterrat war über das unbequeme Blatt heftig diskutiert worden. Ein Verbot stand im Raum. Ich bot damals an, vermittelnd in die Redaktion zu gehen, wenn das sowohl von der Kirchenleitung wie von Adolf Holl akzeptiert werden würde. Er nahm an. Ich fand mich in seiner Redaktion wieder.

Ich begann, Beiträge für das Freie Wort zu schreiben. Das war für mich eine vorzügliche, wenngleich nicht immer vergnügliche Lektion. Denn Adolf Holl zerpflückte sprachlich manche meiner Artikelentwürfe mit unerbitterlicher Härte. Ich rede zu viel um den heißen Brei herum. Der Anfang der Beiträge sei so langweilig, dass die Chance, dass jemand weiterlese, gering sei.

In vielen Jahren habe ich mein Reden und Schreiben weiterentwickelt und feingeschliffen. Großes Vergnügen bereitet mir das Erfinden neuer Wörter. Ich bin davon überzeugt, dass eine neue Idee auch nach einem neuen Wort verlangt. Beispiele gefällig: Lebenswissen, christentümliche Gesellschaft, familiale Lebenswelten, Obdach der Seele, Verbuntung. Manche dieser Wörter sind aus dem Schatz der pastoraltheologischen Sprache nicht mehr wegzudenken. Wenn freilich eine Rede von mir durch Dolmetscher übersetzt werden muss, stöhnen manche wegen dieser ungewöhnlichen Wortbilder.

So sehr ich das Wort inzwischen liebe und in Gedichten von Rainer Maria Rilke schwelge und mich in Gedichten von Paul Celan festbeißen kann: Was ich gar nicht haben kann, ist »Wortdurchfall«. Ich mag auch keine pfäffische Sprache, die mit theologischen Wörtern jongliert, ohne auch nur annähernd mit dem Leben und Leiden, dem Lieben und Sterben der Menschen zu tun zu haben. Wie schrieb doch Meister Eckhart:

»Die irgendetwas in Gott suchen, sei's Wissen, Erkennen oder Andacht oder was es auch sei – findet man es, so findet man dennoch Gott nicht, obzwar einer Wissen, Erkennen, Innerlichkeit findet, was ich (gleichviel) durchaus anerkenne: es bleibt ihm aber nicht. Sucht er aber nichts, so findet er Gott und alle Dinge in ihm, und die bleiben ihm (dann).

Ein Mensch soll nichts suchen, weder Erkennen noch Wissen noch Innerlichkeit, noch Andacht noch Ruhe, sondern einzig Gottes Willen.

Suchst du Gott und suchst Gott um deines eigenen Nutzens oder um deiner eigenen Seligkeit willen, wahrlich, so suchst du nicht Gott.

Wer zu einem guten Menschen spräche: Warum suchst du Gott – weil er Gott ist! ... um solche Menschen steht es recht.

Du gibst nur vor, Gott zu suchen; in Wahrheit machst du aus Gott eine Kerze, mit der du etwas anderes suchst, und hast du es gefunden, so wirfst du die Kerze hinweg. Du erniedrigst den unendlichen Gott zu einer melken Kuh, die man um der Milch und des Käses, um des eigenen Profits willen schätzt. Diese machen aus Gott eine Ziege, füttern ihn mit Wort-Blättern. Ebenso machen sie aus Gott einen Schauspieler, geben ihm ihre alten und schlechten Kleider. Die Seele kann nichts weiter dazu tun, als es zu erleiden; es gehört einzig Gott zu.«[131]

131   Meister Eckhart: Deutsche Predigten und Traktate, hg. und übersetzt von Josef Quint, München⁷1995. – Eckhart: Von der Stille. Eine Auswahl, Freiburg o. J., 29.

Brigitte Schwaiger

Mehr oder minder zufällig ist mir eine längere Zeit nicht so sehr *mit*, sondern mehr *für* die Österreichische Schriftstellerin Brigitte Schwaiger geschenkt worden. Sie trat eines Tages an mich heran, weil sie psychisch und finanziell in Not war. Ihre ganze Lebensgeschichte breitete sie mir aus. Es ist letztlich eine tragische Geschichte gewesen. Dabei hatte diese so groß begonnen. Mit ihrem Erstlingsroman »Wie kommt das Salz ins Meer« hatte sie einen sensationellen Erfolg verbucht. Dann allerdings suchte sie als junge Dichterin und Frau auf der Woge des Ruhms das Abenteuer. Sie ging nach Spanien und gebar dort ihren Sohn Michael Genner. Der literarische Erfolg setzte sich aber nicht nahtlos fort. Sie suchte nach Liebe, fand sie aber nicht. Kein Wunder, sie wollte die Liebe von Unerreichbaren. Neben dem Schreiben fing sie zu malen an. Um sich für finanzielle Entlastungen zu bedanken, schenkte sie mir einige ihrer Bilder. Über Andreas Khol konnte ich bei Wolfgang Schüssel erreichen, dass sie von der Republik monatlich eine Künstlerzuwendung bekam. Es war nicht viel. Leben konnte sie davon nicht. Zudem gab sie von dem Wenigen immer wieder etwas für den Tierschutz: Hatte sie Brigitte Bardot dazu animiert?

Um sie herum wurde es zunehmend einsam. In ihr dunkel. Es konnte sein, dass sie nicht nur am Tag, sondern auch in der Nacht ungeduldig das Gespräch mit jemanden suchte und bei mir anrief. Gegen Ende ihres Lebens verbrachte sie viel Zeit in der Psychiatrie »Am Steinhof«, wie sie den Ort nach dem alten Namen benannte. Sie war dort nicht nur Patientin, sondern betrachtete es als ihre Aufgabe, für andere Patienten da zu sein. Ihre Erfahrungen hat sie in ihrem letzten Buch »Fallen lassen«[132] niedergeschrieben. Am 26. Juli 2010 gelang ihr der zweite Versuch, in den bergenden Fluten der Donau bleibenden Frieden zu finden. Diesen Selbstmord hatte

Nun hat sie doch
deine Muedigkeit gesehen
Die Kahlheit
deines Auges
Die Kaelte
deiner Umgebung
Die Wand
an die du genagelt lebst

Nun sah sie
und sagte es dir

auf Papier, dem unaussprechlich schweigsamen Gefaehrten

Brigitte Schwaiger

---

132   Schwaiger, Brigitte: Fallen lassen, Wien 2006.

sie schon im Jahr 2003 thematisiert und damals schon einen Nachruf auf sich selbst verfasst. Auf einer Diskette gab sie mir folgenden Text, der hier erstmals veröffentlicht wird. Mir liegt an dieser Veröffentlichung in meiner Biografie. Und das nicht nur, weil die Dichterin in mein Leben getreten war und ich mich an so viele ernsthafte Gespräche über ihr sorgenschweres Leben erinnere. Brigitte Schwaiger ist auch aus der Österreichischen Lituraturszene nicht wegzudenken. Dabei hat sie es – je länger, je mehr – schwer gehabt, zu schreiben und für das Geschriebene Verlage zu finden. So hat sie mich soeben verfasste Textfragmente lesen lassen, bat mich, bei Verlagen ein gutes Wort einzulegen, wobei ich selbst auch nicht erfolgreicher war als sie selbst. Unter den Texten, die sie auf diesem Umweg veröffentlichen wollte, war auch der jetzt folgende »Nachruf«. In ihm wird sichtbar, wer für Brigitte Schwaiger gegen Ende ihres kurzen Dichterinnenlebens wichtig war. Mich hat sie auch dazu gezählt. Die Veröffentlichung inmitten meiner Biografie möge sie dankbar ehren.

»Der Selbstmord der Brigitte Schwaiger
Brigitte Schwaiger, über die wir in der gestrigen Ausgabe berichteten, dass sie freiwillig aus dem Leben geschieden ist, hat einen großen Bekanntenkreis in Wien gehabt.
Einer ihrer Freunde, Kardinal Christoph Schönborn, ließ mitteilen, dass er tief erschüttert sei. Für nähere Auskünfte war er bis Redaktionsschluß nicht erreichbar.
Der ehemalige Generalvikar Schüller bedauerte das Ableben der beliebten Schriftstellerin mit den Worten: ›Sie hat mir hin und wieder interessante Gedanken zur österreichischen Innenpolitik und zum Problem der Abtreibung geschrieben.‹
Pastoraltheologe Paul Michael Zulehner, Dekan der Theologischen Fakultät der Universität Wien hat einen Nachruf versprochen, der am kommenden Samstag im ›Spectrum‹ erscheinen wird. Er war in den letzten Jahren der Erfolgsschriftstellerin, die zur Sozialhilfeempfängerin abstieg, verbunden durch Korrespondenz und gelegentliche finanzielle Unterstützungen, die er ihr seitens des ›Pastoralen Forums‹ zukommen ließ.
Die 85-jährige Mutter der Schriftstellerin in einem Telefonat mit der ›Presse‹: ›Es ist zu befürchten gewesen, sie hat in den Siebzigerjahren drei Suizidversuche gemacht, befand sich fast dreißig Jahre hindurch in psychotherapeuti-

scher Behandlung und war zuletzt acht Monate hindurch Patientin des Otto Wagner Spitals wegen immer wiederkehrender Depressionen.‹

Nun ist einmal mehr bewiesen, dass die ›Krankheit zum Tode‹ nicht nur Hausfrauen und sogenannte Durchschnittsmenschen zur Verzweiflungstat, ›Ausweg: Selbstmord‹ treibt, sondern auch Künstlerinnen und Schriftstellerinnen nicht vor ihr beschützt sind.

Wir möchten das Ableben der Schriftstellerin, die 54 Jahre alt war und einen fünfzehnjährigen Sohn hat, zweimal geschieden war und uns zahlreiche Bücher und auch einige amüsante Theaterstücke hinterlassen hat sowie zahlreiche Ölbilder, überwiegend Portraits, mit einer Aufklärungsserie über die Volkskrankheit ›Depression‹ verbinden.

Vor zwei Jahren ereilte den Schriftsteller Franz Innerhofer in Graz dasselbe Schicksal. Auch er wollte nicht mehr leben, und es ist in der Literaturgeschichte immer wieder vorgekommen, dass Schriftsteller ihr Leben selbst und, wie wir leider sagen müssen, vorzeitig beenden.

Die Ärzte, die Brigitte Schwaiger zuletzt betreuten, sind unter Schock. Frau Schwaiger soll eine angenehme und sehr angepasste Patientin gewesen sein, nicht auffällig und in keiner Weise für die Psychiatrie beschwerlich. Im Gegenteil habe sie stets gut auf medikamentöse Behandlung angesprochen und sei in Gesprächen ruhig gewesen.

Die Verwandten, Freunde und Bekannten der Schriftstellerin sind ebenfalls unter Schock, zumal Brigitte Schwaiger in den letzten Jahren eine für sie erfreuliche Anstellung in einem Wiener Verlag hatte und dort mit Arbeit ausgefüllt zu sein schien. Ihr Chef, Prof. U. N. S., sowie die Mitarbeiter des Verlags standen uns für Gespräche zur Verfügung, die insgesamt ergaben, dass die Schriftstellerin labil gewesen sei, fröhlich bei der Arbeit, hilfsbereit, so wie auch schon dreißig Jahre vorher, als sie als sehr junge Frau ein Jahr lang Sekretärin und Lektorin des Verlags war. Prof. U. N. S. ist bestürzt, da er während der Monate, in denen die Sozialempfängerin (die übrigens dank Prof. Paul Michael Zulehner und Andreas Khol, ÖVP, eine Künstlerhilfe von der Abteilung Kunst des Bundeskanzleramtes in der Höhe von mehreren hundert Euro monatlich erhielt) angestellt hatte, den Eindruck gewann, ihre seelische Verfassung habe sich verbessert.

Voraus ging der Katastrophe eine Auseinandersetzung mit dem Verlag der Schriftstellerin, Langen Müller, München, Verleger Dr. Herbert Fleissner und Frau Dr. Brigitte Sinhuber.

Brigitte Schwaiger hatte jahrelang unter Druck geschrieben, erhielt nicht

Zeit, ihre Manuskripte ruhen zu lassen, redigierte ihre Texte nicht mehr selbst, sondern ließ sie vom Verlagslektorat vollenden, und sie soll sehr darunter gelitten haben, dass ihr Name auf Büchern stand, die ihrer Meinung nach Erstfassungen waren, wobei sie mindestens zwei Fassungen zu erstellen pflegte in früheren Jahren, ehe sie ein Manuskript für den Druck freigab.

Angeblich beschwerte sie sich auch darüber, dass Romantitel gefunden wurden vom Verlag und diese ihr aufgezwungen wurden, sodass sie sich überrumpelt und in der Öffentlichkeit falsch repräsentiert fühlte.

Es mag dies für eine sensible Schriftstellerin eine Belastung gewesen sein. Doch deshalb das Leben wegzuwerfen, erscheint uns übertrieben.

Wir müssen die Todesursache und den Auslöser des Selbstmords wohl in der Krankheit suchen, zu der uns zwei Befunde vorliegen.

Aus diesen geht auch hervor, dass die letzten Menschen ihres Vertrauens der Publizist DDr. Günther Nenning, die Schauspielerin Topsy Küppers, der wegen Mordes und Zerstückelung zu lebenslanger Haft verurteilte ehemalige Fernsehmoderator Helmut Frodl und der wegen sechsfachen Mordes und sechsfachen versuchten Mordes zu lebenslanger Haft, aber im Gefängnis im Juni 2001 verstorbene ehemalige Wiener Zuckerbäcker Udo Proksch waren.

Wie aus den Befunden ersichtlich, tat die Schriftstellerin bei ihren Aufnahmegesprächen in der Baumgartner Höhe, besser bekannt unter dem Namen ›Steinhof‹, der Namen ›Christoph Schönborn‹ oder ›Michael Genner‹ keine Erwähnung.

Der Kardinal soll jahrelang mit ihr in brieflicher Korrespondenz gestanden sein. Michael Genner, Flüchtlingsbetreuer, war 1987/88 mit der Schriftstellerin verheiratet und ist der Vater ihres Sohnes.

Es dürfte noch in Erinnerung sein, dass Brigitte Schwaiger im Jahr 1999 beim Prozeß gegen den Terroristen Franz Fuchs auffiel. Offenbar bewogen persönliche und wahrscheinlich psychische Schwierigkeiten die Schriftstellerin dazu, sich in die Öffentlichkeit zu drängen. Sie begrüßte den den Gerichtssaal betretenden Franz Fuchs mit ›Franzi, kennst mi no?‹, was einige Verwirrung stiftete, da sie behauptete, Fuchs durch ihren geschiedenen Mann zu kennen.

Wir interviewten damals Herrn Michael Genner und erfuhren von diesem, dass dies ein Irrtum sei.

Schon im Oktober 1994 war Brigitte Schwaiger dadurch aufgefallen, dass sie im Justizpalast dem wegen Mordes und Leichenzerstückelung zu lebenslangem Kerker verurteilten Wirtschaftstreuhänder Dr.Gabor Pesti die Hände küsste.

Man kann daraus schließen, dass die literarischen Erfolge der Schriftstellerin nachließen und sie versuchte, auf andere Weise ins Rampenlicht zu kommen.

Erwiesen ist auch, dass sie eine Briefkorrespondenz mit Udo Proksch hatte. Informierte Kreise wissen über die Schriftstellerin, dass sie einen Hang zur Prominenz hatte. So soll auch Kardinal Schönborn eigentlich durch Briefe von ihr mehr belästigt denn erfreut worden sein. Die Schriftstellerin versuchte zuletzt, ihre Bücher, die beim deutschen Verlag Langen Müller verlegt wurden, seit vielen Jahren, jedoch auch ›verramscht‹ in der Buchhandlung Hintermayr, Neubaugasse, aus Verträgen zu lösen.

Wir haben, da sie im Jahr 1980 ein Buch mit dem Maler Arnulf Rainer beim Paul Zsolnay Verlag herausbrachte, den Künstler zum Tod der doch für die österreichische Literatur nicht unbedeutend gewesenen Frau zu befragen. Über seine Lebensgefährtin Hannelore Ditz, Mutter seiner vierundzwanzigjährigen Tochter Klara Viktoria Rainer, ließ er ausrichten, Brigitte Schwaiger stets geschätzt zu haben, jedoch in den letzten zwanzig Jahren ohne Kontakt zu ihr gewesen zu sein.

Wie wir sehen, ist kein plausibler Grund für das tragische Ende erkennbar. Es sei denn, es gab etwas im Leben der Oberösterreicherin, die aus Freistadt im Mühlkreis stammte, 1949 geboren, Tochter eines Arztes und einer Krankenschwester, zweite von vier Töchtern, römisch katholisch erzogen, später aus der Kirche ausgetreten, erste Ehe mit einem spanischen Tierarzt, kinderlos, was wir nicht wissen.

Selbstverständlich sind literarischer Misserfolg, also beruflicher, und finanzielle Not eine zusätzliche Belastung für einen Menschen, der von Jugend an zu Depressionen neigte und später in mehreren Kliniken Heilung suchte. Wir haben Brigitte Schwaiger 1977 kennengelernt als Literaturstar, umstritten von den Sachverständigen, umworben von den Medien, und wohl auch gab es das eine oder andere Gerücht, ihren kometenhaften Aufstieg betreffend, nämlich, sie sei, wie es Humbert Fink einmal formulierte, zu Kritikern zwischen Wien und Hamburg zärtlich gewesen.

Uns steht es nicht zu, zu beurteilen oder gar zu verurteilen, wie Brigitte Schwaiger lebte. Es besteht kein Zweifel, dass der Doyen der österreichischen Literatur, der 1979 verstorbene Schriftsteller und Schöpfer der ›Tante Jolesch‹, aber auch des ›Schüler Gerber‹ sowie Übersetzer des israelischen Humoristen Ephraim Kishon, der Anfängerin nahestand und diese auch förderte. Der Kulturpublizist und Schriftsteller DDr. Adolf Holl soll über sie gesagt haben, sie sei ›zäh‹, ansonsten sie schon in den Siebziger Jahren ›im Zentralfriedhof‹ gelegen wäre. Prof. Walter Davy, früher Fernsehspielleiter des österreichischen Rundfunks, soll gefunden haben: ›Die Männer sind Arsch zu ihr gewesen.‹

Freundinnen hatte die Schriftstellerin zuletzt in einigen Therapeutinnen, Krankenschwestern und Patientinnen der ›Baumgartner Höhe‹.

Reisende soll man nicht aufhalten. Wir wünschen der 54-Jährigen, dass sie die Ruhe findet, die sie angestrebt hat, und wir werden sich ihrer und des Romans ›Wie kommt das Salz ins Meer‹, der in zwanzig Sprachen übersetzt und vor einigen Jahren neu aufgelegt wurde, noch lange Zeit erinnern.

Sie versuchte sich auch als Malerin, hatte jedoch keinen Erfolg, ebenso, wie ihre Theaterstücke wohl eher Versuche waren, es den Dramatikern Peter Turrini und Franz Xaver Kroetz gleichzutun, was ihr jedoch nicht gelang. Auch versuchte sie sich in Regie, musste jedoch einsehen, dass sie dazu nicht das nötige Talent hatte.

Als Literatin kopierte sie sowohl Ingeborg Bachmann wie auch Gabriele Wohmann. Einen großen Teil ihres Erfolgswerkes soll Friedrich Torberg persönlich verantwortet haben durch zahlreiche Korrekturen und Vorschläge, die er der Anfängerin stilistisch machte.

Die Schriftstellerin machte sich an ihn heran, als sie schauspielerte in einem kleinen Linzer Theater. Umso peinlicher war es, als sie in einem kleinen Buch eine Abrechnung mit dem ›Onkel Jolesch‹ versuchte, wie Torberg bis heute liebevoll genannt wird.

Eine nymphomanische Veranlagung soll bewirkt haben, dass die in ihrer Jugend gut aussehende Frau Männer dazu benützte, für sie einzutreten. So quälte sie mit ihren Launen den Verleger Ing. Hans W. Polak, Zsolnay Verlag, und sie soll auch mehrere Male versucht haben, beim angesehenen Residenz Verlag, Salzburg, unterzukommen. Aus dem P.E.N.-Club, zu dem Friedrich Torberg sie gebracht hatte, schied sie aus wegen mehrjährigen Nichtbezahlens der Mitgliedsbeiträge.

In ihrem Wohnbezirk, Wien-Neubau, galt sie als ›verrückte Schriftstellerin‹, und in Literaturkreisen hatte sie den Ruf, ›schrecklich‹ zu sein.

Natürlich stellte ihr Eintreten für den Mörder und Zerstückler Pesti (Fall Köberl, zweiter Verurteiler der ehemalige Fernsehmoderator Helmut Frodl) im Jahr 1994 und ihre degoutante Anbiederung an den ›BBA‹-Alleintäter

Franz Fuchs, Graz, Februar 1999, einen Affront und Eklat und eine schwere Belästigung der Öffentlichkeit dar.

Aber auch Ehemänner sollen sich durch sie belästigt gefühlt haben. Was durch die Krankheit der Schwaiger, Borderline, Nymphomanie und Promiskuität jedoch nahezu entschuldbar ist.

Ihre beiden vorletzten Bücher wurden vom inzwischen leider verstorbenen Verlagslektor Barthel F. Sinhuber geschrieben, das letzte Buch, ›Ich suchte das Leben und fand nur dich‹ fand so gut wie keine Beachtung mehr. Viel zu stark hatte sich bereits die Erkenntnis durchgesetzt, dass die Oberösterreicherin in Wien zuerst Friedrich Torberg als Helfer hatte, später andere Schriftsteller, die ihr behilflich waren, und wir meinen, dass Peter Turrini ihr bei den dramatischen Versuchen unter die Arme griff.

Dennoch bestürzt und erschüttert uns das Schicksal der in der Literaturszene von namhaften Kollegen wie Michael Scharang, Michael Guttenbrunner oder Alfred Kolleritsch (›manuskripte‹) sowie der gesamten Grazer Autorenversammlung nie ernstgenommenen Dilettantin.

In unseren nächsten Ausgaben werden wir, wie schon erwähnt, über die Volkskrankheit Depression berichten.

Die Beisetzung der Verstorbenen findet am kommenden Freitag, vierzehn Uhr, im Friedhof von Freistadt, Oberösterreich statt.

Die Angehörigen bitten von Blumenspenden abzusehen und allenfalls an die ›Aktion Leben‹ Geld zu überweisen beziehungsweise an die ›Roten Nasen‹ im Sankt Anna Kinderspital.

(m. s./dr. h. h., red.)

***

Ich habe nie für Mönche geschrieben
Nie für Erzbischöfe, nie für Kardinäle
Nie für Priester.
Sondern immer nur für die Opfer dieser Menschen.
Ich habe geschrieben für die, die reinen Herzens sind.
Und nicht für die Schmeichler und Schönredner.
Ich habe geschrieben für die, die denken können und denken dürfen.
Und nie für die, die sich, wenn sie einen Gedanken haben, fragen, ob sie ihn haben dürfen.
Ich habe geschrieben für die freien Menschen.
Die sich in der rauen Welt bewähren.
Und nicht in ein Kloster flüchten oder in eine Kirche.

Sondern für Menschen, die Straßenbahnen benützen und einen eigenen Haustorschlüssel bei sich tragen.
Für Menschen, die sich in keinen Banden und in keinen Vereinen finden.
Ich habe nie für Menschen geschrieben, die mit einem langen Kleid beweisen, dass sie anders sind als die, die Hosen tragen.
Brigitte Schwaiger, 2.8.2003«

In meiner Wohnung steht ein altes Spinnrad aus dem Elternhaus von Brigitte Schwaiger in Freistadt. Mit ihrer Heimat war sie bis zuletzt verbunden. Es war denn auch in Linz, wo sie Frieden in der Donau suchte und auch fand.

Brigitte Schwaiger hatte mir für die Sendung »Feierabend« im Österreichischen Fernsehen zu Weihnachten 1998 zwei Gedichte geschrieben. Ich will sie ehren, indem ich ihr das Wort lasse:

DER HIMMEL OFFEN
an manchen klaren tagen
ist türkis und schneeweiss
eine botschaft, die der harsche wind
von den dächern heraufträgt
unter denen wien, innere stadt, zuhaus ist

auf unserm hügel
mit der kirche
jesuleins licht im altar
finster ists drin, ausser wenn gottesdienst ist
wohnen türken, griechen
russen, serben
zyprioten, bangladescher
kongolesen
österreicher, grün, rot, braun, blau, schwarz

ein chinese
hat schon einen sohn

in der trafik bitten
japanische musikantinnen
um schöne briefmarken

der himmel schneit wunderflocken
in alle gesichter
BRIGITTE SCHWAIGER

WILLST DU NICHT
willst du nicht
den fremden
neben dir gehen lassen
ein stück
mit dir sitzen
dich anlächeln
willst du nicht
mit dem fremden
dein brot teilen, ihm
deine letzte zigarette
schenken
dein geld
halbieren
mit dem, der dann nicht mehr fremd ist
BRIGITTE SCHWAIGER[133]

---

133 Für die Sendung »Feierabend« am 25.12.1998. Erstabdruck: Zulehner, Paul M.: Für Kir-
chenliebhaber*innen* und solche, die es werden wollen, Ostfildern 1999.

2. Satz: Menuett
Lieben

Das zweite »Lebensbein« jedes Menschen neben dem Arbeiten ist sein Lieben. Sind Arbeiten und Lieben in gutem Einklang, dann »geht es uns gut«. So will ich mich mit gebotener Diskretion anschicken, über diese zweite Seite meines Lebens zu erzählen. Auch in diesem Teil werde ich nicht nur Erfahrungen berichten, sondern mich gleichsam über diese »zurückbeugen«, also »re-flektieren«. Handelt es sich doch um ein Thema, das nicht nur menschlich tief, spirituell anspruchsvoll, sondern auch kirchenpolitisch von Belang ist.

Lieben, so insistiert Meister Eckhart wiederholt, ist das A und O des menschlichen Lebens. Als Geschöpfe eines Gottes, der in sich unendlicher Liebesreichtum ist, ist es unsere Berufung, Liebende zu werden. Gott hat – neuerlich zitiere ich die große Theologin Dorothee Sölle – die Welt und darin uns »ex amore« geschaffen. Er »gebar« uns, weil er Sehnsucht danach hatte, seine unerschöpfliche Liebe an jemanden zu verströmen, der er selbst nicht ist. Ich habe in meiner schöpfungstheologischen Ausbildung gelernt, dieses Sich-liebende-Verströmen Gottes und die Erschaffung der Welt und eines jeden Menschen darin ineinander verwoben zu verstehen. Gott verströmt seine Liebe und im Verströmen schafft er den Adressaten seiner Liebe mit. Noch mehr: Dieses schöpferisch-liebende Gebären ist ein andauernder Vorgang. Gott ist ständig am Gebären, so Meister Eckhart.

Kein Wunder, dass daher die Sehnsucht des maßlosen Gottes nach dem Menschen in diesen eine maßlose Sehnsucht nach Gott einstiftet. Das macht das Herz des Menschen unruhig, bis es am Herzen Gottes zur Ruhe kommt, wie auch Gottes Herz unruhig bleibt, bis es am Herzen des Menschen ruht.

Ich bin dieser Unruhe meines Herzens von Kindesbeinen an auf der Spur. Sie ist die Quelle meines spirituellen Suchens. Von diesem Suchen will ich zuallererst erzählen. Jesuanisch geht es also um die Liebe zu dem, den ich immer zögerlicher »Gott« nenne. Er ist für mich das letzte unauslotbare Geheimnis aller Wirklichkeit. Er entzieht sich mir umso mehr, je näher ich ihm zu kommen meine. »Anaphatische Theologie« ist das, eine Theologie die schweigt, nichts mehr sagt, weil kein Wort dem Geheimnis gerecht wird. Zu lange habe ich mich als Gotteslehrer der »kataphatischen Theologie« verpflichtet gefühlt. Sie verwendet »Kategorien«, weil sie nicht anders kann, weil sie ja reden muss und verstanden werden will. Damit aber bindet solche Theologie Gott über die Sprache an Raum und Zeit, obgleich sie weiß, dass Gott Raum und Zeit erschaffen hat und sie vollendend zugleich umfasst und übersteigt. So wird auch mein Erzählen über mein spirituelles Suchen diesem letztlich nicht gerecht und kann es auch nicht. Denn Spiritualität und Lieben haben eines gemeinsam: Je tiefer meine Erfahrungen sind, desto mehr lässt mich meine Sprache im Stich. Das wird sich im Erzählen über meine spirituelle Lebensreise ebenso zeigen wie in den wechselvollen Abenteuern des Liebens.

Gott lieben – meine spirituelle Lebensreise

Als Kind habe ich bei meinen Eltern eine traditionelle Spiritualität gelernt. Wir sprachen ein Tischgebet. Meine marianisch geprägte Mutter betete mit uns täglich den Rosenkranz. Wir Buben erreichten später, dass ein Gesätzchen genügte. Wir gingen selbstverständlich jeden Sonntag zur Kirche. Der lange Weg von der Kohlstatt nach Thalberg und später von Hinterschiffl nach Julbach war uns nie langweilig oder zu lang. Allein die Natur bot viele Abwechslungen.

Benedikt und Ignatius

Als Jörg und ich dann 1947 zu den Schottensängerknaben kamen, sangen wir so gut wie jeden Sonn- und Feiertag beim Choralamt in der Schottenkirche. Während der Woche war ich zudem oft zum Ministrieren in der Kirche am Hof bei den Jesuiten eingeteilt. Das machte mir auch deshalb Spaß, weil dort eine kleingewachsene ältere Frau zur Kirche kam, die mir nach der Messe zumeist ein wenig Geld zusteckte. Ich setzte es im Bonbongeschäft hinter dem Burgtheater umgehend in Süßigkeiten um. Sparen oder Teilen kamen mir damals nicht in den Sinn. Einmal kaufte ich mir im Gemüsegeschäft an der Ecke Schottengasse/ Helferstorferstraße eine Banane. Sie schmeckte mir überhaupt nicht. Sie hatte einen für mich gänzlich fremdartigen Geschmack. Ich weiß noch, wie ich sie, obgleich gar nicht billig, angebissen und dann in den Abfallkorb warf, der an einer mit einem Gasstrumpf bestückten Straßenlampe befestigt war.

Schon bei der Marianischen Kongregation am Seipelplatz, noch mehr aber dann im Canisianum in Innsbruck wurde meine benediktinisch grundgelegte Spiritualität zusätzlich ignatianisch eingefärbt. Jährlich gab es nach Neujahr siebentägige Exerzitien. Ich habe sie genossen, weil es eine Zeit zum gründlichen Ausschlafen war. Im Canisianum lernte ich optimale Ordnung. »Serva ordinem, et ordo te servabit – halte die Regel und die Regel wird dich halten«, so das Motto der jesuitischen Erzieher. Der Tagesablauf wurde durch spirituelle Einheiten strukturiert. Es begann mit dem Besuch der Kapelle nach dem Aufstehen. Das stellte sicher, dass wir früh aus dem Bett kamen. Damals erschien mir 5.30 Uhr hart, heute stehe ich freiwillig um diese Zeit auf. Es folgte die tägliche Eucharistiefeier.

Ab der Diakonatsweihe war das tägliche Breviergebet verpflichtend. Beim Konzil wurde den Weltpriestern empfohlen, die ganze pastorale Arbeit als spirituell zu begreifen, nicht nur das Stundengebet. Es wurde die Möglichkeit eröffnet, dass Gebetsteile (wie Laudes oder Vesper) ausfallen konnten, wenn es eine gemeindliche Liturgie gab. Von den drei kleinen Horen war nur noch eine verpflichtend. Das Zweite Vatikanische Konzil hat damit einen Schritt zur »Entmönchung« der Spiritualität der Weltpriester getan. Dass heute manche davon schwärmen, wenn Weltpriester etwa in Heiligenkreuz zu Minimönchen ausgebildet werden, kann ich nach vielen Weltpriesterjahren nicht wirklich verstehen.

Als ich dann meine »außerkirchlichen« spirituellen Erfahrungen in Mainz gemacht und dabei vertieften Zugang zum Meditieren gefunden habe, hatte das auch Auswirkungen auf meine Beteiligung am Stundengebet der Kirche. Ich brauchte fortan mehr Zeit für die Meditation und entschied mich, nur Laudes und Vesper zu beten. Zudem verringerte sich in den letzten Jahren die Anzahl der Wochentagsmessen merklich. Das hat auch praktische Gründe. Die morgendlichen Wochentagsgottesdienste in meiner Umgebung waren mir zu spät.

Wenn ich heute auf meine spirituelle Entwicklung zurückschaue, kommt ein Gefühl der Beklommenheit auf. Es war den Jesuiten in der langen Ausbildungszeit in Innsbruck gelungen, meine spirituellen Speicher prall zu füllen. Ich konnte mit einem riesigen Vorrat in mein Priesterleben starten. Später beschlich mich hin und wieder das Gefühl, dass sich dieser Vorrat nach und nach verbraucht hat. Manches erwies sich als unbrauchbar. Die Ergänzung des Lauten und Ausformulierten durch den meditativen Gang in die Stille und in die Leere war für meine spirituelle Entwicklung wichtig. Meine Spiritualität erhielt jetzt mehr persönliche Züge, ohne dass ich die Entlastung durch die kirchlichen Vor-Gaben geringgeschätzt hätte. Ist das der normale Gang des Lebens, dass sich in jungen Jahren gesammelte Vorräte verbrauchen, ja verbrauchen dürfen? Sollte es nicht gar gut sein, auch spirituell demütig und mit leeren Händen am Ende bei Gott »anzukommen«? Vielleicht ist das Aufbrauchen von Vorräten auch eine Erfahrung von Gnade, die uns vom spirituellen Dünkel befreit, Gottes Liebe mit unserer Frömmigkeit und unserem moralisch gelungenen Leben verdienen zu müssen. Ich habe Karl Rahners Satz, den er als Buchtitel für das Gespräch zu Theologie der Seelsorge heute vorgeschlagen hat, immer besser verstehen gelernt: »Denn du kommst unserem Tun mit deiner Gnade zuvor.«

Bin ich nicht Volk?

Die Minderung der Anzahl von Messfeiern hatte auch damit zu tun, dass ich als vielreisender Vortragender und Kursleiter »keinen Altar« hatte, um den sich eine Gemeinde versammelte und die erwartete, dass ich täglich deren Feier vorstand. Zeitweilige Überlegungen, in einer pfarrerlosen Gemeinde zu dienen, scheiterten daran, dass ich durch Vorträge und Kurse zu viele Sonntage außerhalb Wiens gebunden war. Auch habe ich es in den letzten Jahren zunehmend für angemessen gehalten, einfach »modo laico«, also im »Volksmodus« die Sonntagsmesse mitzufeiern. Konzelebrieren im engeren Sinn des Wortes schien mir seit dem Konzil nicht mehr sinnvoll zu sein, es sei denn, eine Gemeinde wünschte es ausdrücklich, dass ich am Altar stand. Das machte ich aber auch nur dann, wenn ich gepredigt habe. Es ist ja das ganze versammelte Volk, das in einem weiteren Sinn »konzelebriert«.

Es ist für Priester gar nicht schlecht, sondern höchst lehrreich, sich dann und wann ins feiernde Volk zu setzen und sich zu erinnern, dass sie auch als Priester Volk sind, laós, also »Laien«. Dabei denke ich gern an den großen Kardinal Hermann Volk von Mainz, der ein vorzüglicher Dogmatiker war. Von ihm wird verbürgt erzählt, dass er sich auf der

Würzburger Synode (1971–1975) als Kardinal bei einer Messe in die Kirchenbank gesetzt hatte. Da kam ein anderer Bischof vorbei und fragte ihn: »Herr Kardinal, konzelebrieren Sie nicht?« Er darauf verschmitzt: »Bin ich nicht Volk?«

Ein Priester, der dann und wann im Volk sitzt, kann deutlicher wahrnehmen, wie es vielen Sonntag um Sonntag ergeht, wenn sie zur Kirche kommen. Manche Priester verstärken ihre ohnedies dominante Rolle als Vorsteher der Liturgie, indem sie auch dann, wenn das Volk singt, dieses mit Mikrophonverstärkung »niedersingen«. Volksgesang kommt so nicht auf. Vielmehr ist es oft Priestergesang mit Volkshintergrundbegleitung.

Mühsam ist für mich auch der Umgang vieler Liturgen mit dem Wort. Sie gehen davon aus, dass jene, die kommen und mitfeiern, der ständigen Belehrung bedürfen. Unentwegt wird von manchen Priestern die Liturgie erklärt. Das mag bei Beerdigungen angebracht sein oder an den hohen kirchlichen Feiertagen, bei und an denen sich Menschen versammeln, die sonst wenig liturgische Routine mitbringen. Aber wer heute am Sonntag zur Kirche geht, hat zumeist tiefe Glaubenswurzeln und weiß manchmal theologisch ähnlich viel wie ein Pfarrer, der der Meinung ist, sich nicht sonderlich fortbilden zu müssen. Sie sind längst keine »Kirchenbesucher« mehr, wie sich manche theologisch fragwürdig ausdrücken.

Ein Beispiel zur klerikalen Erklärungswut gefällig? Ich feierte einmal die Osternacht bei den Jesuiten in Lainz mit. Die liturgische Kompetenz ist bis heute zumeist eher eine Sache der Benediktiner als der Jesuiten. Der Pater, welcher der Osterliturgie vorstand, erklärte unentwegt. Dabei kam ich mir vor, als müsste ich als Sehender die Kommentare für Blinde im Fernsehen mithören, weil ich nicht weiß, wie ich sie aussschalte. Er entzündet das Feuer. Dazu sagt er: »Jetzt entzünde ich das Feuer.« Er trägt die Osterkerze in die dunkle Kirche. Er sagt: »Jetzt bringe ich das Licht in die Dunkelheit.« Kurzum: Er traute nicht dem, was er tat, sondern setzte auf seine Erklärungen. Ein Hauch von Selbstinszenierung?

In manchen Gottesdiensten findet eine für mich widerliche, weil höchst betuliche »Pädagogisierung« der Liturgie statt. Ich komme in die Messe und möchte in das Geheimnis jenes Gottes eintauchen, von dem die versammelte Gemeinschaft randvoll ist. »Meine Seele dürstet nach dir« habe ich noch vor dem Kirchgang in den Laudes gesungen. Dann finde ich mich in der Kirchenbank vor und erlebe eine theologische Bildungsveranstaltung auf oft niedrigem Niveau. Manche Liturgen können einfach das belehrende Wort nicht lassen. »Logorrhoe« habe ich diese Liturgenkrankheit einmal just bei einer Festrede zum Jubiläum einer Predigerzeitschrift benannt, Wortdurchfall.[134] Das Kirchenvolk wird während einer einzigen Messe durch eine Serie von Predigten misshandelt. Und das alles, weil dem Wirken des anwesenden Gottes misstraut wird. Die Liturgie hat genug sich selbst ausdeutende Worte. An präsentativem Wort fehlt es ihr nicht. Warum aber so viele durchaus kluge und gut vorbereitete diskursive Worte? Ich kenne einen theologisch höchst begabten Pfarrer und engagierten Liturgen. Dieser hat es sich zur Gewohnheit gemacht, vor jeder Lesung eine Einführung zu machen. Er kann das Wort Gottes nicht mehr für sich selbst wirken lassen. Er zerklärt es. Ich soll es nach seiner Anleitung hören. Gottes freie Gnade soll sich gefälligst seiner zuvorkommenden Auslegung unterordnen. Ich zähle mit, auf wie viele Predigten manch ein Liturge es heute bringt. Die erste kommt bei der Begrüßung, dann eine zweite vor dem Schuldbekenntnis, weitere vor den zwei Lesungen. Sodann kommt die Hauptpredigt. Der Friedensgruß bietet sich neuerlich als Anlass für eine kleine Predigt an. Dann rund um die Verlautbarungen nach der Kommunion. Und schließlich vor dem »Gehet hin in Frieden«. Manche Liturgen bringen es auf sieben »Predigten« in einer Messe: im Sport wären sie »Siebenkämpfer«. Während der vielen Predigten fange ich an, autogenes Training zu machen.

Ars celebrandi und ars praedicandi: Wie gut wäre es, gingen katholische Priester manchmal bei evangelischen Pastorinnen und Pastoren in die Schule. Diese predigen natürlich auch. Aber nur einmal und das zumeist sehr gut. Es ist schon eine Ironie: Gottesdienstsensible Protestanten gehen gern bei uns Katholiken in die Schule, um dem mit präsentativem Wort versehenen Ritual mehr trauen zu lernen. Und wir sind dabei, es zu verlernen.

134 Zulehner, Paul M.: Wie Musik zur Trauer ist eine Rede zur falschen Zeit. Wider den kirchlichen Wort-Durchfall, Ostfildern 1998.

gewiss geredet wird viel von ihm
in büchern und veranstaltungen
in schulen und kirchen

gott ist papier geworden
verwaltet
beobachtet
zerdacht
aufgehoben in leblosen tresoren

ein gott des textes
aber nicht des kontextes
papier eben nicht leben

gott wollte fleisch werden
nicht papier

Spirituell in den Tag

Ich brauche heute mehr als in früheren Priesterjahren Zeit für die Stille. Am Morgen schaffe ich es zumeist, noch vor sechs Uhr in meiner Meditationsecke anzukommen. Ein duftender Espresso macht mich richtig wach. Im Winter ist der Ofen schon geheizt und wärmt mich. Vor mir steht das Bild einer der grandiosen Visionen Hildegards von Bingen mit dem Menschensohn im Strahlenkranz. Dann beginne ich mein spirituelles Morgenprogramm. Es ist ein Aufstieg über drei Stufen.

Die erste Stufe nenne ich *prostratio*. Ich strecke mich auf dem Boden aus und versuche leer zu werden. Wie soll ein Glas mit Wein gefüllt werden, so Meister Eckhart, wenn es mit Wasser voll ist? Wie kann ich mit Heiligem Geist erfüllt werden, was ja das Ziel meiner spirituellen Übungen ist, wenn mein eigener Geist mein ganzes Inneres besetzt hält? Die Prostratio erinnert mich an meine Diakonatsweihe am 25. Januar 1964 in Innsbruck und meine Priesterweihe am 29. Juni 1964 in St. Florian. Sie ist die tägliche Erneuerung meines damals gesprochenen »Adsums«: Da bin ich Herr! Es gab genug Zeiten, in denen mir sein Sinn nicht mehr klar und motivierend genug war. Es ist gut, in solchen Zeiten ohne Gedanken, wenn auch nicht gedankenlos, durchzuhalten. Wenn ich in der Wüste nicht weiter gehe, werde ich das Wasser der Oase nicht erreichen. Nach sieben Minuten erinnert mich der Gong einer Handy-App, die zweite Stufe meiner spirituellen Morgenleiter zu betreten. Diese zweite Stufe nenne ich *adoratio*. Ich nehme die Haltung frommer Moslems ein, die vor Allah kniend ihren Kopf zum Boden neigen. Ich richte mich dann aber nicht gleich auf, sondern verharre sieben Minuten in dieser Verneigung. Ich versuche wahrzunehmen, wie ich in Gott eintauche und in Gottes Ge*heim*nis da*heim* bin. Ich möchte wahrnehmen, dass er mich umfängt. Ich erspüre, wie mein Leben in ihm stattfindet (Apg 17,28) und er mich jetzt und den vor mir liegenden Tag, mich »gebärend«, im Sein hält. Angelus Silesius singt in meiner Seele:

»In deine Lieb versenken,
will ich mich ganz hinab.
Mein Herz will ich dir schenken
und alles was ich hab.«

Wieder erklingt der Gong vom Handy.

Dann besteige ich die dritte Stufe. Ich verwende den alten Betschemel, den ich von meinem geistlichen Onkel Franz Tauber aus Bad Schallerbach geerbt habe, als Meditationshocker und übe mich in die *imitatio* ein. So nenne ich die dritte Stufe. Wenn ich morgens in Gott eintauche, tauche ich an diesem neuen Tag etwas »gottförmiger« bei den Menschen auf. Der Passauer Pastoralplan und meine persönliche Spiritualität sind, wie sich im Ein- und Auftauchen zeigt, miteinander verwandt. Was gottförmig meint, habe ich durch den mittelalterlichen spirituellen Meister Thomas von Kempen in dessen Meisterwerk »Imitatio Christi« erahnen gelernt. Imitatio heißt für mich die Bereitschaft, den Tag in der Spur Jesu zu verbringen, hinter ihm herzugehen, was ja lateinisch *consequi* heißt. Imitation verlangt mir also ab, »konsequent« Christ zu sein. Jesu Weg soll mir Beispiel sein. Ich frage mich also in der Morgenstunde, wie ich in Jesu Art heute bei den Menschen sein kann. Wer braucht mein Gebet? Mit wem werde ich es zu tun haben? Welche Arbeit kommt auf mich zu? Wird mir Gott die Kraft geben, wie ein Leuchtturm zu sein, der Licht und Orientierung ausstrahlt? Werde ich Salz sein, das nicht in Wunden brennt, sondern den Schmerz mancher Menschen ein wenig heilend lindert? Und werde ich in allen Begegnungen und Vorgängen des kommenden Tages ein Stück der wunderbaren Schöpfung Gottes miterschaffen und so selbst Schritt für Schritt ein Juwel seiner Schöpfung werden? »Om mane padme hum – Lass mich ein Juwel deiner Schöpfung sein« ist ein buddhistisches Mantra, das mein Leben und Handeln formt. Diese dritte Stufe ist mir wichtig. Ein kantiger Ausspruch des amerikanischen Mystikers und Franziskaners Richard Rohr hat mich sehr betroffen gemacht. Er meinte einmal: »Wir haben uns angewöhnt, Jesus anzubeten, damit wir ihm nicht nachfolgen müssen.« Ich versuche, daraus für mich Konsequenzen zu ziehen. Wellnessspiritualität habe ich nicht auf meinem Morgenprogramm. Der viel zu früh an einer Krankheit, die er sich bei einer Reise nach Afrika zugezogen hatte, verstorbene Wiener Weihbischof Florian Kuntner, zuständig für die geistlichen Bewegungen, klagte einmal: »Was tue ich nicht alles, dass die Mitglieder der mir als Bischof anvertrauten geistlichen Bewegungen auch nach Traiskirchen in der Nähe von Wien in das Flüchtlingsaufnahmelager gehen und dort Hand anlegen?« Er hatte schon damals das gleiche Anliegen wie jetzt Papst Franziskus, der die Kirche an der Seite der Armen antreffen will. Dasselbe verlangte schon viel früher Teresa von Àvila. In ihrer »Inneren Burg«, geschrieben für die Mitschwestern, redet sie den Genussfrommen heftig ins Gewissen. Es gab offenbar Schwestern, die auch dann noch die vermeintliche Gotteinung genießen konnten, wenn eine Mitschwester krank war und jetzt dringend ihrer Nähe und Hilfe bedurft hätte. Teresa schreibt dazu unnachahmlich klar:

»Aber nein, Schwestern, nein! Werke will der Herr! Und wenn du eine Kranke siehst, der du ein wenig Linderung verschaffen kannst, dann mache es dir nichts aus, diese Andacht zu verlieren, und ihr dein Mitgefühl zu zeigen; und wenn ihr etwas weh tut, dann soll es dir wehtun, und wenn nötig, sollst du fasten, damit sie zu essen hat. ... dann mögt ihr zwar fromme Gefühle und Geschenke erhalten, ... doch glaubt mir, dass ihr nicht zur Gotteinung gelangt seid, und bittet unseren Herrn, dass er euch diese Liebe zum Nächsten in Vollkommenheit gebe.«

Wenn dann nach dreimal sieben Minuten der abschließende Gong erklingt, taucht auf dem Handydisplay der Text »In te domine speravi!« auf; ein Text, der dann so weitergeht: »non confundar in aeternum« –

»Auf dich, Herr, hab ich meine Hoffnung gesetzt. In Ewigkeit werde ich nicht zuschanden werden.« Dieser Satz unerschütterlicher Dankbarkeit entstammt dem alten Hymnus Te Deum. Ich liebe die grandiose Vertonung von Marc-Antoine Charpentier, deren Präludium die Eurovisionssendungen im Fernsehen einleitet. Noch mehr liebe ich die innige Vertonung durch Anton Bruckner. Das »non confundar«, in dessen Vertonung Bruckner tief ansetzt und sich zu den höchsten Höhen dankbaren Jubels aufschwingt, klingt in meinem Herzen voll mit.

Bruckners Te Deum ist mir wohl auch deshalb so vertraut, weil er der Lieblingskomponist meines Vaters war. Ich erkenne nach wenigen Takten jede Brucknersinfonie auf Anhieb. Ich wurde auch unter den Klängen jener mächtigen Orgel in St. Florian geweiht, auf der Anton Bruckner lange Zeit bravourös spielte. Einige Male in meinem Leben, inmitten großer Krisen, habe ich das davor erklingende »Salvum fac populum tuum!« im Herzen gesungen. »Deus me salvavit«, kann ich rückblickend dankbar sagen und hoffen, dass er sich und daher mir auch künftig treu bleibt. Denn für mich ist das wichtigste Eigenschaftswort Gottes, dass er im Gegensatz zu uns so oft treulosen Menschen ein »unbeirrbar treuer Gott« (Dtn 32,4) ist. Es ist eine Treue, die wir oft versprechen und dann fällt es uns schwer, sie auch in den dunklen Tagen durchzuhalten. Umso mehr jubelt die Bibel dankbar über Gott: »Wenn wir untreu sind, bleibt er doch treu, denn er kann sich selbst nicht verleugnen« (2 Tim 2,13). Gott hält sein »Ich liebe dich« unbeirrbar treu durch. Wir bleiben alle, ausnahmslos, immer geliebte Töchter und Söhne Gottes. Und das »vor jeder Leistung und in aller Schuld«, wie der Neutestamentler Klaus Kliesch als Pfarrer am Kreuzberg in Berlin formuliert hatte. Es ist die Kernbotschaft jeder Religion. Dieses gläubige Wissen hat mich bisher getragen, auch in dunklen Zeiten. Es lässt mich einst mein irdisches Leben auch gelassen loslassen. Darauf bin ich schon so neugierig.

Mein Lieblingspsalm

GOTT spricht zu jedem nur, eh er ihn macht,
dann geht er schweigend mit ihm aus der Nacht.
Aber die Worte, eh jeder beginnt,
diese wolkigen Worte, sind:

Von deinen Sinnen hinausgesandt,
geh bis an deiner Sehnsucht Rand;
gieb mir Gewand.

Hinter den Dingen wachse als Brand,
dass ihre Schatten, ausgespannt,
immer mich ganz bedecken.

Lass dir Alles geschehn: Schönheit und Schrecken.
Man muss nur gehn: Kein Gefühl ist das fernste.
Lass dich von mir nicht trennen.
Nah ist das Land,
das sie das Leben nennen.

Du wirst es erkennen
an seinem Ernste.

Gieb mir die Hand.

RAINER MARIA RILKE

Der Psalm 63 ist mein Lieblingspsalm. Meine katholische Kirche hat ihn in ihrem Stundengebet, das die Psalmen auf vier Wochen verteilt, ganz oben hingestellt: Es ist der erste Psalm der ersten Woche in den ersten Laudes. Er ist gleichsam die geheime Überschrift über unser Beten: jenes der Gemeinschaft der Christinnen und Christen und nicht zuletzt meines eigenen Hineintauchens in Gott. Für dieses finde ich selbst nur schwer taugliche Worte. Daher bin ich froh, dass ich meiner nackten Seele das Sprachkleid dieses Psalms überziehen kann. Dabei ahne ich auch, dass es seinem Dichter – war es König David, der Lebemann, der korrupte Politiker und zugleich aufregende Mystiker? – offenbar ähnlich ergangen ist.

Auch er wollte wissen, was der Mensch in Wahrheit ist. Schaut der Mensch, zumal mit modernen Teleskopen, in den nächtlichen Sternenhimmel, dann kommt er sich so unendlich klein vor. Bedenkt er die unglaublich lange Zeit der Erdgeschichte, dann ist sein eigenes kurzes Leben wie das Aufsteigen einer Luftblase im kochenden Wasser. Und dieses kleinen und so rasch vergänglichen Menschen gedenkt der, den der Psalmist stammelnd Gott nennt. Das gehört zur Weisheit der Weisen unserer Menschheit: um zu erfahren, wer der Mensch denn wirklich ist, geht er nicht in die Denkschulen der Wissenschaft, sondern in den Raum der Anbetung. Indem er ein heiliges Lied singt, geht ihm auf, wer er in Wahrheit ist, was ihn umtreibt, was ihn letztlich sein und leben lässt. Welch eine Antwort! Und sie fängt ein, was ich zutiefst in mir verspüre. Da ist eine kraftvolle Sehnsucht, die mich suchen und fragen lässt. Aus ihr quillt die Erfahrung tiefen Friedens und großer Freude. Zugleich taucht sie auf, wenn mein Herz sprach- und ratlos ist angesichts himmelschreiender Leiden unschuldiger Opfer.

Das nun ist mein Herzenspsalm, der mir wie eine Wortleiter ist, hinab in die Tiefen meiner Seele, und wie eine Himmelsleiter hinauf in die kühnsten Höhen erträumten Glücks. Der Harfenspieler David soll in der Wüste Judas gewesen sein, als er das Lied komponierte. Wüste: ein Ursinnbild für unser Leben? Der Ort für den langen Weg aus Sklavereien vielfältiger Art in ein verheißenes, »gelobtes Land« wahrer Freiheit? Und mitten auf dem Weg durch die Wüste das Aufblühen einer Sehnsucht. Der Sehnsucht nach Gott. Und so singt der große alttestamentliche Poet mir aus dem Herzen:

Gott, du mein Gott, dich suche ich,
    meine Seele dürstet nach dir. Nach dir schmachtet mein Leib
wie dürres, lechzendes Land ohne Wasser.
Darum halte ich Ausschau nach dir im Heiligtum,
    um deine Macht und Herrlichkeit zu sehen.
Denn deine Huld ist besser als das Leben;
    darum preisen dich meine Lippen.
Ich will dich rühmen mein Leben lang,
    in deinem Namen die Hände erheben.
Wie an Fett und Mark wird satt meine Seele,
    mit jubelnden Lippen soll mein Mund dich preisen.
Ich denke an dich auf nächtlichem Lager
    und sinne über dich nach, wenn ich wache.
Ja, du wurdest meine Hilfe;
    jubeln kann ich im Schatten deiner Flügel.
Meine Seele hängt an dir,
    deine rechte Hand hält mich fest.

Ich habe diesen Psalm nicht nur auswendig, sondern inwendig gelernt. *Par cœur*, mit dem Herzen, wie es im Französischen heißt. So kann er seine Kraft entfalten. Er macht dem Herzen einen weiten Horizont auf, gibt dem oft ziellosen Alltag ein verlässliches Ziel, ist wie ein Stern in der dunklen Nacht. Wir Katholiken sagen gern: Alle Wege führen nach Rom. Der Psalm lässt uns sagen: Alle Wege führen zu Gott. Noch mehr: Das ist bei allen so. Der Weg aller führt zu Gott. Mögen auch die Wege des Lebens noch so umwegig sein. Was sonst wollte denn auch Jesus den bockbeinigen Schriftgelehrten beibringen? Diese haben sich geärgert, dass Jesus sich ständig »in schlechte Gesellschaft« begibt: zu Sündern, Zöllnern und Dirnen. Aber gerade diese liegen Gott am Herzen. Vor Gott kann jede und jeder sich sehen lassen. Das Christentum, so Richard Rohr, ist kein worthiness-contest.

Dagegen hat Jesus jene, die von sich selbst glaubten, religiöse oder moralische Höchstleistungen zu vollbringen, links liegen gelassen. Nicht die Gesunden brauchen den Arzt, so rechtfertigt er sich. Gott ist uns wie ein heilender Arzt und Jesus selbst der »Heiland«. Und wir, seine Jüngerinnen und Jünger, sollten wir nicht ihm nachspürend für die Welt »Heil-Land« sein? Damit die einfachen Leute verstehen, worum es seinem Gott geht, erzählt Jesus das Gleichnis vom Erbarmen des Vaters und seinen zwei verlorenen Söhnen. Der eine hat sein Leben vertan. Und dann das Bild des Vaters, das Rembrandt in seinem wundersamen Bild so einfühlsam gemalt hat: Er nimmt den ersehnten Heimgekehrten an seine Brust und feiert ein Fest. Denn tot war er, so musste er dem stets treu Daheimgebliebenen anderen Sohn erklären, und jetzt ist er auferstanden – der griechische Text benutzt hier das gleiche Wort, mit dem die Auferstehung Jesu erzählt wird. Jesus lässt allerdings offen, ob der zweite verlorene Sohn sich von seinem Vater für sein innerstes Wesen gewinnen ließ: sein grenzenloses Erbarmen, ohne das niemand von uns Bestand haben könnte.

Was ist in dieser Erzählung nur alles aufgehoben, was in den Tiefen meiner Seele vorgeht! Bin nicht auch ich ständig dabei, das bergende Haus Gottes zu verlassen, um in das Leben mit seinen Freuden einzutauchen? Mögen sie auch kurzatmig sein: Sie verleihen dennoch meiner Sehnsucht in eingestreuten Lebensfesten einen Ausdruck. Sie rufen den Wunsch nach einem Fest wach, das nicht mehr »scheitert«, bei dem ich erlebe, dass Raum und Zeit es nicht mehr begrenzen können, dass es Leben und Glück pur ist. Also genau das, was mein Lieblingspsalm mich hoffen lässt. »Wie an Fett und Mark wird satt meine Seele!« Und wie das Herz einer Liebenden unentwegt zum Geliebten streunt, so sucht meine Seele selbst nächtens nach Gott. Mich ihm nähernd spürt meine Seele, dass sie im Schatten seiner Flügel gut aufgehoben ist. Er ist wie ein großer Mantel, der mich umhüllt und bei dem ich mich grundgeborgen weiß. Und er sich vielleicht bei mir? Hat Rainer Maria Rilke doch ein wenig Recht, wenn er – wie Meister Eckhart auch – behauptet, dass Gott uns braucht, um mit unseren Augen die Schöpfung zu sehen und zu lieben:

WAS wirst du tun, Gott, wenn ich sterbe?
Ich bin dein Krug (wenn ich zerscherbe?)
Ich bin dein Trank (wenn ich verderbe?)
Bin dein Gewand und dein Gewerbe,
mit mir verlierst du deinen Sinn.

Nach mir hast du kein Haus, darin
dich Worte, nah und warm, begrüßen.
Es fällt von deinen müden Füßen
die Samtsandale, die ich bin.

Dein großer Mantel lässt dich los.
Dein Blick, den ich mit meiner Wange
warm, wie mit einem Pfühl, empfange,
wird kommen, wird mich suchen, lange –
und legt beim Sonnenuntergange
sich fremden Steinen in den Schoß.

Was wirst du tun, Gott? Ich bin bange.
RAINER MARIA RILKE

Je länger ich mein Herz durch die alten biblischen Texte pilgern lasse, desto klarer erkenne ich, wer ich in den unbekannten Tiefen meines Daseins bin. Es wird mir der Spiegel vorgehalten. Ich erkenne meine tiefen Ängste vor dem Tod und der Vergeblichkeit. Genährt wird die uralte Hoffnung, die auch meine ist, dass am Ende die Liebe stärker ist als der

Tod. Das hoffe ich, weil ich glaube, dass letztlich alle unsere Wege in einem Gott münden, der den Tod besiegt und uns bleibend Liebe ist. Die Bibel bringt zum Ausdruck, wer und was ich bin. Und das vor allen Bemühungen fachwissenschaftlicher Tiefenpsychologie. Schon lange vor Sigmund Freud textete der Prophet Jeremia:»Du jedoch, Herr, kennst und durchschaust mich; du hast mein Herz erprobt und weißt, dass es an dir hängt« (Jer 13,2). Es klingt wie in meinem Lieblingspsalm:»Meine Seele hängt an dir, deine rechte Hand hält mich fest.«

»Was ist der Mensch, dass du an ihn denkst, des Menschen Kind, dass du dich seiner annimmst?«, so fragt bekümmert der Psalm 8. Im Raum der Anbetung, in der letzten Einsamkeit vor seinem Gott, hat der Psalmist eine Antwort gefunden und besungen: Ich bin ein Gottsucher. Und das, weil Gott mich schon vorher gesucht und gefunden hat.

Menschen lieben

Am 19. Januar 1964 bin ich in der Kapelle des Canisianums vom Innsbrucker Bischof Paul Rusch zum Subdiakon geweiht worden. Wenige Tage davor hatte mich der Regens Franz Braunshofer SJ ganz allein in eine kleine Kapelle im Seitentrakt des Canisianums mitgenommen. Er hatte mir dort völlig feierlos das Zölibatsversprechen abgenommen. Ich kann nicht sagen, ob eine Kerze brannte.

Hehre Gefühle hatte ich dabei nicht. Auch keinerlei bange Ängste. Es war ein selbstverständlicher Schritt, um auf meinem Weg zur Priesterweihe weitergehen zu können. Die Weihe war mein Ziel, das Versprechen nahm ich als Voraussetzung mit. Bedenken hatte ich keine. Ich war mit meinem zölibatären Leben unter den vielen Freunden aus aller Welt im Canisianum rundum zufrieden.

Seit meiner Ministranten- und Sängerknabenzeit wollte ich Priester werden, auch wenn zeitweise der Wunsch, Musik zu studieren und Dirigent zu werden, aufflackerte. Der Zölibat war kein existenzielles Thema, über das wir im Canisianum diskutierten. Es bereitete mir keine schlaflosen Nächte.

Dass das Zölibatsversprechen in einer belanglosen Seitenkapelle stattfand, unterstützte mein Gefühl von existenzieller Unaufgeregtheit, ja Nebensächlichkeit. »Das gehört eben dazu«, so mein damals nicht einmal ausformuliertes Gefühl. Inzwischen habe ich viele Hochzeiten aus nächster Nähe miterlebt. Brautpaare sind, wenn sie in aller Öffentlichkeit das Jawort sprechen, weit aufgeregter als ich es beim Zölibatsversprechen war.

Priester werden

Im Lauf meines Lebens haben mich oft Leute gefragt, warum ich Priester werden wollte. Ich kann das gar nicht genau sagen. Mein Vater wollte einmal Jesuit werden, heiratete dann aber seine Luise: Wollte ich für ihn einspringen? Bis heute fühle ich mich als eine Art »Kryptojesuit«.

Als ich später einmal mit meinem geistlichen Berater Johannes Schasching überlegte, ob ich nicht doch in den Jesuitenorden eintreten sollte, sagte er mir: »Nein, bleib lieber Professor. Im Orden müsstest du womöglich ganz andere Dinge machen als jene, die du gut kannst. Jesuiten gibt es genug. Pastoraltheologen wenige.« Er wusste, wovon er sprach. Er musste seinen Lehrstuhl für Sozialethik in Innsbruck zurücklassen und aus der gerade begonnenen Erforschung der Religion im Leben der Industriearbeiter aussteigen, weil der Orden ihn für Leitungsaufgaben in Wien und dann in der römischen Zentrale brauchte. Die Idee, ich könnte ja nahtlos nach dem Eintritt weiterhin in Innsbruck Pastoraltheologie unterrichten, war ziemlich naiv.

Meine fromme Mutter war bei aller Sorge erfreut, dass zwei ihrer Kinder Priester wurden. Sie hat viel darum gebetet, dass wir unserer Berufung gerecht werden, ein spiritueller Dienst, den meine Schwester Maria-Luise bis heute getreulich verrichtet, wie sie mir dann und wann gesteht. Zur Priesterweihe 1964 übergab mir meine Mutter ein »Erziehungstestament« mit dem Titel »Der Weg zum Vater«. Die fett gedruckten Überschriften lauteten: »Gott führt mich«, »Überlasse dich meinem Herzen«, »Doch ich werde dich nicht allein lassen«. Es sind Worte, die den Dialogen der Mystikerin Josefa Menendez[135] mit Maria und deren

135 Sie ist 1890 in Madrid geboren und starb 1923 im Kloster Les Feuillants Poitiers in Frankreich. Ihr mystisches Hauptwerk: Menéndez, Josefa: Die Liebe ruft. Herz-Jesu-

Sohn Jesus entnommen sind. Meine Mutter nannte sie »Worte der inneren Führung der Gnade«. Sie hat solche Worte, an Josefa gerichtet, für sich selbst als Zuspruch und Wegweisung genommen und nun manche dieser Worte auf mich und meinen kommenden Weg als Priester übertragen.

Von meinem Vater habe ich keinerlei Ratschläge für mein (Priester-) Leben in Erinnerung. Er war auch in dieser Hinsicht schweigsam. Wichtig war mir allerdings seine aufrechte und schnörkellose männliche Frömmigkeit. Sie war zwar auch marianisch geprägt, doch hat die mystische Begabung meiner Mutter auf ihn auch in den langen Jahren der Ehe nicht abgefärbt. Ob das einer der Gründe ist, warum ich für die nüchterne Mariologie des Zweiten Vatikanischen Konzils im achten Kapitel der Kirchenkonstitution so dankbar bin, wo Maria als die Empfangende allen Glaubenden als ein Modell präsentiert wurde? Allerdings ist die kirchliche »Lyrik« von einer rhetorischen Übertreibung der Marienverehrung nicht völlig frei. Mit einer gewissen Heiterkeit rechne ich bei ORF-Gottesdienstübertragungen und noch mehr bei päpstlichen Enzykliken schon im Vorhinein damit, dass die Predigt oder ein Lehrschreiben mit einem marianischen Schluss endet. Es dünkt mich wie ein Ritual. Ist es in Gefahr, inhaltsleer zu werden, wie es bei manchen überkommenen Ritualen der Fall ist? Mir scheint zudem, dass in der Kirche mit den Bildern von Mutter und Vater in Bezug auf Gott ziemlich fahrlässig umgegangen wird. Es wird zu wenig mitbedacht, welche Erfahrungen die einzelnen Christinnen und Christen mit Vater und Mutter in ihrem Leben gesammelt haben. So sinnvoll es ist, Gott Vater und auch Mutter zu nennen: Vielleicht sollten wir Gott mit unseren Bildern aus dem Geschlechterstreit mehr in Ruhe lassen, um den Zugang mancher Menschen zu Gott nicht zu belasten.

Was ich an der herben Frömmigkeit meines Vaters bis heute schätze, ist die Verbindung von Technik und Glauben. Als naturwissenschaftlich bestens ausgebildeter und beruflich in diesem Bereich tätiger Mann hatte er mit dieser Art des Denkens offensichtlich keine Probleme im religiösen Bereich. Später lernte ich bei Karl Rahner, dass Weltgeschichte und Heilsgeschichte eine einzige Geschichte bilden. Naturwissenschaft

Offenbarungen an Schwester Josefa Menéndez aus der Gesellschaft der Ordensfrauen v. Hl. Herzen, Innsbruck 1946. Das Buch erlebte zahlreiche Auflagen.

und Theologie kommen nicht in Konflikt, wenn sie methodisch gut arbeiten. Sie ergänzen einander vielmehr. Diese Grundhaltung war für mich leitend. Musste ich in einem Podium darüber diskutieren, ob sich die Evolutionstheorie von Darwin mit dem Schöpfungsbericht der Bibel vertrage, hatte ich es nicht schwer zu argumentieren: Die Evolutionstheorie erkläre in ihren gut begründeten hypothetischen Deutungen, *wie* bisher von Anfang an die Entwicklung des Lebens gelaufen ist. Die Theologie hingegen frage, *worauf hin* alles hinausläuft. Teilhard de Chardin hat mich dabei inspiriert, dass es einen Punkt Omega gebe. Biblisch steht dafür der »kosmische Christus« (Kol 1,15–20).

Einmal sagte mir ein spirituell begabter »Meister« bei einer Beratung, ich würde sehr viel Selbstwert aus meinem Priesteramt ziehen. Daran ist möglicherweise etwas Wahres. Ein solcher Selbstwert hat nicht nur einen gläubigen Grund in der Freude über die Berufung durch Gott. Es gibt auch einen kulturellen Grund. In meiner Kindheit hatten Priester ein enormes Ansehen in der Bevölkerung. In den Fünfzigerjahren erlebte das Land einen Höhepunkt des Nachkriegskatholizismus. Es war zum letzten Mal »so richtig katholisch«. Religion konnte sich ungeniert in der Öffentlichkeit zeigen und die Feste des Kirchenjahrs wurden kollektiv gefeiert.

Besonders aber liebten die Menschen vor allem in den ländlichen Regionen des Landes Primizen. Man muss sich nur die Inszenierung einer Primiz vorstellen, um den katholischen Priesterkult zu begreifen.[136] Hermann Stenger meinte einmal, man solle sich die Riten-Ästhetik gut anschauen: die einer Taufe und jene einer Priesterweihe. Da schneide die Taufe vergleichsweise schlecht ab, obgleich das Zweite Vatikanische Konzil die Taufe als Anfang der Eingliederung der Kirche aufgewertet hatte. Deshalb hat er damals insistiert, dass die Taufe aus den Krankenhäusern in die Pfarrkirchen verlegt wird. Das ist glücklicherweise heute die Regel. Das theologisch gut begründete Abflauen der Angst von Eltern, ein Kind könnte ungetauft sterben und wäre dann ewiglich verloren, hat dazu sicherlich wohltuend beigetragen.

Das gläubige Kern-Kirchenvolk lässt bis heute keinen Rückbau der übertriebenen Priesterweiheästhetik zu. Kulturell ist das in Umfragen

---

136 Haunerland, Winfried: Die Primiz. Studien zu ihrer Feier in der lateinischen Kirche Europas (StPaLi 13), Regensburg 1997.

erhobene Ansehen der Priester inzwischen zwar ein wenig geringer geworden, aber es ist noch weit größer als jenes von Journalisten oder Politikern.

Meine Primiz war wie eine heilige Hochzeit inszeniert, eine Hierogamie, mit der »Primizbraut« Magdalena Brabetz, später Wimmer, der jüngeren Schwester von Rudi Brabetz, den ich später bei seinem frühen Sterben in Wien begleitet hatte. Bei einer Primiz vorgetragene Gedichte verhießen wahrlich Großes.

SIEH DIESE KERZE
die wir überreichen.
So zündet sich nun an ein großes Licht.
Geh jetzt den Weg zu Gottes Herrlichkeiten,
schau auf den Herrn,
schau auf die Wege nicht!
Er ist das Licht.
Er wird sich dir vertrauen.
Du wirst ihn tragen zu der Menschen Leid.
Es gilt, auf dieser Welt sein Haus zu bauen.
Er ist das Licht in unsrer dunklen Zeit.
Du wendest nun zum heil'gen Opfermahle
zum ersten Mal dein Herz und deinen Schritt;
Nimm dieses Licht!
Für dich und für uns alle.
Trag es zu Gott –
und trag uns alle mit!

Ich habe nicht grundsätzlich etwas gegen das Feiern. Aber inzwischen ist mir eine Primiz, bei allen wundersamen Erinnerungen, die ich an meine eigene natürlich habe, nicht mehr nur geheuer, auch wenn ich dann und wann von Schülern eingeladen wurde, bei ihrer ersten Messe mit einer versammelten Gemeinde zu predigen. Ich verstehe Papst Franziskus, dem der durch die Überhöhung des Priesters mitverursachte Klerikalismus ein Dorn im spirituellen Auge ist.

Unbeschwerte Kindheit

Meine Eltern hatten den starken Wunsch, mich schulisch, musikalisch und religiös zu fördern. Ich war als Kind wohlbehütet groß geworden. Weil wir Kinder den Vater nur als Kriegsurlaubsvater erlebten, wurden aus uns vier Buben Muttersöhne: Buben unter sich mit einer Frau, die ihre Weiblichkeit vermütterlicht hatte und uns wie eine Gluckhenne unter ihre Fittiche nahm! Familie war ihr heilig. Sie machte diese zu einem »erweiterten Mutterschoß«: »sozialer Uterus«, so nennt das die moderne Entwicklungspsychologie und weist diesem eine enorme Bedeutung für das Gedeihen der Kinder zu.

Und das zeitweilige Fehlen meines Vaters? Hatte es Auswirkungen auf die Entwicklung von uns Buben? Erschwerte es das Loskommen von der Mutter, also die »zweite soziale Geburt« des Selbstständigwerdens, das so wichtige zweite Abnabeln? In Erinnerung an die dominante Präsenz meiner Mutter während der gesamten Vorschulzeit formuliere ich pointiert in Diskussionen: »Eine Mutter ist genug. Zwei Mütter sind zu viel.« Das ist mein erfahrungsgestützter Beitrag zur Frage, ob es für ein Kind gut ist, wenn es von zwei gleichgeschlechtlich liebenden Frauen adoptiert wird.

Meine starke Mutter schenkte uns Kindern das Gefühl einer sicheren Bindung. Auf unsere Mutter war Verlass. Sie war einfach immer da. Dieses Gefühl überdeckte allerdings einen dunklen Unterton. Die Angst verlassen zu werden, hat sich untergründig in meiner Kinderseele breit gemacht. Der Vater musste uns immer wieder verlassen, sobald sein Fronturlaub zu Ende ging. Und manchmal, wenn ein Streit zwischen den Eltern eskalierte, ging er einfach und blieb geraume Zeit fort. Auch da hatte ich Angst, er könnte nicht wiederkommen. Vielleicht habe ich beides ein Leben lang gesucht und erlitten. Ich kenne die Sehnsucht nach dem Aufgehobensein bei einem Menschen. Diese Sehnsucht ist aber unterwandert, ja belastet durch die Angst vor dem Verlassenwerden. Als einmal diese zwei Gefühle in meiner Seele ganz mächtig aufgeflackert waren, haben sie mich zum Schreiben gedrängt:

VERLASSEN
wie zwillingsschwestern
tragen sie
nämlichen namen

die eine ist
ein bote
gesandt
aus dem land
meiner träume:
verlassen so sagst du
kann ich mich
auf dich

die andere schwester
entsteigt
meinen kindlichen
ängsten
verlassen
zu werden

ein uraltes drama
zumal von dir
die verlässlich ich wähne

sie umlagern mich beide
sie nähren mein sinnen
der traum
und
die angst
sie wohnen in mir

»verlassen«:
du, schwester
so sage
wie bist du mir?

Natürlich stellt sich die Frage, warum von den fünf Kindern nur einer geheiratet hat. Es erscheint mir zu einfach, das alles leichthin als Gottes Fügung und heilige Berufung zu erklären. Was wir Menschen tun und was Gott tut, geht in einer unentflechtbaren Weise ineinander. Manchmal habe ich in meinem Leben gefragt, wie Gott wohl mit meinen halbherzigen oder gar falschen Entscheidungen zurechtkommt. Oder mit Bischofsernennungen in meiner Kirche. Oder wie er es in der Unzeit der Renaissancepäpste schaffte, seine Kirche vor dem Untergang zu bewahren.

Einer der Brüder hatte eine Behinderung und konnte nicht heiraten. Dann meine spätgeborene Schwester, die sich in der Betreuung meiner Mutter verzehrte. Wenn meine Schwester einen Mann attraktiv fand, war das für meine zunehmend pflegebedürftige Mutter auch nicht einfach. Von der Freundschaft mit einer Freundin ließ diese sich aber nicht mehr abhalten. Dann erlitt bei einem Urlaub auf Kreta, den sie mit drei Freundinnen verbrachte, ihre Freundin Christine Schmiedlechner einen Schlaganfall und wurde zum Pflegefall. Zum Familiengründen kam meine Schwester nie. Sie war neben ihrem Beruf als begabte Juristin fast ein Leben lang ehrenamtliche Pflegerin. Der damals schon pensionierte Bruder Josef half natürlich mit. In den Hochschulferien konnte ich sie manchmal entlasten, was meine Kochkünste gefördert hat, weil ich dann für die Versorgung der Mutter wie des behinderten Bruders verantwortlich war.

Und dann waren da Josef und ich: Wir schlugen beide den Weg zum Priesteramt ein. Die Mutter von Kardinal Schönborn war einmal gefragt worden, ob es ihr nicht schwer gefallen sei, dass ihr Sohn Priester wurde. Sie antwortete: »Auf diese Weise habe ich ihn ja behalten.« Und meinte damit wohl, dass sie ihn nicht an eine andere Frau verloren hat. Das könnte wortgleich von meiner Mutter stammen!

Der einzige, der eine Familie gegründet hatte, war Jörg. Es war für ihn nicht einfach, genug Zeit und Telefon für seine erste junge Liebe zu finden. Gerade in dieser sensiblen Zeit hatte meine Mutter ein scharfes Auge auf ihn geworfen. Als es dann mit Linda nichts wurde, überraschte er die ganze Familie mit der Heirat seiner Dorith, mit der er drei Kinder »bekam«: Er, ein »Bärenvater«, legte Wert darauf zu betonen, dass *er* bei der Geburt das Kind »bekam«! Ist also Jörg als Einziger aus dem mutterzentrierten System der Familie ausgebrochen? Sieht man von der dominanten Mutter ab, waren wir in der prägenden Zeit der Kindheit bis zur späten Geburt meiner Schwester eine reine Bubengesellschaft. Das blieb bei mir noch sehr lange so. Auch in der unbeschwerten Zeit bei den Sängerknaben des Schottenstiftes gab es keine Mädchen.

Männerfreundschaften

Auch im Internationalen Theologenkonvikt Canisianum waren wir Jungmänner unter uns. Wir gingen damals im Talar zu den Vorlesungen. Schlüssel zum Haus hatten wir nicht. Ein solcher fehlte mir auch nicht. Zu weit weg war mir die Stadt »draußen«. Und »drinnen« war das Leben attraktiv und voll Farbe.

Der Ausgang aus dem Haus war zwar frei. Aber das Studieren band uns. Dazu hat die strenge Hausordnung unsere Zeit nicht nur eingeteilt, sondern auch gebunden. Selbst die Freizeit war teilweise geregelt. Es gab einmal in der Woche eine »ambulatio praescripta cum sociis praescriptis«, einen verpflichtenden Spaziergang mit zugewiesenen Begleitern. Das machte Sinn. Denn die Studierenden aus Vietnam, Korea, Amerika,

Afrika sollten auch mit deutschsprachigen Theologen ins Gespräch kommen. Der Hang zum bequemeren und doch heiteren Miteinander in den durchaus wichtigen Landsmannschaften wurde so abgemildert.

Viel Zeit verbrachten wir mit Sport. Beim Skifahren auf der »Muttereralm« oder im »Lizum« beneidete ich die finanzstarken Kollegen aus den reichen österreichischen Klöstern wie Wilhering oder Schlierbach. Während sie sich den Skilift leisten konnten, trug ich mehrmals die Skier geschultert die lange Abfahrt der Muttereralm hinauf. »Tamquam nihil habentes et omnia possidentes – Sie haben nichts, besitzen aber alles (2 Kor 6,10)«, so spotteten wir über die »reichen« Mönche mit dem Gelübde der Armut. Mein Vater bezog als Beamter ein Nachkriegsgehalt mit dem er eine siebenköpfige Familie ernähren musste, von denen zu dieser Zeit drei an der Universität waren: Da habe ich sparsam leben gelernt. Geldausgeben fällt mir bis heute nicht leicht.

Als Fußballmannschaft waren wir Canisianer erfolgreich. Das regelmäßige Spielen im damals noch großen Garten des Canisianums ist mir in bester Erinnerung. Es gab herausragende Fußballtalente. Bei der Universitätsmeisterschaft mischten wir ordentlich mit.

Kurzum: Bis zu der Zeit, als ich mein Zölibatsversprechen ablegte, kannte ich nichts anderes als höchst vergnügliche Buben- und Männergesellschaften. Ich hatte leider, so sage ich heute rückblickend, weil es mir angesichts meiner musikalischen Begabung leicht gefallen wäre, nicht einmal tanzen gelernt. Dass ich mich an die Schwester eines meiner Busenfreunde Irmgard Braulik erinnere, ändert nur wenig daran, dass alle meine Freunde dieser langen und wichtigen Zeit meines Lebens Buben und Männer waren.

Der Eros der Freundschaft

Es waren intensive Freundschaften mit unglaublich viel Eros und bar jeglicher Sexualität. Mit Eros meine ich Lebensenergie, Lebendigkeit, Bezogensein. In dieser Zeit konnte sich mein Eros in Freundschaften unbehindert frei entfalten, eine Erfahrung, die mir mein ganzes Leben lang treu geblieben ist. Ich habe viel Zeit in meine Freundschaften mit Peter Braulik und Werner Grähsler investiert. Vor der Schule trafen wir uns am Schulweg. Wir verbrachten jede freie Zeit miteinander. Es war so etwas wie eine seelische Dauerkommunikation. Meine Bubenfreundschaften hatten klassische symbiotische Züge. Meiner Mutter, die mit uns Kindern auch symbiotisch fühlte und lebte, waren folglich diese intensiven Freundschaften gar nicht geheuer. Manchmal sah sie in ihnen sogar eine irritierende Konkurrenz.

Auch als ich dann nach der Matura 1958 ins Canisianum übersiedelte, fand ich bald neue Busenfreunde. Da waren Burkhard Zanzerl SOCist oder Wolfgang Mayerhofer, damals auch noch SOCist aus Wilhering. Freundschaften wuchsen mir über die Musik zu. Auf diesem Weg war mir der Ausnahmecellist Klaus Bettag ans Herz gewachsen. Jahre später entwickelte sich eine feinfühlige Freundschaft zu Luise Dopler sen. Sie war Sopranistin des Kirchenchors in Bad Schallerbach.

Auch internationale Freundschaften habe ich geknüpft. Wichtig wurden mir zwei Vietnamesen, deren Lebensweg ich nach dem Studium noch länger begleitete, dann aber aus den Augen verlor.

Mit meinen Freunden Burkhard, Wolfgang und Klaus legte ich Wochentag um Wochentag den Weg an die Fakultät zurück. Wir saßen im Hörsaal beieinander. Wir studierten gemeinsam für die Prüfungen, die wir in kurzer Zeit und mit besten Erfolgen bestanden. Unsere Freundschaften waren keine Ablenkung, sondern setzten enorme Synergien frei. Auch kleine Geschenke und Aufmerksamkeiten gehörten dazu: Solche erhalten, so erlebten wir es damals, die Freundschaft.

Es waren belebende Männerfreundschaften. Durch sie habe ich gelernt, mich tief auf Menschen einzulassen. Wir haben gemeinsam gebetet, musiziert, studiert, Freizeit verbracht. Wir suchten die Seelennähe, die uns beglückte. Es ging uns nichts ab. Wer versteht da nicht, dass ein Zölibatsversprechen in einer solch beglückenden Lage letztlich kein Thema war? Hat es nicht ratifiziert, wovon ich lebte: vom reichlich gedeckten Tisch belebender Freundschaften unter Männern? Sieht man von der Mutter Kirche ab, hatten wir die Mütter hinter uns gelassen. Frauen waren nicht in Erfahrungsreichweite.

Damals hatte ich auch theoretisch viel über die Freundschaft nachgedacht. Ich schrieb lange Texte, in denen ich meinen wachgeküssten Eros willkommen hieß und besang. Es fiel mir auch nicht schwer, diese mit Eros belebten Freundschaften auch religiös zu deuten. Sexualität war nie im Spiel. Es war schon in der Zeit nach dem Studium im Jahre 1969, da verfasste ich für einen Freund zu dessen Geburtstag ein Gebet mit hoher erotischer und spiritueller Kraft:

»Du, Herr,

hast mir einen Freund als Boten des Trostes gesandt, als ich eben in Gefahr war, der Traurigkeit zu verfallen. Ich danke dir, dass du mir diesen Freund gegeben, der so wohltuend zu trösten, so herzlich aufzurichten vermag; der nicht nur bereit ist, meine Freuden zu teilen, sondern auch mein Leid mitzutragen. Ich danke dir, dass seine Hilfsbereitschaft so zartfühlend, seine Liebe so unaufdringlich, seine teilnehmenden Worte so behutsam sind.

Herr, gib mir die Gnade, dieses Freundes wert zu sein. Mache mich so, dass es ihm nicht schwer wird, mich zu lieben. Halte meine Augen offen, damit ich es nicht übersehe, wenn er einmal vom Leid heimgesucht, von einem heimlichen Kummer geplagt, meiner Teilnahme bedarf. Lass mich nicht versäumen, seine Liebe zu vergelten. Gib mir ein demütiges Herz, das dankbar ist für alle Liebeserweise und alle Freundesworte, auch die tadelnden und mahnenden, aufrichtig annimmt. Gib mir die Gnade, dass ich von meinem Freund nicht mehr erwarte, als er zu geben vermag. Gib mir die Kraft zu verzeihen, wenn er mich einmal enttäuschen sollte. Lass unsere Begegnungen gesegnet und von deiner Gnade überschattet sein! Mach unsere Liebe zueinander immer tragfähiger, unsere Zuneigung immer selbstloser. Unsere gemeinsamen Wünsche lass stets lauter und gut sein. Lass uns nie vergessen, dass alle Liebe, die uns von Menschen geschenkt wird, ein Abglanz deiner väterlichen Güte ist.

Dereinst aber lass uns gemeinsam vor deinem Angesicht dir lobsingen und dafür danken, dass du uns einander zugeführt hast. Amen.

Zum Geburtstag 1969.«

Wenn ich heute dieses Gebet lese, merke ich, wie ich all meinen Hunger nach Liebe, hier in der Gestalt der Freundesliebe, vor Gott hingetragen habe. Das ist kein Sonderfall im Bereich der Mystik. Das Hohelied der Liebe singt von inniger menschlicher Liebe. Dass es auch als Liebeslied zwischen Israel und Jahwe gelesen werden kann, mindert nicht seine erotische Kraft. Allegorische Exegese nimmt sich die Freiheit, solche Texte nicht nur für das Verhältnis Gottes zu Israel zu lesen, sondern auch als Wortgefäße für eigene existenzielle Gefühle zu genießen. Hätte Sigmund Freud von Sublimierung gesprochen? Es ist ein Fließen der Seelenkräfte, bei dem die Unterscheidung zwischen dem Göttlichen und dem Menschlichen letztlich schwindet. Welche wundersamen Gesänge die Liebenden finden, wenn sie sich mit ihrer Seele in Texte wie diese einnisten:

Du, den meine Seele liebt,
sag mir: Wo weidest du die Herde?
Wo lagerst du am Mittag? Wozu soll ich erst umherirren
bei den Herden deiner Gefährten? (Hld 1,7)

Des Nachts auf meinem Lager suchte ich ihn,
den meine Seele liebt.
Ich suchte ihn und fand ihn nicht. (Hld 5,6)

Aufstehen will ich, die Stadt durchstreifen,
die Gassen und Plätze,
ihn suchen, den meine Seele liebt. Ich suchte ihn und fand ihn nicht.
Mich fanden die Wächter
bei ihrer Runde durch die Stadt. Habt ihr ihn gesehen,
den meine Seele liebt? (Hld 3,1–3)

Ich beschwöre euch, Jerusalems Töchter:
Wenn ihr meinen Geliebten findet, sagt ihm,
ich bin krank vor Liebe. (Hld 5,8)

Vorweihnachtliche Altenmarkter Skitage

Vornehme Männerfreundschaften wurden mir auch in meinem weiteren Leben geschenkt. Freundeskreise sind mir zugewachsen. Solange
ich, vor meinen zwei Hüftoperationen, dem alpinen Skilauf gefrönt habe,
war ich mit guten Freunden regelmäßig ein paar Tage vor Weihnachten
in Altenmarkt im Pongau. Zu dieser alpinen Freundesgruppe zählte
Karl-Heinz Frankl. Mit ihm habe ich mich in meiner Zeit als Subregens
im Priesterseminar bei Österreichischen Regententagungen angefreundet. Wir hatten diese Konferenz gemeinsam initiiert. Karl-Heinz war
längere Zeit Generalvikar in Gurk-Klagenfurt. Als dann Kardinal Hans
Hermann Groër dem Kirchenhistoriker Josef Gelmi aus Brixen aus persönlicher Gekränktheit das Placet verweigert hatte, war es mir gelungen,
Karl-Heinz als Historiker an die Fakultät zu berufen. Mit von der Partie
war Günter Virt, Canisianer, ein Jahr lang mit mir Kaplan in Altmannsdorf und später Kollege an der Wiener Fakultät. Er lehrte Moraltheologie und ist in der Brüsseler Ethikkommission. Manche Liberale nennen

ihn dort bissig einen »katholischen Taliban«. Günter Virt hatte sich bei der Errichtung des Instituts für Ethik, Medizin und Recht[137] hochverdient gemacht. Ebenfalls mit auf die Piste ging mehrmals Helmut Gfrerer, auch in der Priesterausbildung tätig, dann Leiter des Seelsorgeamtes in Gurk-Klagenfurt und inzwischen wieder Pfarrer.

Gastgebend in Altenmarkt war die Familie Schneider, mit der wunderbaren Theresia und dem Unternehmer Oswald in der zunehmend schwierigen Textilbranche. »Resi« hatte von Bad Schallerbach nach Altenmarkt geheiratet. Sie stammt aus der Familie Brabetz. Einmal hatte ich mit den Schneiders pastoral schmerzlich mitgelitten. Ihr erstes Kind, Barbara, war mit dem Down-Syndrom zur Welt gekommen. Barbara hat sich auch dank des bewundernswerten Einsatzes ihrer Mutter zu einer liebenswerten jungen Frau entwickelt. Beim Vergleich des Hochzeitstags der Eltern mit dem Geburtsdatum von Barbara konnte man leicht erkennen, dass die Tochter unehelich gezeugt worden war. Das veranlasste den damaligen Dechant von Altenmarkt, Georg Eder, zur Aussage, Barbaras Behinderung sei eben die Folge der unehelichen Zeugung. Papst Franziskus tauft solche Kinder demonstrativ.

Peter Neuner

Zur Gruppe meiner alpinen Freunde stieß später Peter Neuner. Als ich in Passau Dekan war, war es mir gelungen, dass er an die dortige kleine Fakultät berufen wurde. Wir freundeten uns schnell an, spielten gemeinsam Tennis und unternahmen eine Bildungsreise nach Frankreich, um Französisch zu lernen.

Viel später hatte er mich zu Vorlesungen in Beijing vermittelt. Diese gemeinsame Zeit wurde mit einer faszinierenden Reise durch Tibet gekrönt. Eine Woche lang verfügten wir über einen eigenen Kleinbus und

---

137 Ulrich Körtner von der evangelischen Schwesternfakultät ist seit Jahren verdienstvoller Leiter dieses Instituts. Günter Virt und Ulrich Körtner waren auch längere Zeit gemeinsam Mitglieder in der österreichischen Ethikkommission. In den meisten Fragen vertraten sie dieselbe Position, wenngleich sich in manchen ethischen Fragen eine zunehmende Kluft zwischen protestantischen und katholischen Positionen zeigte. Ulrich Körtner vertrat alternative Positionen auch deshalb in oftmals kantiger Weise, weil er von einer Konsensökumene nur wenig hielt und für eine Dissensökumene eintrat. Seine ethischen Positionen sind freilich auch innerhalb des Verbundes evangelischer Kirchen nicht unumstritten.

wurden von einem tibetischen Reiseführer betreut. Wir gewannen viele Eindrücke von der reichen Kultur und der Schönheit der Natur des Landes. Die dramatisch inszenierten Dispute der Mönche in einem tibetischen Kloster haben mich sehr beeindruckt. Die 34-Stunden Bahnfahrt von Lhasa nach Xian, die über einen Pass mit über 5200 Meter führte, ist mir in bleibender Erinnerung. Geraume Zeit später konnte ich dem Dalai Lama bei einem Gespräch im Salzburger Servus-TV erzählen, dass ich vor kurzem noch im Arbeitszimmer seines Sommerpalasts in Lhasa gewesen sei. Er selbst war 1969 aus diesem geflohen; die Uhr im Foyer des Palasts zeigt noch die Stunde der Flucht: 9.10 Uhr. [Tibet: Disputation der Mönche im Serakloster]

Die Octogonale

Mehrere dieser »alpinen« Freunde bildeten den Grundstock für eine weitere wichtige Freundesgruppe. Als ich 1984 nach Wien berufen worden wurde, habe ich bald angefangen, mich an der Fakultät mit Kollegen zu vernetzen. Es entstand eine Gruppe, die sich in überschaubaren Abständen zum Essen und zum Austausch traf. Viele Entscheidungen, die in meiner zehnjährigen Dekanszeit zu treffen waren, wurden an solchen Abenden vordiskutiert. Diese »Hexagonale« (Sechsergruppe) hat sich dann zu einer »Oktogonale« (Achtergruppe) ausgeweitet. An ihr vorbei war es schwer, im Fakultätskollegium Mehrheitsentscheidungen zu treffen.

Es war auch fachlich eine gut zusammengewürfelte Gruppe, was zu interessanten interdisziplinären Gesprächen führte. Zur Gruppe gehörten: Günter Virt (Moraltheologie), Georg Braulik (Altes Testament), Karl-Heinz Frankl (Kirchengeschichte), Wolfgang Langer (Religionspädagogik und Katechetik), Hans-Jörg auf der Maur (Liturgiewissenschaft) und dessen Nachfolger Hans-Jürgen Feulner, Martin Jäggle (Religionspädagogik und Katechetik) und nach der späteren Erweiterung der Freundesgruppe Rudolf Prokschi (Theologie und Geschichte des christlichen Ostens) sowie Jan-Heiner Tück (Dogmatik und Dogmengeschichte). Viele von diesen sind inzwischen wie ich emeritiert.

Treue Freunde – feste Zelte

Ich kann mir mein Leben ohne starke Männerfreundschaften nicht vorstellen. Sie sind unbeschwert, haben ihren eigenen Charme. Viele Jahre habe ich meinen Eros ausschließlich in sie investiert. Meine Freunde waren mir, wie das Alte Testament weise sagt, wie feste Burgen. Ich erlebe sie als ein Gottesgeschenk:

Ein treuer Freund ist wie ein festes Zelt;
wer einen solchen findet, hat einen Schatz gefunden.
Für einen treuen Freund gibt es keinen Preis,
nichts wiegt seinen Wert auf.
Das Leben ist geborgen bei einem treuen Freund,
ihn findet, wer Gott fürchtet.
Wer den Herrn fürchtet, hält rechte Freundschaft,
wie er selbst, so ist auch sein Freund.

(Sir 6,14–17)

Peter Zehndorfer

Ich gehe wieder zum Ende meiner Zeit im Canisianum zurück. Mit dem Auszug aus dieser geschützten Männerwelt hörte unspektakulär jene Zeit auf, in der ich primär von unbekümmerten und belebenden Männerfreundschaften zehrte. Ich trat in die ganz alltägliche Lebenswelt heutiger Menschen ein. Dort investierte ich jetzt als angehender Priester meine Lebensenergie, meinen Eros.

Meinem Priester-Onkel Franz Tauber half ich über Jahre in Bad Schallerbach in der Ministranten- und Jungschararbeit aus. Ich habe mit den mir anvertrauten Kindern und Jugendlichen unglaublich viel Zeit verbracht. Es gab mit Buben kühne und sportliche Ministrantenwochen und mit Jungschargruppen abenteuerliche Sommerlager. Auf dem Programm standen Geisterstunden, anspruchsvolle Wanderungen und sportliche Wettkämpfe. Die Kinder waren mir ans Herz gewachsen und ich habe ihre Zuneigung genossen. Die Eltern und Kinder konnten sich auf mich verlassen. Es gab großes wechselseitiges Vertrauen.

In der dreijährigen Kaplanszeit weitete sich mein Erfahrungsfeld auf Jugendliche und junge Erwachsene aus. Einmal sagte eine engagierte Jugendliche zu mir:»Herr Kaplan, Sie haben das gewisse Etwas.« Erst viel später wurde mir klar, was sie damit meinte. Ich war mit den Jugendführerinnen und Jugendführern der Pfarre gut befreundet. Wir verbrachten wie ein Rudel viel Zeit miteinander, feierten Feste, gingen wandern, sangen moderne Lieder. Einige der Jugendführerinnen und -führer habe ich getraut und pflege vereinzelt bis heute Kontakt zu ihnen.

In den drei Jahren in der Leitung des Wiener Priesterseminars wurde mein Erfahrungsfeld vorübergehend wieder eingeschränkt. Neuerlich lebte ich unter heranwachsenden Männern. In dieser Zeit gewann ich in Regens Peter Zehndorfer einen väterlichen Freund. Er wurde zu einem meiner großen Vorbilder. Peter war einer der Zukunftsträger in der Wiener Priesterschaft, hatte ein enges Verhältnis zu Kardinal König, war im Präsidium der Wiener Diözesansynode. Als er sein Priesteramt niederlegte, weil er heiratete, ging diese Zeit unter Männern abrupt zu Ende. Es folgte eine dreijährige mobile Zeit, in der ich mich in die theologische Wissenschaft umorientierte. Über diese bewegte Zeit hab ich schon früher in diesem Buch erzählt.

Frauenfreundschaften

Ich kann es zeitlich nicht genau festmachen, wann es geschah, dass der Eros, wenn er nicht in einer geschlossenen Männerwelt erblüht und fließt, durch die Begegnung mit Frauen einen zusätzlichen Farbglanz bekam. Manche Freundin, die mir ins Herz gefallen ist, weckte in mir nicht nur den aus den Männerfreundschaften vertrauten Eros, sondern brachte neue Saiten auf dem Instrument meiner Gefühle zum Klingen.

LIEBES-LIED

Wie soll ich meine Seele halten, dass
sie nicht an deine rührt? Wie soll ich sie
hinheben über dich zu andern Dingen?
Ach gerne möcht ich sie bei irgendwas
Verlorenem im Dunkel unterbringen
an einer fremden stillen Stelle, die
nicht weiterschwingt, wenn deine Tiefen schwingen.
Doch alles, was uns anrührt, dich und mich,
nimmt uns zusammen wie ein Bogenstrich,

der aus zwei Saiten *eine* Stimme zieht.
Auf welches Instrument sind wir gespannt?
Und welcher Geiger hat uns in der Hand?
O süßes Lied.

RAINER MARIA RILKE

Aufarbeitung

Ich verdanke meinen Freundschaften zu Frauen sehr viel. Durch sie sind Persönlichkeiten in mein Leben getreten, die mich zum Nachdenken über mich und zu einer Veränderung meiner Sichtweisen geführt haben. Es waren immer Freundschaften auf Augenhöhe, in denen mein eigenes Lieben in der geschenkten Liebe weiter gereift ist. Manche Frauenfreundschaft beflügelt mein Arbeiten bis heute. Große Themen meines Schaffens haben sich in gemeinsamer Arbeit entfaltet und vertieft. Texte wurden gemeinsam erarbeitet, andere zur Anregung und Kritik »gegengelesen«. Ich möchte keine meiner wenigen »großen« und meiner vielen »kleineren« Frauenfreundschaften missen. Keine glich der anderen an Farbe und Tiefe. Sie haben mein Herz erwärmt, aber auch verwundet. Sie sind zu einem Teil meines Lebens geworden. Erfahren habe ich dabei auch, was der amerikanische Franziskaner Richard Rohr einmal so formulierte: »First-half-of-life containers give us the necessary security, continuity, predictability, impulse control, and ego structure that we need, before the chaos of real life shows up.«[138]

ICH liebe dich, du sanftestes Gesetz,
an dem wir reiften, da wir mit ihm rangen;
du großes Heimweh, das wir nicht bezwangen,
du Wald, aus dem wir nie hinausgegangen,
du Lied, das wir mit jedem Schweigen sangen,
du dunkles Netz,
darin sich flüchtend die Gefühle fangen.

138 Richard Rohr, CAC 5.3. 2014

Du hast dich so unendlich groß begonnen
an jenem Tage, da du uns begannst, -
und wir sind so gereift in deinen Sonnen,
so breit geworden und so tief gepflanzt,
dass du in Menschen, Engeln und Madonnen
dich ruhend jetzt vollenden kannst.

Lass deine Hand am Hang der Himmel ruhn
und dulde stumm, was wir dir dunkel tun.

RAINER MARIA RILKE

Mit kundigen Beratern habe ich in den letzten Jahren helle und dunkle
Zeiten aufgearbeitet. Von einigen Einsichten, die mir dabei zugewachsen
sind, will ich erzählen. Es geht dabei um nichts Einfacheres als um die
sensible Frage: Wie geht das, wenn ein katholischer eheloser Priester eine
Frau liebt? Ist das nicht ein geborener Widerspruch, ja ein auswegloser
Konflikt? Oder doch Vorbote einer kommenden Zeit? Die Fragen sind
auch aus dem Blickwinkel der liebenden Frau zu stellen. Was bedeutet es
für sie, wenn sie einen katholischen Priester liebt? In dieser Autobiografie
werde ich bei diesen Fragen notgedrungen einseitig bleiben, ohne die Brisanz der Fragen aus der Sicht der liebenden Frau zu leugnen.

Doppelbotschaft

Der Spiritual im Canisianum, Josef Dander SJ, hatte uns als überkom-
mene Handlungsanleitung für gelingenden Zölibat angeraten:»Num-
quam solus cum sola – Sei nie mit einer Frau allein!« War es aber unvermeidlich, dass ein Priester und eine Frau allein zusammenkamen, wurden
wie in Beichtstühlen oder Frauenklöstern Gitter dazwischen gebaut.

Unsere Ausbilder wussten freilich selbst nur allzu gut, dass diese
überlieferte Anleitung lebenspraktisch untauglich ist. Nur Sexualneuro-
tiker und Frauenfeinde können damit etwas anfangen. Franz Krösba-
cher SJ hatte uns in den ihm eigenen düsteren Exhorten über»Priester
und Frau« belehrt, dass um die Auseinandersetzung mit dem anderen
Geschlecht kein eheloser Priester herumkomme. Aber was er damit
meinte, habe ich damals in Ermangelung konkreter Erfahrungen nicht so
recht verstanden. Von der Auseinandersetzung mit Menschen mit dem

gleichen Geschlecht war übrigens nie die Rede, obgleich eine solche für manche in unserer Männergesellschaft hilfreich gewesen wäre. Johannes Schasching SJ wiederum, mein geistlicher Mentor und langjähriger Beichtvater, erinnerte uns wiederholt daran, dass Ehelosigkeit nicht Beziehungslosigkeit bedeute.

Das war also die Widersprüchlichkeit der wenig hilfreichen Botschaften: Du kommst als eheloser Mann um die Begegnung und damit um die Auseinandersetzung mit »der Frau« nicht herum. Aber du sollst zugleich die Begegnung vermeiden. Vielleicht ist das die Last, welche die Kirche ihren für den Zölibat trainierten Priester auferlegt, dass ihnen wenig hilfreiche Doppelbotschaften mit auf dem Weg gegeben werden. Auf der einen Seite lehrte man uns in Innsbruck bereits eine Schöpfungstheologie mit hoher Wertschätzung für den ganzen Menschen, pries die Ehe und ihre Schönheit; Gott sah, dass es gut war. Auf der anderen Seite aber wurde eine kasuistische, von Augustinus und Manichäismus infizierte Morallehre vermittelt. Diese beiden Botschaften blieben unvermittelt nebeneinander stehen.

Praktisch hieß also die Botschaft: Du musst deinen Weg selbstverantwortlich finden. Überblickt man die katholische Priesterschaft anhand der Ergebnisse einschlägiger Studien, wird rasch deutlich, dass diese zugemutete Selbstverantwortung zu einer immer bunteren Vielfalt von Wegen führte. Oder war es immer so?

Diese Vielfalt kann sich freilich heute umso eher ausbilden, weil unsere Kultur das Individuum aufgewertet und das Institutionelle abgewertet hat. Es kam also zu einer Entinstitutionalisierung aller Lebensformen. Das trifft auf das ehelose Lieben genauso zu wie auf das eheliche. Je weniger tragfähige Vorgaben, desto größer die zugemuteten Aufgaben. Das Risiko des ehelosen Liebens besteht heute darin, dass jeder Priester das Steuerrad seines Lebens selbst in die Hand nehmen muss.

Dazu kommt, dass die ehelose Lebensform von Priestern heute weder in der profanen noch in der innerkirchlichen Kultur eine breite Unterstützung erfährt. Auch das verändert die Lage der Priester, die nun selbstverantwortlich ihre ganz persönliche Kultur ehelosen Liebens entwickeln müssen. Abweichungen von der Erwartung der Kirche gelten nicht mehr als Abweichungen von der weit verbreiteten Lebenskultur.

Natürlich gibt es Personen, die sich aus vielfältigen Gründen für eine Kultur des Vermeidens von Freundschaften mit Frauen entscheiden.

Darunter sind manche Spätberufene, die sich nach vielen Enttäuschungen in der Liebe für die zölibatäre Lebensform entscheiden. Andere sublimieren im Sinn von Freud und kanalisieren ihren Eros in Seelsorge oder Wissenschaft, immer aber in berufliche Arbeit. Solches Sublimieren ist möglich, kann aber auch eine verkappte Flucht vor der Liebe in die Arbeit sein. Zudem erscheint es mir fraglich, ob eine Sublimierung über längere Dauer überhaupt psychisch gesund ist. Die Individualisierung der ehelosen Lebensform ist allerdings kein Sonderfall. Letztlich geht es allen Zeitgenossinnen heute so, auch den partnerschaftlich Liebenden. Auch bei dieser Gestalt des Liebens haben entlastende und schützende Institutionen ihre Kraft eingebüßt. Die Liebe ist seit den Achtundsechzigern von zeitgleich »repressiven« wie schützenden Vorgaben erfolgreich »befreit« worden. Sie ist zum persönlichen Risiko geworden. Das ist der Grund, warum heute Ehe und Ehelosigkeit zwei sehr ähnliche Hochrisikolebensformen geworden sind.

Da wundert es auch nicht mehr, dass nur noch ein kleiner Teil ohne größere Auseinandersetzungen gut durchkommt, andere hingegen scheitern – und schließlich ein Teil lange am Suchen ist, mit wundersamen, aber auch mit dunklen Zeiten.

Wandlungen der Priesterliebe

Eine erste Erfahrung meines Liebens als eheloser Priester ist, dass ein solches viele Wandlungen erlebt und durchleidet. Zwar waren und sind die meisten meiner Freundschaften mit Frauen unbeschwert. Doch habe ich auch erlebt, dass in seltenen Fällen meine verborgenen Tiefen ins Schwingen kamen, wie es Rilke einfühlsam beschreibt. Es ist, also ob man einen Menschen schon ewig kennen würde. Eine Art »Wiedererkennen« ereignet sich. Es ist das Erahnen einer existenziellen Verwobenheit, die in ihren Bann schlägt. Im Raum solchen Ahnens kann sich leicht die Anarchie der Liebe entfalten. »To fall in love«: Wie viel Erfahrung diese einfache Formel enthält! Typisch für dieses Anarchische der Liebe, für »das ganz normale Chaos der Liebe«[139] ist es, dass es bei sei-

---

139   Beck, Ulrich/Beck-Gernsheim, Elisabeth: Das ganz normale Chaos der Liebe, Frankfurt am Main 2005.

nem Anbrechen nicht viel Rücksicht nimmt auf das, was bisher lebensgeschichtlich gewachsen ist und was die Umwelt und die »Systeme« erwarten und einfordern. Das Anarchische fasziniert und blendet zugleich aus, macht in diesem Sinn auch blind.

Eine Freundschaft mit einer Frau kann sich in kürzester Zeit in Richtung einer Partnerschaft entwickeln. Es sind Zeiten überwältigenden Glücks. Wie die Jünger am Berg der Verklärung möchte man Hütten bauen. Mit Wolfgang von Goethe wünscht man vom Augenblick, dass er doch verweile, weil er so schön ist. Weil aber niemand längere Zeit nur von den Festen leben kann, bringt sich der Alltag nach und nach in Erinnerung. Und das in einer doppelten Weise:

Verlangt nicht die aufkeimende Partnerschaft mit dem Blick nach vorne danach, selbst zum Alltag weiterentwickelt zu werden? Wer diese Frage stellt, beantwortet sie bereits mit einem Ja. Das ist die innere Dynamik der zunächst anarchischen Liebe, dass nach und nach ihre Anarchie gezähmt werden will. Die Feste der Liebe, die immer »scheitern« (weil wir ja immer vom Berg der Verklärung herunter müssen), verlangen nach einem versöhnten Alltag, in dem uns neuerlich Feste zufallen können. Zudem: Soll eine Partnerschaft sich zum Gedeihraum für ein Kind öffnen, dann ist auch von da her eine »Institutionalisierung« erforderlich.

Der Blick richtet sich aber nicht nur nach vorne, sondern auch zurück in die eigene Lebensgeschichte und damit in die bislang vertraute Welt des Berufs, der Kirche, der familialen Lebenswelten, aus denen die anarchisch Liebenden kommen. Dann ist zu fragen: Lässt sich das Priesteramt, das in Verbindung mit der ehelosen Lebensform übertragen wurde, mit einer eheähnlichen Partnerschaft verbinden? Gewichtige Fragen wird sich auch unentrinnbar die einen Priester liebende Frau stellen. Ist eine wissenschaftliche Karriere in der Theologie nicht bedroht, wenn offenbar wird, dass eine Frau einen Priester liebt? Kann das alles überhaupt in Frieden gelingen?

Entinstitutionalisierung des Priesterlebens

Manche meiner Priester-Kollegen beantworten für sich diese Frage positiv. Sie wissen natürlich, dass die amtliche Öffentlichkeit der Kirche eine partnerschaftliche Liebe zu einer Frau nicht gutheißt. Sie verlangt dann eine Entscheidung: Amt oder Partnerschaft. Beides zugleich gehe nicht. Wer heiratet, verliert die Möglichkeit zur Amtsausübung. Dabei hat die katholische Kirche in der Zeit nach dem Konzil gelernt, jene, die sich für die Partnerschaft entscheiden, zu respektieren, im Übergang zu begleiten und ihnen auch andere Aufgaben in der Kirche anzuvertrauen.

Es ist allerdings angesichts des enormen Mangels an Priestern für die Kirchenleitung nicht einfach, wenn nicht schier unmöglich, diese klare Position »Amt oder Heirat« durchzusetzen. Ein Bischof hat das kürzlich bei einem prominenten Pfarrer versucht. Daraufhin hat ihm dieser auf einem Zettel Namen anderer Priester geschrieben, die wie er leben. Damit war das Gespräch zu Ende. Der Pfarrer ist nach wie vor im Amt und wird es auch bleiben, solange er nicht heiratet.

Vielleicht sind jene, die heute eine »klandestine Priesterehe« führen, mutige Vorboten einer kommenden Zeit, in der die kirchenamtliche Öffentlichkeit in die privaten Lebensverhältnisse ihrer hauptamtlich Mitarbeitenden nicht mehr eingreift. Andere hingegen werden solche Priester und kirchliche Angestellte als moralische Versager denunzieren, sie verachten und ihnen den beruflichen Boden in der Kirche zu entziehen trachten. Angesichts des Mangels an guten Leuten wird das allerdings immer fragwürdiger und vom Kirchenvolk nicht widerspruchslos hingenommen. Und würde nicht auch hier Papst Franziskus sagen, was er über die gleichgeschlechtlich Liebenden gesagt hat: »Wer bin ich denn, dass ich darüber richte?«

Für die Kirche sind die »geheimen Notehen von Priestern« allerdings kein guter Zustand. Es wird ihr Unehrlichkeit vorgeworfen. Glaubwürdigkeit gehe verloren. Der Vorwurf ist nicht unbegründet. Die Kirchenleitung steht dabei in einer Pflicht. Sie bedenkt wohl zu wenig, dass sich in unserer Kultur die Verantwortung für die Lebensform faktisch von der Institution zur Person verlagert hat. Das institutionelle Junktim von Ehelosigkeit zum Priesteramt steht zu dieser kulturellen Entwicklung in beträchtlicher Spannung. Die Aufwertung der Person in unserer modernen Kultur erweist sich aber, so die Realität, weitaus wirkmächtiger als die Gestaltungsmacht der Institutionen, auch der kirchlichen. Die Leitung kann das an ihrer eigenen Handlungsunfähigkeit gut erkennen. Taten-, ja ratlos sieht sie zu, wie eine wachsende Zahl von Priestern »ihre eigene Lösung sucht« und findet. Kurzum: Die Kirche kommt an der faktischen Entinstitutionalisierung des Lebens ihrer Priester nicht mehr vorbei. Nimmt sie diese nicht zur Kenntnis, erleidet sie selbst beträchtlichen Schaden. Eine wachsende Zahl von Priestern lebt die »Privatisierung ihrer Lebensform« anders, als der Kirchenleitung lieb sein kann.

Sich sehen lassen können

Das ist aber nur die institutionelle Seite einer Herausforderung, die kirchenpolitisch durchaus bewältigbar ist. Ich nehme an, dass nicht nur wegen der Eucharistiefähigkeit gläubiger Gemeinden, sondern auch wegen der Trennung von Priesteramt und dem persönlich zu verantwortenden »Privatleben« der Priester alsbald eine weltweite Bischofssynode die Zulassungsbedingungen überprüfen wird.

Bis es aber so weit ist, schafft die Entscheidung einer Frau und des von ihr geliebten Priesters bzw. eines Priesters und seiner geliebten Frau, schon heute unter Verzicht auf die ganze Öffentlichkeit faktisch eine »geheime« eheliche Partnerschaft zu leben, auch für die Liebenden selbst eine ambivalente Grundstimmung.

Sich sehen lassen können ist einer der Urwünsche jedes Menschen. Und das vor jeder Leistung und in aller Schuld: Das ist die befreiende Nachricht des Evangeliums, dass wir uns vor Gott immer sehen lassen können, obgleich wir uns seit Paradieseszeiten vor ihm so gern verstecken.

Wenn jemand ständig etwas Lebenswichtiges verbergen muss, ist das zwar nicht zwingend jene Verlogenheit, die der Kirche von ihren Busenfeinden vorschnell vorgeworfen wird. Aber es führt zu einem bitteren inneren Zwiespalt, der auf Dauer nur schwer zu ertragen ist und der tragischerweise zur Bedrohung der Beziehung selbst werden kann. Das ist spätestens dann der Fall, wenn sich in einer »geheimen« Priesterehe Krisen einstellen, vor denen auch sie nicht gefeit ist.

Es ist im Übrigen genau jene Situation, in die auch von der Kirche im Kernbereich angestellte verheiratete Laien geraten, wenn ihre Ehe aus einem unentflechtbaren Gemenge von Schuld und Tragik auseinandergeht und die bei einer Wiederheirat ihre kirchliche Anstellung verlieren würden. Nicht wenige auch aus dieser Gruppe von Kirchenangestellten »wählen« dann notgedrungen die Form einer »klandestinen Ehe«, von der das

Konzil von Trient klipp und klar lehrte, dass sie eine wirkliche Ehe ist; wer das nicht annehme, müsse sich als von der Kirche getrennt erleben.

In dieser zerrissen Lage sind aber letztlich alle empfindsamen Eheleute, die aus vielfältigen und auch meist gemeinsam verursachten Gründen zusätzlich zu ihrer Partnerschaft eine außereheliche Liebesbeziehung unterhalten. Immer ist das Kernproblem jenes des Verbergens und damit verbunden das öffentliche Verleugnen des geliebten Menschen. Steht dieser Mann in der Öffentlichkeit, wird die Geliebte zur »Schließfachgeliebten« – was angesichts des Aufstiegs von Frauen in höhere gesellschaftliche oder kirchliche Positionen auch umgekehrt der Fall sein kann.

Immer mehr leuchtet mir daher erfahrungsgestützt die auch in Vorlesungen den Studierenden nahegebrachte Regel ein, dass der beste Ort für eine befriedigende Sexualität dauerhafte und verlässliche Beziehungen sind, die sich sehen lassen können. Alle anderen Orte erscheinen mir vorläufig und auf Dauer besehen unbefriedigend zu sein. Sie schaffen bei allem hohen Liebesglück immer auch tiefes Liebesleid. Der heimlichen Priesterliebe fehlt etwas, was für den gemeinsamen Tanz der Liebe auf Dauer unerlässlich ist.

Sich mit dem geliebten Menschen nicht öffentlich sehen lassen können, erzeugt Leid und belastet die Beziehung. Wie schwer solches Leid sein kann, ist mir einmal während einer kommissionellen Schlussprüfung an der Wiener Fakultät klar geworden. Eine Studentin bestritt das Examen in Pastoraltheologie. Es ging um die damals in der kirchlichen Öffentlichkeit viel diskutierte »Ehe ohne Trauschein«. Ich fragte, was einer solchen Ehe fehle. Sie richtig: das »Sich-sehen-lassen-Können«, das stolze und herzerfreuende Herzeigen dessen, den man liebt. Dies sagend, brach sie in Tränen aus. Ich fragte nach, was sie denn so bewege. Sie: »Ich liebe einen Priester, mit dem ich mich öffentlich als Liebespaar nie sehen lassen kann.«

Inmitten der Erfahrung einer aufkeimenden Partnerschaft ist mir nach und nach klar geworden, dass ich eine solche nur dann leben kann, wenn ich mich mit dem geliebten Menschen auch immer und überall sehen lassen könnte. Mir ist bislang auch noch niemand begegnet, der nicht seufzend gesagt hätte: Da hast du ganz recht. Vor allem Frauen und mögliche Kinder von Priestern leiden (zu) sehr darunter. Aber auch für die betroffenen Priester selbst ist es nicht einfach. Für sie hat die Kirche eine Fürsorgepflicht. Dieses vielfältige Leid kann sie nicht übersehen. Wenn Papst Franziskus so sehr daran gelegen ist, Wunden zu heilen: Wie heilsam wäre es, die vielen durch geheime Priesterehen aufgerissenen Wunden zu heilen. Wenn ich mich nicht täusche, kennt der Papst auch dieses Leiden. Es berührt ihn tief. Er hat einen laisierten Weihbischof und dessen Frau bis zu dessen Sterben begleitet und ist mit der Witwe immer noch in gutem Kontakt.

So sehr in unserer modernen Kultur Privatheit und Öffentlichkeit zu unterscheiden sind: Sie stehen doch miteinander in Verbindung. Nicht nur weil die »Öffentlichkeit« stets voyeuristisch oder kontrollierend in den privaten Lebensraum einblicken will, sondern auch weil man der Öffentlichkeit zeigen will, was einem wichtig ist. Aber welche Öffentlichkeit? Theoretisch lassen sich nämlich drei Öffentlichkeiten unterscheiden: Eine erste Öffentlichkeit ist die große, amtliche, die sich etwa bei einer standesamtlichen Trauung einstellt. Dazu kommt eine mittlere Öffentlichkeit z. B. einer Pfarrgemeinde, welche um die faktische Ehe ihres Pfarrers weiß und sie zumeist auch tolerierend unterstützt. Manche hingegen scheuen sich nicht, in übergriffiger Weise die Liebe von zwei selbstverantwortlichen Erwachsenen beim Vorgesetzten des Priesters anzuzeigen. Und schließlich gibt es eine kleine Öffentlichkeit, den engen Freundeskreis, zu dem oft nicht einmal die eigenen Angehörigen gehören. Diese drei Öffentlichkeiten lassen sich in unserer neugierigen Medien- und Tratsch(un)kultur auf Dauer nur schwer voneinander hermetisch abschließen. So ist ein hohes Maß an angestrengter Daueraufmerksamkeit, gegebenenfalls Verschleierung und manchmal auch veritabler Lüge nötig, um geheim zu halten, was nicht die mittlere oder große Öffentlichkeit erreichen darf.

Abspalten der Generativität

Der Geheimhaltungsdruck auf »geheim(gehalten)e Priesterehen« erzeugt als Nebenwirkung eine bemerkenswerte, praktische und doch fragwürdige Spaltung in der Kultur ganzheitlicher Sexualität. Partnerschaften dienen dann (nur noch) dem Wohl des Paares, aber nicht (mehr) dem Zeugen und Aufwachsenlassen von Kindern.

Menschliche Sexualität, so die Wissenschaft vom Menschen, hat zwei aufeinander verwiesene und doch nicht identische Dimensionen: Sie kann generativ sein und so der Zeugung von Nachkommen dienen und sie kann symbolisch, kommunikativ sein, ist dann eine Art »Geheimsprache«, wie Kurt Löwit sie bezeichnete[140].

Schon Platon kannte diese zwei Aspekte. In seinem Gastmahl spielte der Eros beim Wiederfinden der »besseren Hälfte« die Hauptrolle.[141] Die Götter hatten eine Halbierung des Kugelmenschen mit ursprünglich vier Armen und vier Beinen vorgenommen, weil ihnen diese gefährlich geworden waren. Sie hatten sich angeschickt, den Götterhimmel zu erobern. Das Zeugen von Nachkommen hingegen verlief, so der Erzähler Aristophanes beim Gastmahl, wie bei den Zikaden, die ihren Samen in den Ackerboden säen, aus dem dann Nachkommen wachsen.

Die Trennbarkeit der beiden Dimensionen war aber in Ermangelung medizinischer Kenntnisse und verlässlicher technischer Hilfsmittel wie Anti-Baby-Pille und Kondom nicht so einfach möglich wie das heute der Fall ist. Bei allen beschworenen Nachteilen ist das inzwischen gut möglich. Wenn nun Priester eine »klandestine Ehe« eingehen, wird die generative Seite der Sexualität aus plausiblen Gründen zumeist grundsätzlich stillgelegt. Ein Wille zum Kind ist bestenfalls im Modus des unerfüllbaren Wunsches, aber nicht praktisch vorhanden. Ob dann eine solche Partnerschaft noch den Namen »Ehe« im vollen kirchlichen Sinn verdient?

Kinder lassen sich auch heute nicht leicht verheimlichen, obgleich es auch dafür tragische Beispiele gibt. Oft darf nicht einmal das Kind wissen, dass der Vater Priester ist. Und das ist eine zutiefst unmenschliche Lösung, die wiederum von den Betroffenen wie der kirchlichen Gemeinschaft zusammen verschuldet wird.

Klandestinen kinderlosen Priesterehen kommt allerdings entgegen, dass in unserer Kultur die beiden Aspekte der Sexualität von der Mehrheit der Menschen unbezogen auseinandergehalten werden: »So werden Liebe und Sexualität einerseits und die Zeugung von Kindern andererseits zunehmend als zwei verschiedene und voneinander getrennte Lebensvollzüge erlebt und verstanden.«[142]

140   Löwit, Kurt: Geheimsprache Sexualität, Innsbruck 1988.
141   Plato; Paulsen, Thomas: Das Gastmahl, Stuttgart 2008.
142   Die pastoralen Herausforderungen der Familie im Kontext der Evangelisierung. Zusammenfassung der Antworten aus den deutschen (Erz-)Diözesen auf die Fragen im Vorbereitungsdokument für die III. Außerordentliche Vollversammlung der Bischofssynode, Pressemitteilungen der Deutschen Bischofskonferenz 012a, Berlin 2014, Nr. 5.

Kinder

Im Zuge solcher Überlegungen fing ich an, mich intensiv mit einer bislang verdrängten Wunde meines Lebens zu befassen. Es ist das Vermissen eigener Kinder, die mir mit zunehmendem Alter immer mehr fehlen. Wie die Kirche im Namen Gottes Menschen den Verzicht auf Kinder abverlangen kann, ist im Lebensrückblick für mich nur schwer zu verstehen. Natürlich hat man uns damit getröstet, dass Seelsorger und Pädagogen allgemein mehr Kinder »haben« als gewöhnliche Eheleute. Zudem habe ich mich, von Freuds Sublimierungsratschlägen geleitet, anderen Formen der Kreativität hingegeben. Schrieb ich ein Buch, erlebte ich es wie eine Art »Schwangerschaft«. Erschien es dann, feierte ich es wie die Geburt eines »Kindes«.

Dass ich eine »Lobby für Kinder« gründete, hat vielleicht auch mit meinem unerfüllt gebliebenen Wunsch nach eigenen Kindern zu tun. Deren Gründung hatte freilich einen dunklen Anlass: Es waren die himmelschreienden Kindesmisshandlungen just durch Priester, welche die unverzichtbare seelsorgliche Nähe zu Kindern, die diese auch von sich aus liebenshungrig zuließen, ausnutzen. Sie verbinden dabei schamlos pastorale und pädagogische Macht. Mein Gründungsinteresse wurzelte noch tiefer. Die »Lobby für Kinder« sollte der Kinderfreundlichkeit des Landes und dem Schutz bedrohter Kinder dienen. Kinder sollten es gut haben im Land, kein Kind sollte in unserem reichen Land verarmen. Und keines sollte misshandelt werden, schon gar nicht in der Kirche, aber auch nicht in anderen öffentlichen Einrichtungen, in Sportverbänden, und nicht in den Familien, wo mehr als 80 % der (sexuellen) Gewalt gegen Kinder geortet wird.

Ich bin Kurt Scholz, Max Friedrich, Wolfgang Mazal und Christine Mann zutiefst dankbar. Sie haben sich dieser »Lobby für Kinder« als Gründungsvorstand zur Verfügung gestellt. Mit Martin Jäggle hat die Lobby inzwischen einen neuen vorzüglichen Vorstandsvorsitzenden gefunden.

Im Zuge der fachwissenschaftlichen Auseinandersetzung mit dem Kindesmissbrauch lernte ich, dass kein Mensch und schon gar nicht jene, denen beruflich Kinder anvertraut werden, um die Aufgabe herumkommt, Nähe zu leben und dabei zugleich die eigenen erotisch-sexuellen Bedürfnisse wahrzunehmen und zu kultivieren. Wer dies nicht tut, wird leicht übergriffig, vor allem wenn ihr, ihm solches in der eigenen Kindheit widerfahren ist. Solche Wahrnehmungsübungen gehören in die Lebensschule jedes Menschen, noch mehr aber in die Berufsausbildung pastoral und pädagogisch tätiger Personen. Eine Ausbildung der Priester und auch des übrigen pastoralen Personals ohne eine Bearbeitung dieser pädagogischen Dauerherausforderung ist fahrlässig. Schon hier beginnt die Kirche schuldig zu werden, wenn sie dafür nicht präventiv in der Ausbildung Sorge trägt. Zudem brauchen jene, die mit Kindern und Jugendlichen arbeiten, eine entsprechende berufsbegleitende Supervision. Es ist auch besser, wenn immer zwei Personen die pädagogische Arbeit zusammen machen, am besten eine Frau und ein Mann.

Es gehört zur Ironie meines Lebens, dass mir, dem eigene Kinder so sehr fehlen, von einem konservativen Querulanten in einem Leserbrief in der Tageszeitung DIE PRESSE nachgesagt wurde,»die Erzdiözese müsse für meine drei Kinder Alimente zahlen«. Dabei wundere ich mich, dass eine derart renommierte Tageszeitung einen solchen ungeheuerlichen Leserbrief überhaupt abdruckt. Ein kurzer Anruf bei der Erzdiözese hätte genügt, um sich von der Absicht zu überzeugen, dass der Verfasser mir nur schaden wollte. Zum unverschämten Vorwurf aber sage ich heute: Hätte ich nur diese drei Kinder! Außerdem war der Verfasser dieses Leserbriefes so naiv, dass er meinte, ausgerechnet bei mir mit meinem Gehalt als Universitätsprofessor müsse die Diözese die Alimente für meine nicht vorhandenen Kinder übernehmen. Ich habe diesen Verleumder nicht angezeigt. Doch schickte ich ihm einen eingeschriebenen Brief, dass er umgehend 25000 Schilling zu entrichten habe, anderenfalls würde ich ihn klagen. Da wurde er weinerlich. Der ORF habe ihn soeben gekündigt. Es würde ihn finanziell ruinieren, müsste er mir so viel Geld überweisen. Ich habe mich mit ihm auf 5000 Schilling zur Unterstützung für eine kinderreiche Familie mit Geldsorgen geeinigt.

Sarah

Ein wenig ging dann später mein»Kinderwunsch« doch in Erfüllung. In den harten Kindheitsjahren bald nach dem Krieg war ich durch zwei Benediktiner des Schottenstifts, die leiblichen Brüder Beda und Wolfgang, zu einem Ferienaufenthalt nach Bezau in Vorarlberg vermittelt worden. Aufgenommen hatte mich die Familie Moosbrugger in der »Oberen«. Der Vater Peter war Gemeindediener. Die Mutter Rosa führte den Haushalt. Sie hatte selbst fünf eigene Kinder: die drei Buben Anton, Hans und Ehrenfried, sowie die zwei Mädchen Marianne (deren Tochter Ulrike mir ans Herz gewachsen ist) und Martha, dazu ein Pflegekind und dann noch mich als Ferienkind dazu.

Seither weiß ich, was gelebte Solidarität ist. Die Familie hatte zwei Kühe im Stall stehen. Das einfache Bregenzerwälderhaus mit seinen klassischen Holzschindeln stand an einem idyllischen Bach, der nach Gewitterregen mächtig anschwoll. Ansonsten aber bot er uns Buben die Möglichkeit, bachaufwärts unter den Steinen mit bloßen Händen Forellen zu fangen, sie auszuweiden und – heimgekehrt – genüsslich zu verspeisen.

Später, als die Moosbrugger-Kinder groß geworden waren, bewährte

ich mich als Traupriester. Die Ehe der Jüngsten, Martha, verheiratet mit Hans Peter Greber in Egg-Großdorf, blieb zu ihrem Leidwesen kinderlos. Aber sie wollten wenigstens ein Kind im Haus erleben. So nahmen sie zunächst einen Michael zur Pflege. Dann endlich gelang es, Sarah zu adoptieren und ich wurde als »Göte« (Taufpate) auserkoren. Dann machte ich etwas, was kirchenrechtlich nicht ganz astrein ist: Ich habe das Kind als Pate gleich selbst getauft. Sarah habe ich wie eine eigene Tochter ins Herz geschlossen. Inzwischen hat sie maturiert. Ihrer Einladung zum Maturaball habe ich von Herzen gern, obgleich unter großer Reisemühsal, Folge geleistet, was sie riesig gefreut hat. Mit ihr musiziere ich, wenn ich in Egg zu Besuch bin, was viel zu selten der Fall ist. Am liebsten spielen wir eine der Sonaten für Klavier und Violine von Franz Schubert. Ich ginge auch gern öfter mit ihr auf die Skipiste.

Berufung

Ein Priester, der mit einer Frau in aufkeimender partnerschaftlicher Liebe verbunden ist, und der nicht den Weg in eine Geheimehe wählt, gerät in unserer heutigen katholischen Kirche vor die folgenschwere Alternative Priesteramt oder Partnerschaft. Ich habe mich zum Bleiben im Priesteramt durchgerungen. Ich konnte und wollte das Priesteramt nicht aufgeben. Immer, wenn ich eine Amtsniederlegung in Erwägung zog, verlor ich meinen inneren Frieden. Ich fühlte in solchen Stunden das Schwinden von Stimmigkeit. Sind solche Gefühle der Unstimmigkeit und des Unfriedens nicht doch ein Hinweis darauf, dass es sich um eine wirkliche Berufung handelt oder, wie wir bibelgestützt oder ignatianisch sagen, ein Charisma?

Nicht das Zölibatsversprechen machte mir spirituell zu schaffen. Kirchengeschichtlich gut trainiert war mir schon klar, dass sich dieses auf der Ebene der kirchlichen Gemeinschaft und des veränderbaren Rechts der Kirche bewegt. Es ist also nicht göttlichen Rechts, sondern ein Teil der Disziplin der römisch-katholischen Kirche. Es hat sich im Lauf der Kirchengeschichte oft geändert. Andere christliche Kirchen, auch die kleine griechisch-katholische Kirche, kennen keinen Pflichtzölibat. Manche haben ihn nicht für die Seelsorgspriester, andere nicht für alle kirchlichen Ämter. Zudem speist sich die Zölibatspflicht in der römisch-katholischen Kirche zusätzlich zu hehren spirituellen auch aus zwiespältigen Quellen, einer manichäischen Abwertung der Sexualität und der Frauen, und auch aus dem Versuch, die familienfreie Mobilität der Priester zu erhöhen und die Personalkosten niedrig zu halten.

Natürlich wurde in theologischen Fachkreisen über die Ehelosigkeit als Charisma meditiert und eine spirituell gut begründete Kultur des ehelosen Lebens entworfen. An deren Entwicklung habe ich mich in unbekümmerten Jahren selbst beteiligt.[143] Die euphorische Rede vom Charisma hat mich aber im Zusammenhang mit dem Pflichtzölibat zuneh-

---

143   Zulehner, Paul M.: Leibhaftig glauben. Lebenskultur nach dem Evangelium, Kevelaer 2008 (Erstausgabe Freiburg 1987).

mend nachdenklich gemacht. Das Vorhandensein eines Charismas zeigt sich, so der große Theologe Edward Schillebeeckx, in einem »Nichtmehranderskönnen«[144]. Wer gegen das zugemutete Charisma lebt, verliert seine innere Stimmigkeit. Wer es besitzt, bei dem ist es wie ein innerer Steuermann, der es bei allem Auf und Ab des konkreten Lebens schafft, auf das Ziel hin in der Spur zu bleiben oder sich wieder in diese einzupendeln, wenn er sie einmal verlassen hat.

Die römisch-katholische Kirche bezeichnet die Ehelosigkeit als Charisma. Sie lässt derzeit nur jene zur Ordination zu, die ihr versprechen, dieses Charisma in sich entdeckt zu haben, und die sich in Freiheit entscheiden, dieses in ihrem Leben zur Entfaltung zu bringen. Warum aber macht dann meine Kirche aus dem frei geschenkten und angenommenen Charisma einen Pflichtzölibat? Mir scheint, dass darin die Kirche selbst zum Ausdruck bringt, dass sie ihrer Rede vom Zölibats-Charisma letztlich selbst nicht ganz traut.

In Zeiten des Ringens rückte meine Berufung zum priesterlichen Dienst immer deutlicher in den Mittelpunkt. Mir erschien das Priesteramt, aber nicht die ehelose Lebensform als das mir geschenkte Charisma. Ich hatte die tiefinnere Erfahrung, dass Gott selbst seine Hand auf mich gelegt hatte. Es wäre mir, so ahnte ich, sehr schwer gefallen, hätte ich diese Berufung, die ich von meiner Person zur Person Jesu Christi erlebte, aufgekündigt. Ich wäre, so meine Befürchtung, neuerlich, wenn auch anders, innerlich ein Leben lang zerrissen gewesen.

Hätte ich eine nicht geheim gehaltene Partnerschaft gewählt, hätte ich unter den derzeitigen Bedingungen der katholischen Kirche meine Berufung zum Priesteramt abgewählt. Dass die Kirche liebende Priester in eine solche Lage bringt, wird sich nicht mehr lange halten können. Es muss ihr der Schutz der göttlichen Berufung zum Priesteramt mehr Wert sein als die von nicht wenigen auf dem Weg zum Priesteramt »mitgenommene« ehelose Lebensform ihrer Priester. Dieser Satz hat ein ähnliches Gewicht wie der andere: Es muss der Kirche die Feier der sonntäglichen Eucharistie in gläubigen Gemeinschaften und Gemeinden mehr wert sein als die ehelose Lebensform ihrer Priester.

---

144 Schillebeeckx, Edward: Der Amtszölibat. Eine kritische Besinnung, Düsseldorf 1967.

Bindung und Freiheit

Vielleicht habe ich das alles jetzt viel zu fromm geschrieben oder mir eine vorteilhafte Version zurechtgedacht. Viel mehr als ich es gemacht habe, müssten bei solchem Nachdenken auch die liebenden Frauen das Wort ergreifen. Das verlangt danach, dass solche Texte zusammen verfasst werden. Dass ich nur aus meiner Sicht schreibe, ist eben nur die eine Seite und nicht die ganze Sicht. Das schwächt meinen Text ab, entwertet ihn aber nicht.

Manchmal frage ich mich auch, ob ich in einer konkreten Situation zu feige war. Habe ich nicht in meinen fortgeschrittenen Lebensjahren den großen Umbruch gescheut? War ich besorgt, dass eine Lawine abgehen könnte, die für alle Beteiligten und Betroffenen mehr Schaden als Glück mit sich bringen würde? Ich könnte dann, so dachte ich mir, die Arbeit in meinem Pastoralen Forum oder auch die vielen Aufgaben in der Bildung und in den Medien nicht mehr so einfach wie jetzt wahrnehmen. Natürlich hätten andere Applaus gezollt.

Vielleicht spielte auch meine Angst vor Bindung und alltäglicher Nähe mit. Es stimmt schon: Ich brauche Zeiten der Nähe, dann aber auch wieder Zeiten der Distanz. Hatte ich womöglich die Angst, der Alltag einer Partnerschaft würde mir zu eng werden? Ich hatte jahrzehntelang trainiert, allein zu leben, viel auf Vortragsreisen zu sein und war ein Weltenbummler. Den Absturz in quälende Einsamkeit verhinderte ein gutes und auch räumlich weitgespanntes Netz von verlässlichen Freundinnen und Freunden.

Einmal las ich bei einer Feministin, die den Unterschied zwischen Männern und Frauen in neuer Weise dadurch erklären wollte, dass Frauen Geborgenheit suchen, Männer aber auf ihre Freiheit bedacht seien.[145] Ich habe in manchen Phasen meines Lebens beides spannungsgeladen zur gleichen Zeit erlebt. Ich paarte die Suche nach wärmender Geborgenheit mit einem ängstlichen Sichern meiner Freiheit. Ist dies einer meiner unentrinnbaren Konflikte? Oder steckt dieser Urkonflikt gar in jeder und jedem, auch in jeder Partnerschaft? In Anlehnung an meinen Namenspatron im Römerbrief (7,15–23) könnte ich voll Bedauern klagen: »Bin ich frei, fehlt mir die Geborgenheit. Fühle ich mich geborgen, bin ich um meine Freiheit besorgt. Ich unglückseliger Mensch!«

145 Chodorow, Nancy: The reproduction of mothering, Berkeley 1999.

Mag an all solchen ganz profanen und psychischen Gründen viel Wahres dran sein: Ich bin mir dennoch ziemlich sicher, dass meine Berufung ins priesterliche Amt letztlich den Ausschlag gegeben hat, dass ich mich – vor die schmerzliche Wahl gestellt – nicht für eine Heirat entschieden habe. Vielleicht geschah es gerade dann, wenn ich mich um meiner Berufung willen von der realen Option der Institutionalisierung einer aufkeimenden Partnerschaft loslösen musste, dass ich das, was die Priesterweihe feiert, existenziell bis in meine letzten Tiefen erlebt habe.

Die siebenminütige *prostratio*, mit der ich meine morgendliche Meditation beginne, erinnert mich an die Weihe und spätere Entscheidungen, in der Spur der Berufung zum Priesteramt zu bleiben. Sie erinnert mich an das Adsum, das ich bangen und doch freudigen Herzens Jesus, dem Herrn seiner Kirche und meinem letztlich wichtigsten Lebensfreund am 29. Juni 1964, also vor fünfzig Jahren, in der Kirche zu St. Florian von Herz zu Herz versprochen habe. Der zur Weihe vor einem halben Jahrhundert gewählte Primizspruch drückt aus, worum es mir damals ging und was mir bei allen Krisen unverändert bis heute wichtig ist:

»Leben wir, so leben wir dem Herrn, sterben wir, so sterben wir dem Herrn. Ob wir leben oder ob wir sterben, wir gehören dem Herrn.« (Röm 14,8)

Es ist meine katholische Kirche, die Priester nicht nur vor der Weihe, sondern in unserer modernen Kultur ein ganzes Leben hindurch vor die Entscheidung stellt: Amt oder Heirat. Diese Entscheidung ist mir in der geschlossenen Männerwelt meiner Jugend leicht gefallen. Genau genommen war es gar keine Entscheidung. Später aber, wenn eine Freundschaft in Richtung einer Partnerschaft erblühte, war es eine schwerwiegende Entscheidung. Sie hinterließ mich nicht nur stimmig und beglückt, sondern enttäuscht und verwundet: mich selbst und einen von Herzen geliebten Menschen.

Weiterentwicklung
Fällt die Entscheidung für ein Verbleiben im Amt, dann steht die Weiterentwicklung einer aufkeimenden Partnerschaft in eine »Freundschaft danach« an. Ob eine solche reifende Weiterentwicklung überhaupt eine Chance hat, ohne neue Verwundungen zu schlagen, ist äußerst schwer

zu sagen. Erfahrene Weise, die mir ratend zur Seite standen, waren zumeist höchst skeptisch. »Es hat bei mir zwanzig Jahre und mehr gedauert, bis wir uns wieder freundschaftlich begegnen konnten«, erzählte mir wohlwollend ein einfühlsamer hochrangiger Kirchenmann. Es kann helfen, wenn beide Beteiligte zum Reifen bereit sind und solches aus tiefen spirituellen Quellen auch zu meistern versuchen. Gut ist es, wenn es keinerlei Streit gibt. Die Liebe bleibt nach wie vor lebendig. In schmerzlicher Einsicht gilt es hinzunehmen, dass sich diese Verbundenheit in dieser Weltzeit in der Gestalt einer öffentlichen partnerschaftlichen Liebe nicht leben lässt. Zu unerbittlich kann die Berufung zum Priesteramt sein. Und manchmal sind auch die umgebenden kirchlichen wie bürgerlichen »Systeme« nach wie vor gewalttätig gegen jene, welche die Spielregeln nicht halten.

OB
ob wir
einander
erkennen
einst
im ewigen
leben

ob wir
dann sind
was zu sein
wir
schon jetzt
so ersehnen

verwachsen
in eins
in ein herz
inmitten
des göttlichen
herzens

meine seele
betrübt
dass du
solches
überhaupt
fragst

denn sie weiß
so wird es sein.

Ich weiß um dieses Reifen in eine »Freundesliebe danach«. Diese Form der Freundschaft ist geprägt vom tiefen Wunsch, dass die geliebte Freundin sich gut entwickeln wird. Möge sie einen Partner finden, der frei ist, der sie versteht und auf Händen trägt. Mit dem sie durch das Leben tanzt: in guten wie in bösen Tagen. Mit dem sie sich stolz sehen lassen kann. Mit dem sie vielleicht ein Kind bekommt und dabei für ihr weiteres Leben glücklich wird und Frieden findet.

Ich kenne keine Literatur, die sich dieser Dynamik der Transformation einer aufkeimenden Partnerschaft in eine »Freundschaft danach« empathisch stellt. Wiedergefunden habe ich mich in einem Gedicht von Rilke, der den Sturm und die Einsamkeit solcher Zeiten der Wandlung erfühlt und rät: »demütig sei jetzt wie ein Ding, / zur Wirklichkeit gereift, / dass Der, von dem die Kunde ging, / dich fühlt, wenn er dich greift.«.

DICH wundert nicht des Sturmes Wucht, –
du hast ihn wachsen sehn; –
die Bäume flüchten. Ihre Flucht
schafft schreitende Alleen.
Da weißt du, der vor dem sie fliehn,
ist der, zu dem du gehst,
und deine Sinne singen ihn,
wenn du am Fenster stehst.

Des Sommers Wochen standen still,
es stieg der Bäume Blut;
jetzt fühlst du, dass es fallen will

in den, der Alles tut.
Du glaubtest schon erkannt die Kraft,
als du die Frucht erfasst,
jetzt wird sie wieder rätselhaft,
und du bist wieder Gast.

Der Sommer war so wie dein Haus,
drin weißt du alles stehn -
jetzt musst du in dein Herz hinaus
wie in die Ebene gehn.
Die große Einsamkeit beginnt,
die Tage werden taub,
aus deinen Sinnen nimmt der Wind
die Welt wie welkes Laub.

Durch ihre leeren Zweige sieht
der Himmel, den du hast;
sei Erde jetzt und Abendlied
und Land, darauf er passt.
Demütig sei jetzt wie ein Ding,
zu Wirklichkeit gereift, -
dass Der, von dem die Kunde ging,
dich fühlt, wenn er dich greift.

RAINER MARIA RILKE

Eine solche Weiterentwicklung, so meine Erfahrung, kann am ehesten dann gelingen, wenn die gewachsene Liebe zueinander alle angstbesetzten narzisstischen und besitzergreifenden Anteile hinter sich lässt und zudem in einer tiefen Spiritualität verwurzelt ist. Zugemutetes und, wenn auch nicht leichten Herzens angenommenes Freilassen einer geliebten Person kann eine noch größere Liebe hervorbringen, als mit ihm, mit ihr die Feste der Liebe zu genießen und einen möglichst versöhnten Alltag zu teilen. Kann, sage ich zögernd.

Diese Art des freigebenden Liebens will ich niemand anraten, weil sie viel, manchmal zu viel fordert. Nur in der eigenen erlittenen Erfahrung erschließt sich nach und nach, in einem Wechselspiel von Abstieg und Aufstehen, dass es ein gangbarer Weg sein kann, der Frieden bringt und die Liebe weiterreifen lässt. Solch innige und treue »Freundschaft danach«, in der gereifter Eros ein gern gesehener Gast ist, erfährt dadurch Kraft, dass wir uns als Freunde betend und meditierend »Herz an Herz im Herzen Gottes« schon jetzt gelegentlich und einst bleibend wiederfinden.

Diese Variation der Liebe kann etwas Österliches an sich haben. Ich habe dazu in meiner Gedichtsammlung einen spirituellen Text gefunden, der sich dem Unwahrscheinlichen eines solchen Weges annähert:

MORS ET VITA DUELLO
mich an Dir laben,
trinken, verzehren, genießen.
fragen, ob Du treu.
wird es mir gut tun, oder versag ich (mich)?
Dich einfach festhalten, umschlingen, verschlingen.
»sich lieben«.
Angst, (Dich) zu verlieren, nicht mehr zu haben.
umarmen, anklammern.

DER KURZE WEG.
Sackgasse. Moment ohne Zukunft. Besitz, Enge. Angst.
Tod.

CONFLIXERE MIRANDO
stark sein und schwach sein, aber für dich.
sagen, dass treu: kannst dich verlassen!
Wird es Dir gut sein – Segen für Dich?
nicht haben, loslassen, Leben verlieren.
trauern und leiden.
einfach Dich lieben.
Geh ich zugrunde, ich weiß es nicht:
Du aber wirst leben.
DER LANGE WEG.
Weite und Zukunft. Aufbruch zum
Leben.

DUX VITAE MORTUUS:
REGNAT VIVUS.
Hoffnung.

Diese Art von Freundschaft kann sich in unserer Kultur gut neben und nach Partnerschaften entfalten, schwächt diese nicht, sondern bereichert sie manchmal sogar. Ob nicht manche, deren Partnerschaft aus einem Gemenge von Schuld und Tragik scheitert, und die dann aufhören Partner zu sein, aber Eltern bleiben, weil sie ein gemeinsames Kind oder mehrere haben, dieses Kunstwerk vollbringen bzw. erkämpfen sollten? Zumindest für das Kind wäre es gut. Aber wohl auch für die erwachsenen Expartner und Danachfreunde selbst.

Jedenfalls preist das Alte Testament Freundschaft, und ich erlebe die »Freundschaft danach« als einen besonderen Ernstfall, in hohen Tönen.

In den aufgewühlten Zeiten meines Lebens habe ich den großen Wert einer über Jahrzehnte bewährten Freundschaft erfahren. Eine Freundin hat mir ihre Freundschaft auch und gerade in oftmals bewegten Zeiten nie aufgekündigt. Ihre Freundesliebe besitzt schon lange etwas von jener reifen Selbstlosigkeit, die ich selbst erst lebensumwegig und leidvoll erlernen musste.

3. Satz: Lento
Wofür ich stehe und einstehe

Es ist wie im Herbst. Du gehst über das weite Land. Die Felder sind ab-
geerntet. Die Früchte sind in die Scheunen eingefahren. Der Bauer freut
sich über den Ertrag.

Und der Ertrag meines Lebensackers? Was ist mir zugewachsen? Wofür stehe ich heute? Wofür stehe ich auch öffentlich ein?

Ich riskiere in diesem finalen Satz meiner Lebenssinfonie in einem
beschaulichen Lento eine Verdichtung des Ertrags. Dabei bleibe ich bei
der Zweiteilung Arbeiten und Lieben:

- Das eine Mal sammle ich meine über lange Zeit gereiften fachlichen
  Positionen. Ich bündle Orientierungen für den derzeitigen Kirchenumbau. Diese kreisen um die über Jahre gereifte Vision der Jesusbewegung, die sich in der Kirche »ein Zeichen und Werkzeug« (Lumen
  gentium 1) geschaffen hat und an der sich diese beim unausweichlichen Umbau der Kirchengestalt in unseren modernen Kulturen orientieren kann – oder sollte.

- Das andere Mal blicke ich auf das, was mir auf dem bewegten Feld des
  Liebens zugewachsen ist. Unter der Überschrift Respekt vor dem
  Reichtum an Lebensformen werden Stichworte sein: Fürsorgepflicht
  der Kirche für ihre ehelosen Priester, die Akzentverlagerung von der
  Institution zur Person und was sich (wie Karl Rahner in seiner brum-
  migen Art scherzend zu sagen pflegte: »meiner unmaßgeblichen, aber
  zweifellos richtigen Meinung nach«[146]) daraus für ehelich wie ehelos
  Liebende ergibt.

Orientierungen für den Kirchenumbau

1. Verbuntung

Wir leben heute in einer nach-christentümlichen Gesellschaft. Diese ist
nicht säkularisiert, wie Religionssoziologen eine Zeit lang meinten, sondern verbuntet. Glauben ist eine Angelegenheit des Wählens geworden.
Religion ist frei von kulturellen und auch kirchlichen Zwängen. Ledig-

---

146   Ich hoffe, Sie können über diesen Satz lachen!

lich lebensgeschichtliche und kulturelle Zwänge haben Gewicht, auf welche die Kirche aber bestenfalls heilenden Einfluss hat. In dieser Ohnmacht der Kirchen liegt eine ihrer größten Zukunftschancen.

2. Umbau der Kirchengestalt

Der tiefgreifende kulturelle Transformationprozess betrifft auch die christlichen Kirchen. Nicht »die Kirche« vergeht, wohl aber ihre herkömmliche Gestalt. Viele reden heute von einer »Krise der Kirche« und möchten damit die erforderlichen Veränderungen verhindern. Ich misstraue dem rückwärtsgewandten Krisengerede. Klar aber ist für mich: Am Umbau der Kirchengestalt führt kein Weg vorbei. Wenn die Kirchengestalt bleibt, wie sie ist, wird die Kirche in unserer Kultur nicht bleiben.

3. Belonging before believing

Bei diesem Transformationsprozess kommt es darauf an, Menschen für das Evangelium zu begeistern. Das geschieht meist dadurch, dass wir gastfreundlich Menschen in unsere Gemeinschaften, Feste und Projekte einbeziehen. Es gilt die angelsächsische Missionsformel: »Belonging before believing.«

4. Vision der Jesusbewegung

Die Kirche übernimmt Jesu ureigene Missionspraxis. Er selbst war erfüllt von der Vision der Umgestaltung der Welt in das »Reich Gottes«. Momente der ererbten Kultur des Todes sollten gewandelt werden in Momente einer Kultur der Liebe, der Gerechtigkeit, der Solidarität, der Achtung vor der Schöpfung. Um andere mit seiner Vision zu infizieren, sammelt er eine kleine Gemeinschaft, mit der er lebt und der er von seiner Vision erzählt. Auf diese Weise hat sich seine Vision wie ein Infekt verbreitet. Er hat seine Jüngerinnen und Jünger angesteckt. »So fing es mit der Kirche an.« (Norbert Lohfink). Eine Schlüsselfrage für die Zukunft der Kirche: Können wir – auf einem Bein stehend – einer 17-jährigen Ostdeutschen die Vision der Jesusbewegung glaubhaft erklären? Sind wir Menschen, die durch das was sie tun – und gefragt sagen – Zeugen des Evangeliums sind?

5. Wie Jesu Vision in einer Kultur wächst

Jesu Beispiel lehrt auch: Am Anfang steht eine Vision, die orientiert, motiviert und kritisiert. Die Vision vom Reich Gottes und davon, dass die Liebe stärker ist als der Tod. Gott ist daran gelegen, dass der Mensch aufkommt, nicht umkommt. Auferstehung aus den vielen Toden schon vor dem Tod und dann aus dem großen Tod steht auf Jesu heilsgeschichtlichem Programm. Aus der Quellkraft der Vision Jesu bildet sich sodann eine Gemeinschaft, die, sobald sie wächst, arbeitsteilig wird und Strukturen ausbildet. Arbeitsprogramm sowie administrative Strukturen müssen aber stets auf den Prüfstand der Vision. Das verlangt von den Kirchen als Moment der Jesusbewegung die Bereitschaft zur ständigen Reform, damit die Vision Jesu, die er in Person ist, maßgeblich bleibt.

6. Visionsarme Strukturen sichern nicht die Zukunft

Die Kirchen sind heute in Versuchung, sich vor allem durch die Veränderung von Strukturen in die Zukunft zu retten. Das führt aber lediglich zum Downsizing der sterbenden Kirchengestalt und beschleunigt deren Ende. Für viele in der Kirche gilt heute der Anfang der alten Erzählung von der Berufung des jungen Samuel: »In jenen Tagen waren Worte des Herrn selten. Visionen waren nicht häufig. Eines Tages geschah es: Eli schlief auf seinem Platz. Seine Augen waren blind geworden und er konnte nicht mehr sehen. Auch Samuel schlief im Tempel des Herrn« (1 Sam 3,1f). Diese Erzählung lehrt, dass Visionen nicht von den »Elis« kommen (müssen), obgleich vor allem die »Elis« Johannes XXIII. oder Franziskus Visionäre waren und sind.

7. Jede und jeder trägt eine Vision in sich

Gott schenkt seinen Kirchen Visionen oftmals durch die noch gottunvertrauten jungen »Samuels«. »Danach aber wird es geschehen, dass ich meinen Geist ausgieße über alles Fleisch. Eure Söhne und Töchter werden Propheten sein, eure Alten werden Träume haben und eure jungen Männer haben Visionen« (Joel 3,1). »Jedem ist die Offenbarung des Geistes gegeben, damit sie anderen nützt« (1 Kor 12,7). Alle in den Kirchen sind als von Gott »Hinzugefügte« (Apg 2,47), Geistliche, Geheiligte, Berufene und Begabte. In den Kirchen ist niemand unberufen und niemand unbegabt. Jede und jeder ist zu etwas gut.

8. Die Last des Amtes in den Kirchen: Spurtreue sichern

Einigen ist in der Kirche ein Amt aufgelastet. Sie stehen nicht über den übrigen Mitgliedern, denn unter allen herrscht bei allen Unterschieden in den Aufgaben »auf Grund der Wiedergeburt in Jesus Christus eine wahrhafte Gleichheit an Würde und Berufung« (Lumen gentium 32; CIC can 208). Kernaufgabe der Ordinierten aber ist es, die anvertraute Gemeinschaft in der Spur des Evangeliums zu halten und bei Abweichungen zurückzuführen. Solche »Hirten« gehen keineswegs der Herde voraus. Die guten Weiden finden die Leithammel oftmals besser als der Hirte. Der Hirte geht eher hinten nach, sorgt sich um die Kranken und die in den Dornen des Lebens Verstrickten (vgl. Ez 34). Und in guten Zeiten ist er inmitten der Herde, nach welcher er riecht (Franziskus[147]). Für Klerikalismus ist in den Kirchen kein Platz, obgleich er eine ständige Versuchung bleibt.

---

147 »Der Bischof muss immer das missionarische Miteinander in seiner Diözese fördern, indem er das Ideal der ersten christlichen Gemeinden verfolgt, in denen die Gläubigen ein Herz und eine Seele waren (vgl. Apg 4,32). Darum wird er sich bisweilen an die Spitze stellen, um den Weg anzuzeigen und die Hoffnung des Volkes aufrecht zu erhalten, andere Male wird er einfach« inmitten aller sein mit seiner schlichten und barmherzigen Nähe, und bei einigen Gelegenheiten wird er hinter dem Volk hergehen, um denen zu helfen, die zurückgeblieben sind, und – vor allem – weil die Herde selbst ihren Spürsinn besitzt, um neue Wege zu finden.« Franziskus: Evangelii gaudium, Rom 2014, 31.

9. Neuer Wein, nicht nur neue Schläuche

Um ein Bild Jesu heranzuziehen: Visionen sind der Wein, Strukturen die Schläuche. Heute schaffen manchen Diözesen neue Schläuche, für die sie keinen Wein haben.

10. Abmilderung von ererbten Irritationen

Es gibt historisch ererbte Schwächen, welche viele moderne Zeitgenossen schwer irritieren. In der römisch-katholischen Kirche zählen dazu die Beteiligung der Frauen an der (amtlichen) Leitung der Kirche, der Mangel an gut geleiteter synodaler Beteiligung, die manichäisch infizierte Abwertung der Sexualität und das gestörte Verhältnis zur Moderne mit ihrem hohen Anspruch auf Selbststeuerung des Lebens als einem Kernmenschenrecht. Es ist höchste Zeit, diese Irritationen abzubauen.

11. Auf die Gratifikationen kommt es an

Diese Irritationen sind freilich nicht der tiefste Grund, warum Menschen eine kirchliche Gemeinschaft verlassen oder sich von ihr lautlos absetzen. Der Abbau der Irritationen allein wird die Abkehr vieler von der Kirche nicht bremsen. Der wahre Grund für den Abschied vieler liegt im Mangel an Bindungskräften (Gratifikationen, so nennt sie die Forschung). Ist die Bindung stark, ertragen Menschen eher die Irritationen. Die Urgratifikation ist die Hoffnung auf ewiges Leben (Joh 6,64); darauf, dass nicht der Tod, sondern die Liebe das letzte Wort hat. Zu den Gratifikationen gehören der Trost und die Erfahrung, dass in dem vom Heiland eröffneten Raum Wunden geheilt werden können. Das macht eine Kirche in der Nachfolge des Heilands zu einem Heil-Land. Zu heilen sind die Herzen der Menschen, ihre Beziehungen, Strukturen der Armut, der Ungerechtigkeit und des Krieges, der im Terror eine weitere dämonische Fratze bekommen hat.

12. Von der Moral zur Mystik

Die staatsabsolutistisch betriebene Aufklärung hat in ihrem platten Rationalismus die Mystik des Glaubens zerstört und das Christentum in ein staatsnützliches Moralsystem umgewandelt. Diese aufgeklärte Vernützlichung der Religion ist der Anfang des Endes jeglicher Religion. Die nachaufklärerische Erneuerung des Christentums entdeckt die Mystik wieder und überlässt die Moral gelassen der menschlichen Vernunft. »Der Christ der Zukunft wird ein Mystiker sein, also einer, der etwas erfahren hat, oder er wird nicht sein«, lehrte mein Lehrer Karl Rahner. Belanglos ist die Mystik aber für wahre Moralität nicht. In dem Maß, als der Mensch im Umkreis der Liebe Gottes (in dessen gnadenhaften Kraftfeld) von der Angst geheilt wird, kann er solidarisch lieben.

13. Je mystischer desto politischer. Und umgekehrt.

Christliche Mystik ist nicht mit Wellnessspiritualität zu verwechseln, auch wenn eine solche in unserer narzissstischen Kultur en vogue ist. Vielmehr gilt: Wer in Gott eintaucht, taucht unweigerlich bei den Arm(gemacht)en auf. Und umgekehrt (vgl. Mt 25). Die Theologie, auch meine, fasst diese aufeinander bezogene Doppelbewegung in Wortpaaren zusammen: Mystik und Politik (Dorothee Sölle, Johann B. Metz), Kontemplation und Kampf (Roger Schutz), Spiritualität und Solidarität. Sie gründen alle im biblischen Doppelgebot von der einen Liebe zu Gott, den (feindlichen) Nächsten wie zu sich selbst, das Jesus auch seiner Jüngergemeinschaft ins Stammbuch geschrieben hat.

14. Abendmahl und Fusswaschung

Wenn mittelalterliche Mönche die Kirche malten, bildeten sie oben das Abendmahl und unten die Fußwaschung ab. Nur beide Ereignisse zusammen ergeben das innere Leben einer Kirche Jesu.

Indem wir uns Christus eucharistisch einverleiben, werden wir sein Leib. Aber dieser ist ein »Leib hingegeben«. Die Feier der Eucharistie knüpft an der Wandlung der Gewalt in die Liebe am Kreuz an. Gewan-

Perikopenbuch Heinrichs II. um 1007

delt werden die Gaben in Leib und Blut Christi, die den Auferstandenen mit seinem Geist in die Mitte rücken. Die Gaben stehen für die Versammelten. Sie sollen durch den herabgerufenen Geist des Auferstandenen gewandelt werden. Angst wird geheilt, solidarische Liebe freigesetzt. Daher gehen die Menschen aus der Feier anders hinaus, als sie hineingegangen sind. Die menschheitsalten Diskriminierungen werden überwunden: die rassistische (Juden und Griechen), die ökonomistische (Skalven und Freie) sowie die sexistische (Männer und Frauen) (vgl. Gal 3,28). Alle sind »einer« geworden, geeint im »Leib« dessen, der in seinem Tod alle trennenden Mauern niedergerissen und alle Diskriminierungen überwunden hat. Wer hinausgeht aus der eucharistischen Feier, verlässt diese als »Fußwascherin«, als »Fußwascher«. Sie sind »Aug und Ohr« (Ex 3,7) für jene, die lebensmäßig »schlecht bei Fuß« sind, für jene am Rand, die ganz unten sind. Die Kernschwäche der Kirchen besteht darin, dass sie sich zu »religiös verschönten Konditoreibesuchen« treffen, so einmal Helmut Schüller als Präsident der Österreichischen Caritas nach vielen Besuchen in Pfarren der Stadt Wien. Ließen sich alle wirklich wandeln, welche Gott sonntags zusammenruft, wäre das Land am Montag anders: weniger kühl, mit mehr Mitgefühl (*compassion* formuliert Johann B. Metz) für die vielfältigen und oft versteckten Armen: wie den physisch und psychisch Obdachlosen, den vereinsamten Alten und den arbeitslosen Jugendlichen.

15. Das eucharistische Herz der Kirchen

Unsere christlichen Kirchen mindern schon länger den zentralen Wert der Eucharistiefeier. Die einen, weil für sie das Wort Gottes vorrangig ist und sie Rituale pauschal für Magie halten; die anderen, weil es nicht genug ehelos lebende Vorsteher gibt. Zwar gibt es in der römisch-katholischen Kirche Texte, welche das Herrenmahl als Quelle und Höhepunkt des christlichen Lebens hymnisch preisen. »Ecclesia de eucharistia«, die Kirche wird in der Feier der Eucharistie geboren, so der heiliggesprochene Papst Johannes Paul II. in einem hochrangigen Lehrschreiben aus dem Jahre 2003. Und auch Benedikt XVI. hat auf dem Weltjugendtag in Köln jungen Menschen zu erschließen versucht, dass in der eucharistischen Feier nicht nur die Versammelten gewandelt werden, sondern durch sie hindurch – wie Teilhard de Chardin schaute – die ganze Schöpfung auf dem Altar der Welt vollendet werde. Heute können in der römisch-katholischen Weltkirche unzählig viele gläubige Gemeinden am Sonntag nicht das Herrenmahl feiern. Meiner Kirche ist die Rettung der ehelosen Lebensform ihrer Priester wichtiger als die Feier der Eucharistie in gläubigen Gemeinden. Unvorstellbar, dass in Ephesus, Korinth, Jerusalem, in den Römischen Katakomben am ersten Tag der Woche kein Herrenmahl gefeiert worden wäre, weil kein Amtsträger zur Verfügung stand. Dabei waren diese Ursprungsgemeinden zahlenmäßig überschaubar. Wie lange noch macht sich die römische Kirchenleitung an den vielen gläubigen Gemeinden schuldig? Oder wird die Änderung erst dann kommen, wenn katholische Gläubige sich versammeln und aus ihrer Mitte – wie einst schon in der Zeit Tertullians um 209 in Karthago – einen bestimmen, der dieser Feier vorsteht, egal ob Frau oder Mann, ob ordiniert oder nicht: weil alle priesterlich sind? Es geschähe in diesem keinesfalls erwünschten Fall nichts anderes als was bei der Taufe bis heute rechtens ist: Taufen kann, wer tut, was die Kirche zu tun vorsieht. Werden die Gläubigen Noteucharistien feiern, wie es eben auch

Abendmahl und Fußwaschung: Simon von Taisten, Virgental in Osttirol

Nottaufen gibt? Verursacht hätten diese Not aber jene, die den Gemeinden »keine Ordinierten hinzugefügt« haben, so Tertullian. Wenn diese argumentieren, dass es zu wenige Berufungen zum ordinierten Amt gibt, dann erweisen sich solche Argumente als hymnische Ausreden. Alle verfügbaren Studien zeigen, dass es unter Frauen und Männern weit mehr Berufungen gibt als die Kirche anerkennt. Die katholische Kirche hat einen Weihemangel und keinen Berufungsmangel. Man soll also künftig nicht um Berufungen beten, sondern darum, dass die Leitung die Berufungen sieht und annimmt.

16. Nicht Dienstleistungsbetrieb, sondern eine Gemeinschaft, die Dienste leistet

Die christlichen Kirchen haben in unseren Breiten die Gestalt bestens ausgebauter und finanzstarker Dienstleistungsbetriebe bekommen. Ihre zentralen Lebensbereiche wie Bildung und Verkündigung, Caritas und Diakonie, aber auch das alltägliche Leben in den Gemeinden wird von gut qualifizierten, zumeist akademisch ausgebildeten Experten getragen. Die einstige Priesterkirche ist in den Nachkriegsjahren zu einer Expertenkirche mutiert. Dabei blieb sie weithin Kirche *für* das Volk, das Kirchensteuer bzw. Kirchenbeitrag bezahlt, sich Dienst leisten lässt und mit mehr oder minder großer Häufigkeit den Gottesdienst »besucht«. Die Kirche von morgen wird eine *Kirche des Volkes im Volk* sein. Auch sie wird Dienste leisten, getragen von vielen Ehrenamtlichen und wenigen Hauptamtlichen, aber kein Dienstleistungsbetrieb mehr sein. Eine solche auf das Ehrenamt gestützte Kirche wird anders als heute finanziert werden müssen. Vielleicht wird dann die Kirche morgen finanziell ärmer und geistlich reicher sein.

17. Eine arme Kirche für die Armen

Wenn Papst Franziskus eine »arme Kirche für die Armen« wünscht, stellt das die Ortskirchen und ihre Mitglieder im Kontext des Reichtums vor eine enorme spirituelle Herausforderung. Wie können wir dieser franziskanischen Vision des Papstes folgend so leben, dass nicht die

Dinge uns haben, sondern wir die Dinge? Wie können wir ein derart angstfreies Herz gewinnen, dass wir uns in vielen konkreten Projekten solidarisch liebend verausgaben, ohne die übliche Erwartung, dafür Dank zu erhalten und auf Rückerstattung zu hoffen? Wie können wir unsere persönliche Liebe politisieren? Es kann uns nicht egal sein, wenn in einem reichen Land Kinder verarmen, wenn weltweit in jeder Minute viele Kinder sterben. Denn wenn nur ein Gott ist, dann ist jede und jeder eine und einer von uns.

18. The Great Chain of Being

In unserem spätindividualistischen Zeitalter gilt es, das alte Wissen um die tiefe Einheit allen Seins wiederzugewinnen. Das gilt auch und gerade innerhalb der einen Menschheit, in der langen »Kette des Seins«[148]. Alles Sein ist untereinander und ineinander verwoben, aneinander gebunden. Auch die Bibel ist randvoll von diesem gläubigen Wissen. Leidet ein Glied, leiden alle mit (1 Kor 12,26). In Adam haben alle gesündigt, in Christus sind alle gerettet (Röm 5,15–19). In der Menschwerdung hat der Sohn, das nach außen gewandte Gesicht Gottes, die »menschliche Natur« – also das, was allen Menschen gemeinsam ist – angenommen. Was er aber angenommen hat, hat er auch erlöst. Daher ist die Welt gerettet. Deshalb hoffen österliche Christen auf das Heil aller Menschen. Zwar würden wir alle in der Hölle landen, wenn ausreift, was in uns ist, aber ich traue es Gott zu, dass er am Ende alles in allem sein wird (1 Kor 12,28): dann wird kein Platz mehr sein für die Macht des Bösen, der Sünde, für Tod und Teufel – so Gregor von Nyssa, der große griechische Kirchenvater.

---

148 Bonaventura fasst darin die Mystik von Franz von Assisi zusammen. Auch Wilber, Ken: A Brief History of Everything, Dublin 1996. (Wilber, Ken/Wilhelm, Clemens: Eine kurze Geschichte des Kosmos, Frankfurt am Main 2007.)

19. Universell, nicht konfessionell: also wirklich katholisch

Das konfessionelle Zeitalter geht vor unseren Augen zu Ende. Aus einem Gemenge von politischen Interessen und kirchlicher Reformunwilligkeit ist die eine Kirche im weströmischen Reich in christliche Konfessionen zerfallen. Katholisch konnotiert jetzt nicht mehr »universell«, sondern »konfessionell«. Im Verbund mit dem augustinischen Heilspessimismus hat sich ein Heilsexklusivismus durchgesetzt: Gerettet wird nur noch, wer katholisch getauft wird – und das zur Not bei einer schweren Geburt mit einer Taufspritze im Mutterschoß. Man meinte, im Himmel seinen mit wenigen Ausnahmen nur Katholiken. Heute sind wir dabei, diesen heilspessimistischen Exklusivismus aufzubrechen. Jesus von Nazareth, in der Auferstehung von Raum und Zeit entgrenzt und zum Christus gemacht (Apg 2,36), ist der Erstgeborene der *ganzen* Schöpfung. Auf ihn hin ist *alles* erschaffen (Kol 1,15). Tod und Auferstehung Jesu sind universell: Im Herzen der Welt wohnen seitdem nicht mehr Tod und Vergeblichkeit, sondern Gott und das Leben, so Karl Rahner, gestützt auf griechische Kirchenväter. Unser Gott ist daher auch der Gott der Atheisten, der Buddhisten, der Hinduisten, der Marxisten, der spirituellen Vagabunden, der vielen Skeptiker und Fastglaubenden. Die Kirchen Jesu Christi haben also eine missionarische Berufung für alle Menschen in der einen Welt Gottes. Gehen die Kirchen diesen Weg gemeinsam, dann werden sie »katholisch« im ursprünglichen Sinn. Sie öffnen sich für die ganze Welt. Es weitet sich dann aber auch der innerchristliche Dialog zum »interfaith dialogue«: mit den Atheisten, den Buddhisten, den Muslimen, den Hinduisten und so fort. Die römisch-katholische Kirche hat unter den letzten Päpsten etwas von dieser katholischen Urweite gewonnen. Es war Johannes Paul II., der nicht nur die heiligen Stätten anderer Religion betreten hat. Er hat die Führer dieser Religionen auch zu einem Gebet für den Frieden nach Assisi eingeladen. Es werden sich künftig die Religionen der Welt gemeinsam für Gerechtigkeit, Frieden und die Bewahrung der Schöpfung stark machen. Ist solch universelles Denken über die Mission der Kirche eine unbotmäßige Vereinnahmung aller anderen für die Kirche? Ich bin überzeugt: Es ist keine Vereinnahmung aller für die Kirche, sondern eine Verausgabung Gottes für alle, in deren Dienst die christlichen Kirchen stehen.

20. Erbarmen als gemeinsamer Nenner

Die großen Religionen der Welt verbinden die gläubige Ahnung und das Vertrauen auf einen Gott des Erbarmens. *Compassion*, das Mitleiden ist die zentrale Eigenschaft des »Heiligen«, des Grundes aller Wirklichkeit. Der Dalai Lama ist die Reinkarnation des Buddhas des Erbarmens. Jede Sure des Koran ruft Allah, den Allerbarmer an: »Islam ist Barmherzigkeit«, so formuliert der in Münster lehrende islamische Theologe Muhanad Korchide. Im Judentum wird das Erbarmen Jachwes gepriesen. Und nicht zuletzt: Jesus ringt mit dem religiösen Establishment in Israel unter Einsatz seines Lebens darum, das Erbarmen Gottes gerade zu den verwundeten und gescheiterten Menschen zu praktizieren und zu lehren. Als der Konflikt eskalierte, erzählte er das Gleichnis vom Erbarmen des Vaters mit seinen zwei verlorenen Söhnen. – Dieses göttliche Erbarmen ist kein Ersatz für Gerechtigkeit. Vielmehr schützt das Erbarmen das Recht davor, auf die Spitze getrieben in Unrecht zu kippen. Im Babyloischen Talmud wird deshalb erzählt, dass Gott die Welt richtet und zum Ergebnis kommt, dass sie – verkommen – zu vernichten ist. Da erhebt sich Gott vom Stuhl der Gerechtigkeit und setzt sich nebenan auf den Stuhl des Erbarmens, weil er nicht will, dass seine Schöpfung zugrunde geht.

21. The Mission of the Christian Churches

Dieser Gott zugetraute universelle Heilsoptimismus revolutioniert unsere Auffassung von der Sendung der Kirche. Sie ist jetzt nicht mehr die allein rettende Arche nur für die getauften Katholiken oder die an Jesus den Herrn und seine Auferstehung glaubenden Protestanten. Vielmehr ist sie, so schon Jesus an seine Jüngerinnen und Jünger in seiner epochalen Rede am Berg, »Licht und Salz« (Mt 5,13f.) für alle Menschen. Als *Licht* enthüllt die Kirche, was in jedem Menschen verhüllt (Hans Urs von Balthasar) heranreift: Es ist die von Gottes Geist gewirkte wahre Liebe, die hineinrettet in die vollendete Schöpfung, deren Anfang der Auferstandene Jesus, der Christus, ist, der den ganzen Kosmos als seinen Leib in sich aufnehmen wird. Als Heil*salz* heilt sie die Menschheit von jener tiefsitzenden Angst, die letztlich die Angst vor dem Tod ist:

jener Angst, aus der seit Menschengedenken Gewalt, Gier und Lüge geboren werden (Monika Renz, Rene Girard), welche die dämonischen Gegenmächte zur solidarischen Liebe sind. Angst entsolidarisiert. Liebe heilt von der Angst.

Respekt vor dem Reichtum an Lebensformen

Es kann meiner Kirche nicht egal sein, wie es ihren ehelosen Priestern unter den modernen kulturellen Lebensbedingungen ergeht. Sie hat eine Fürsorgepflicht für sie. Es kann der Kirche auch nicht gleichgültig sein, wenn eine wachsende Zahl von Priestern für sich private Lösungen eines gesamtkirchlichen Problems sucht, mit denen sie einigermaßen leben können. Dieser Mut von Priestern, eine »abweichende Lebensform« zu entfalten, ist für den Ruf der Kirche nicht vorteilhaft. Denn das, was Priester verantwortlich zu leben versuchen, wird der Kirche von Kritikern als Verlogenheit und Doppelmoral vorgehalten. Es hilft wenig, wenn die verantwortlichen Kirchenleitungen wegschauen. Auch fromme Appelle an Priester, die in einer ernsthaften Liebesbeziehung zu einer Frau oder auch zu einem Mann leben, bleiben ohne Wirkung. Die Wirkung unterbleibt auch deshalb, weil in ihrem gemeindlichen Umfeld solche Priester, die zumeist seelsorglich außerordentlich begabt tätig sind und daher beliebt sind, hohe Akzeptanz auch für ihre Lebensart besitzen. Die meisten Gemeinden verstehen ihre liierten Priester. Die Kirchenleitung hat es schwer, heißt solches offiziell nicht gut, kann aber praktisch nicht anders, als es zu tolerieren, will sie nicht den Kollaps der Seelsorge verantworten.

Sowohl aus der Sicht der betroffenen Priester wie der kirchlichen Gemeinschaft sprechen gewichtige Gründe dafür, das Junktim von Ehelosigkeit und Ordination zu überdenken. Dabei geht die Kirchenleitung davon aus, dass die Priester ihre Entscheidung zum Zölibat durchaus in jener Freiheit getroffen haben, die auch Eheleute vor der kirchlichen Trauung bezeugen müssen, wollen sie eine kirchenrechtlich gültige Ehe eingehen. Allerdings besteht doch ein beträchtlicher Unterschied zwischen diesen beiden Ja-Worten. Bei Eheleuten ist das Gegenüber eine geliebte Person, von der die Kirche betont, dass der Mensch nicht trennen soll, was Gott verbunden hat. Bei der Ehelosigkeit hingegen ist das Gegenüber die kirchliche Gemeinschaft. Das eine Mal ist das bedingungslos bindende »Naturrecht« betroffen, das andere Mal das formbare Kirchenrecht. Hier eine Person, dort eine Institution.

Institution – Person

Damit ist ein Themenfeld betreten, das für das Leben in unserer Kultur von folgenreicher Wirkmächtigkeit ist. Es ist das sich wandelnde Verhältnis von Institution und Person.

Rollenübertragung

Die Institution Kirche nimmt im Namen Jesu Christi einen Menschen in ihren Dienst. In wünschenswerter Klarheit umreißt sie, unter welchen Bedingungen sie das tut. Wer die Bedingungen erfüllt und für geeignet befunden wird, kann in den priesterlichen Dienst aufgenommen und ordiniert werden.

Hört jemand auf, die Bedingung zu erfüllen, gibt es ein Verfahren, in dem die Kirche die Ausübung des priesterlichen Amtes aussetzt. Das Priestersein selbst, so die katholische Amtstheologie, kann nicht entzogen werden. Es habe sich unauslöschlich in die Existenz der betroffenen Person eingetragen. Wie beim Sakrament der Taufe ist von einem *character indelebilis* die Rede.

Durch den Entzug der Amtsausübung erfolgt kirchenrechtlich eine »Laisierung«. Dieses Wort ist nach dem Zweiten Vatikanischen Konzil als Bezeichnung einer »kirchenrechtlichen Strafmaßnahme« unbrauchbar geworden. Denn Laie zu sein, zum Volk zu gehören, ist für die Kirchenkonstitution des Konzils (LG 32) und von da aus für das Kirchenrecht von 1983 die oberste Würde, die es in der Kirche gibt (CIC can 208). »Laisierung« muss von da aus bedeuten: Jetzt steigt ein Priester von der unteren Stufe des priesterlichen Dienstes am Gottesvolk wieder in das oberste Plateau eines Mitglieds im heiligen priesterlichen Gottesvolk auf.

Bei der Indienstnahme eines Menschen für das Priesteramt wird soziologisch besehen dem Kandidaten in einer jahrelangen Ausbildung eine »Priester-Rolle« anerzogen und bei der Weihe feierlich übertragen. Es sind eindeutig vorgegebene Spielregeln, was einer als Priester zu tun, wie er sich zu verhalten, was er zu lehren und wie er sich bei liturgischen Handlungen und im alltäglichen Leben zu kleiden hat. Die Entscheidung für ein eheloses Leben zählt seit etwa 1000 Jahren in der römisch-katholischen Kirche zu den Voraussetzungen für die Rollenübertragung. Dabei gibt es zunehmend viele Ausnahmen. Wenn beispielsweise ein verheirateter evangelischer Pastor konvertiert und ordiniert wird, bleibt er verheiratet, kann weiterhin Kinder bekommen. So ist es mir in der Diözese Speyer passiert: Ich läute an einem Pfarrhaus an, weil ich den Pfarrer sprechen will. Ein fünfjähriger Bub öffnet. Ich: »Kann ich den Herrn Pfarrer sprechen?« Er: »Papa, Besuch für dich ist da!« Ähnlich in der Kirche in England. Dort sind viele Pastoren in die katholische Kirche übergetreten. Die Kirche hat sie als Priester in den Dienst genommen. Eine beträchtliche Zahl von verheirateten Priestern lebt neben unverheirateten. Der neue Bischof von Liverpool Malcolm McMahon hat das schon vor seiner Ernennung als einen unhaltbaren Zustand bezeichnet: und wurde unter Papst Franziskus dennoch als Bischof bestellt.

Die Einhaltung der Rolle wurde in vergangenen Jahrhunderten streng überwacht, die Überwachung hat die Priester zugleich aber auch unterstützt. Zudem wurden die ehelosen römisch-katholischen Priester durch hohes Ansehen im gläubigen Volk belohnt. Die Erwartung, dass ein Priester seine Rolle gern und gut erfüllt, war übergroß. Ein Abweichen war so gut wie nicht möglich; zumindest nicht ein öffentlich erkennbares Abweichen.

Wir sehen das heute noch in weniger modernen Kulturen. Der Doktorand Taras Chagalla aus der Ukraine, Stipendiat des Pastoralen Forums und inzwischen Pfarrer in St. Barbara in Wien, hat eine Studie an Priestern in der griechisch-katholischen Diözese von Iwano-Frankiwsk in der Westukraine verfasst. Dabei ist klar geworden, dass es unter den verheirateten Priestern nach außen keinerlei Eheprobleme geben dürfe, auch wenn es intern solche gibt. Eine Trennung oder Scheidung ist faktisch ausgeschlossen. Die Priester können es sich bis heute wegen ihres guten Rufes und auch finanziell nicht leisten, ihre Priesterehe aufzugeben.

Nun kannte natürlich auch früher die Institution mit ihrer Rollenzumutung Grenzen. Es gab nachweislich stille und manchmal auch bekannte Abweichungen auf allen hierarchischen Ebenen. Der Spielraum der Person gegenüber der Institution und damit der Rolle war aber in den letzten Jahrzehnten eher klein.

Ich selbst und viele meiner Priesterkollegen sind in einer Zeit aufgewachsen, in der die Institutionen intakt und die Rollen anspruchsvollfordernd waren. Zudem war die Belohnung durch Ansehen und Wertschätzung sehr hoch.

Entinstitutionalisierung des ehelichen Liebens

Typisch für die Achtundsechzigerjahre und die diese prägende Studentenrevolution war eine tiefe Krise aller Institutionen und mit ihnen die der Autoritäten und Normen. Diese wurden nicht mehr als soziale Kräfte gesehen, die menschliches Leben durch bewährte Regeln entlasten, sondern gerieten in den Ruf, repressiv zu sein. Institution stand nun für Unfreiheit, für Fremdbestimmung. Freiheit im Sinn von Selbststeuerung des Lebens hingegen galt nunmehr als unveräußerliches Menschenrecht. Die Institution rückte in den Hintergrund. Im Vordergrund standen jetzt die Person und ihre freie Selbstbestimmung.

Diese Annahmen verbreiteten sich in der Kultur mit Windeseile. Junge Menschen fingen an, alle überkommenen Spielregeln der Liebe anzuzweifeln. Noch mehr, sie hielten sich auch nicht mehr daran. Es bürgerte sich beispielsweise rasch ein, dass junge Menschen selbst aus den bürgerlichen und kirchenorientierten Familien vor der Ehe zusammenlebten. Die »Ehe ohne Trauschein« wurde ein engagiert verhandeltes Diskussionsthema in katholischen Familien und kirchlichen Bildungseinrichtungen. Die Liebe wurde jetzt gleichsam entinstitutionalisiert. Inzwischen ist das Zusammenleben zum Normalfall auch in Familien aus dem kirchlichen »Intensivsegment« geworden. Die partnerschaftliche Liebe des Paares und deren Institutionalisierung fallen auseinander.

Es kam so zu einer »Privatisierung« der Sexualkultur und der menschlichen Beziehungen überhaupt. »Für die meisten gehören Fragen der Sexualkultur zum Intimbereich des Einzelnen bzw. der Partner, auf den Institutionen nur beratend, nicht aber normierend Einfluss nehmen dürfen«, so stellen nüchtern die Deutschen Bischöfe fest.[149] Der Segen der Institution wird heute oft erst dann beansprucht, wenn es um das Wohl eines Kindes geht. Aus der »Hochzeit« wurde »höchste Zeit«, obgleich »auch die Geburt von Kindern heute nicht mehr selbstverständlich Anlass, zu heiraten«[150] ist.

Diese Entinstitutionalisierung und gleichzeitige Personalisierung ist im Bereich der Liebe weit gediehen. In der Online-Umfrage des Zukunftsforums der Kirche Österreich aus dem Jahr 2013 waren Fragen des Vatikans zum familialen Lebensfeld eingebaut worden. Eine Reihe von Items hat es ermöglicht, höchst unterschiedliche »Ehebilder« herauszuarbeiten, die in der Bevölkerung vorhanden sind.

Ein erstes Ehebild orientiert sich nach wie vor am »Institutionellen«. Im Mittelpunkt steht das Versprechen, das Ja-Wort, also die institutionelle Seite der Liebe. Dabei wird die Institutionalisierung religiös legitimiert, weswegen auch vom *institutionell-religiösen* Ehebild die Rede ist. Die Ehe hört auch dann nicht auf, wenn die Liebe stirbt, besteht doch das Ja-Wort »objektiv« weiter. Die Bindung reicht über den Tod der Liebe hinaus. Das hat zur Folge, dass das eheliche Lebensfeld auch dann nicht verlassen werden kann, wenn keine Liebe mehr vorhanden ist. Geringe 18 % in der Gesamtbevölkerung vertreten dieses »Ehebild«, bei den Unter-30-Jährigen sind es lediglich 8 %. In unserer so institutionen- wie religionenskeptischen Kultur ist also dieses Ehebild ein »Auslaufmodell«, das am ehesten noch von stark kirchlich orientierten Personen angenommen wird.

Ihm gegenüber steht ein *personal-säkulares Ehebild.* Jetzt geht es um die Liebe der Partner und um deren Wohl. Sie sind aneinander gebunden, weil und solange die Liebe währt. Stirbt diese, gibt es auch keine Ehe mehr. Sie fühlen sich dann frei, sich weiterzuentwickeln. Dass jemand von außen in dieses rein persönliche Geschehen zwischen den Partnern eingreift, wird abgelehnt. Das betrifft sowohl ein »Eingreifen« Gottes als auch das einer Kirche. Dieses Ehebild ist daher säkular. Mehr als ein Drittel (37 %) leben nach diesem personal-säkularen Eheleitbild.

149 Die pastoralen Herausforderungen der Familie im Kontext der Evangelisierung. Zusammenfassung der Antworten aus den deutschen (Erz-)Diözesen auf die Fragen im Vorbereitungsdokument« für die III. Außerordentliche Vollversammlung der Bischofssynode 2014. Pressemitteilung der Deutschen Bischofskonferenz 012a vom 3.2.2014, 3.
150 AaO., 10.

Es gibt schließlich einen *personal-religiösen* Mitteltyp. Dieser will das auf die Personen zentrierte Modell religiös leben, ohne institutionelle Einsprüche zu akzeptieren. Mit 45 % bilden die Vertreter dieses dritten Ehebildes die größte Gruppe. Es sind jene, die ein Gelingen der persönlich konzipierten Liebe unter dem »Baldachin des Segens Gottes« wünschen. Wenn aber die Liebe stirbt, wollen sie nicht, dass eine Institution die Betroffenen in einem »Grab der Liebe« ein Leben lang festhält. Gottes Absicht sei dies gewiss nicht, so denken sie und können sich dabei auf ein Wort des Apostels Paulus an die Christinnen und Christen in Korinth berufen, wo es heißt: »... dann seid ihr nicht sklavisch gebunden; zu einem Leben in Frieden hat Gott euch berufen« (1 Kor 7,15). Die Wirkungen des Institutionellen halbieren sie also: Ihre entlastende Funktion nehmen sie an, die einschränkend-bindende Funktion hingegen lehnen sie ab.

Entinstitutionalisierung des ehelosen Liebens

Diese kulturrevolutionäre Entwicklung ging an den Priestern nicht spurlos vorüber. Kardinal Schönborn war eine Zeitlang ein Achtundsechziger. Er erzählte wiederholt bei Priesterexerzitien, dass er während seiner Studienzeit nach dem Urlaub erschrocken war, wenn er ins Dominikanerkloster zurückkehrte und merkte, wie viele nicht mehr da waren. Die vielen Amtsniederlegungen nach dem Zweiten Vatikanischen Konzil haben mit Sicherheit mit dieser Akzentverschiebung von der Institution auf die Person zu tun. Sie geschahen nicht, weil die Priester unmoralisch geworden waren. Vielmehr trat auch in ihrem Leben der bis dahin gewichtige Anspruch der Institution zurück. Entscheidend wurde jetzt die Eigenverantwortung für das Wohl ihrer eigenen Person. Das wurde zudem begleitet von einer tiefgreifenden anthropologischen Aufwertung der Sexualität auch in kirchlichen Kreisen.

Nach meinen Priesterstudien aus dem Jahr 2000, also 35 Jahre nach dem Konzil, denkt grob gesprochen etwa ein Drittel der befragten Priester institutionsorientiert. Sie stellen das Wohl der Institution über das ihrer eigenen Person. Für sie zählt die Verpflichtung und weniger, welche Qualität ihr Leben im Rahmen dieser Verpflichtung hat. Dabei übersehe ich nicht, dass die Entscheidung für den priesterlichen Dienst bei einem Teil natürlich nicht nur mit Blick auf die Institution Kirche gefallen ist, sondern auch eine persönliche Berufung durch Christus unentflechtbar im Spiel ist. Beide lassen sich nicht einfach feinsäuberlich voneinander trennen.

Neben diesem ersten Drittel aber fanden wir unter den Priestern personorientierte. Sie entwickeln die private Seite ihres Priesterlebens von ihren eigenen Lebensbildern her. Im beruflichen Teil halten sie sich weithin an die kirchlichen Vorgaben, obgleich die Pfarrerinitiative von Helmut Schüller und vieler anderer Pfarrer aus dem Jahre 2006 ans hellgrelle Licht brachte, dass in wichtigen Fragen Pfarrer und Gemeinden anders handeln, als die Anweisung der Leitung erwarten ließe.[151] Unter denen, die der Person vor der Institution den Vorrang einräumen, sind einige, die das Verheimlichen nicht wollen und daher das Amt aufgeben, um eine Familie gründen zu können. Andere leben faktisch in einer Partnerschaft, machen dies aber nur in ihrer kleinen Öffentlichkeit sichtbar, um im Amt bleiben zu können. Ich gehe davon aus, dass der Kirchenleitung bekannt ist, dass in ihrem Presbyterium nicht wenige Amt und (stille) Partnerschaft miteinander verbinden.

Bleibt noch eine dritte Gruppe: Diese ringt um eine für sie erträgliche Balance zwischen institutioneller Vorgabe und freier Gestaltung ihres Privatlebens. Sie übersehen dabei auch nicht das Wohl der beteiligten Frauen. Sie geben die Berufung zum Amt und ihr Versprechen zur Ehelosigkeit zwar nicht grundsätzlich auf. Aber sie kennen das ständige Auf und Ab, leiden unter ihrer Situation mehr, als sie sich anmerken lassen, entfernen sich zeitweise vom Ideal, um sich doch auf leidvollem Weg zu ihm zurückzubewegen. Sie bleiben auf dem Weg der priesterlichen Berufung, schätzen aber zugleich, wie viele moderne Zeitgenossen, ihr Privatleben.

Nun ist die unentrinnbare Spannung zwischen dem Ideal und seiner Verwirklichung im konkreten Leben der Normalfall. Das Fragmentarische und der verantwortete Kompromiss sind auch nicht von Haus aus unmoralisch. Dass vieles an unserer konkreten Lebensgestalt ein Fragment bleibt, hängt, wie ich in meinem eigenen Leben in befreiender therapeutischer Aufarbeitung entdeckt habe, auch gar nicht von der zugemuteten ehelosen Lebensform allein ab. Die Wurzeln reichen weiter ins

---

151 Zulehner, Paul M.: Aufruf zum Ungehorsam. Taten, nicht Worte reformieren die Kirche, Ostfildern 2012.

Leben zurück. Was die Kultur meines »ehelosen Lebens« betrifft, hat meine leibliche Mutter bei mir einen mindestens so großen Anteil wie die Mutter Kirche. Viele Turbulenzen im Leben und in der Liebe wären in meinem Leben auch ohne das Zölibatsversprechen passiert. Die Frage ist nur, ob diese Turbulenzen ohne dieses Versprechen weniger stürmisch ausgefallen und leichter zu bewältigen gewesen wären? Ich weiß es nicht.

Pluralisierung

Die Verlagerung von der Institution zur Person hat sich bislang nur auf das Leben der einzelnen Priester ausgewirkt. Aber es steht noch aus, dass auch die Kirche als Institution diese Veränderung wahrnimmt und darauf angemessen reagiert. Vor einer ähnlichen Herausforderung steht die (katholische) Kirche auch hinsichtlich ihrer Theologie und Praxis rund um Ehe, Liebe und Sexualität.

Person aufwerten

Zuallererst müsste die Kirche zu einer vorbildlichen Institution werden, die den Menschen in den Mittelpunkt stellt und die Person mit ihrem Anspruch auf freie und selbstverantwortete Lebensgestaltung ernst nimmt. Das ist eine menschenrechtliche Thematik. Dabei ist es der Kirche institutionell unbenommen, Ideale, Zumutungen, Ansprüche zu formulieren. Wird aber das Personale und Individuelle aufgewertet und als Reichtum statt als moralischer Defekt gedeutet, dann wird die Kirche nicht nur mit unterschiedlichen Stilen in der priesterlichen Berufstätigkeit rechnen. Sie hat es dann bei ihren Priestern (und sonstigen Angestellten) auch mit einer Vielfalt von frei gewählten Lebensformen zu tun, von denen sie zudem nicht erwarten kann, dass diese immer gelingen. Die Person ernst zu nehmen, heißt auch Scheitern und Neubeginn zu akzeptieren. Dann sollte es möglich sein, dass ein Priester, der ehelos begann, in einem der Kirche würdigen Vorgang auch heiraten kann; oder dass ein verheirateter Priester, der in seiner Ehe scheitert – das gleich gilt für sonstige Kirchenmitglieder –, einen Neuanfang selbst in der Form einer Wiederheirat wagen kann. Die evangelische Kirche hat mit dieser Wertschätzung der Person bei ihren Pastorinnen und Pastoren beachtenswerte Erfahrungen gesammelt. Diese sind nicht immer erfreulich, aber in ihrer Tendenz wenigstens ehrlich. Warum soll die römisch-katholische Kirche nicht davon lernen, wie sie ja auch in der Frage von Scheidung und Wiederheirat von den Orthodoxen lernen will?

Öffentlichkeit und Privatheit trennen

Dieser Respekt vor der selbstverantworteten Lebensgestaltung kann der Institution Kirche umso leichter gelingen, wenn sie den beruflichen Dienst der Priester von deren Privatleben besonnen trennt. Dass die Gemeinschaft dann evangeliumsgerechte Ideale für das private Leben formuliert, ist nicht nur selbstverständlich. Ein solches Ideal betrifft nach einer künftigen Trennung von Beruf und Privatleben einen Priester nicht anders als jedes andere Kirchenmitglied auch. Die Bereitschaft, in das Privatleben ihrer Priester nicht anders als orientierend und beratend einzugreifen, scheint ein Erfordernis der heutigen Zeit zu sein.

Spirituell wird oft argumentiert, die ehelose Lebensform der Priester sei ein Zeichen dafür, dass das Kommen des Reiches Gottes in diese Welt wichtiger ist als ein gutes bürgerliches Leben. Wenn ein Eheloser noch dazu arm in Solidarität mit den Armen lebt, kann seine Lebensgestalt in der Tat manche nachdenklich machen. Die Frage kann ihm gestellt werden: Warum lebst du so?

Aber ich kenne viele Verheiratete, die das Engagement für Armgemachte ebenfalls auf ihrem gemeinsamen Lebensprogramm haben. Und weil sie dabei einander menschlich stützen und tragen, kann ebenso viel Kraft und solidarische Energie freigesetzt werden wie bei einem gelungen ehelos lebenden Priester. Nicht zuletzt zeigen zahlreiche Untersuchungen, dass heute für viele Menschen die Zeichenwirkung des ehelosen Lebens nicht plausibel ist. Sie vermuten vielmehr klerikale Machtausübung über das persönliche Leben ihrer Priester und dies in Verbindung mit einem nach wie vor gestörten Verhältnis zur Sexualität und einer damit gekoppelten Abwertung der Frau. Zudem ist die Vermutung nicht unbegründet, dass heute die Ehelosigkeit bevorzugt gleichgeschlechtlich liebende Männer anzieht.

Lebensgeschichten

Die persönlichen Lebensgestalten sind immer auch Lebensgeschichten. Wer das Institutionelle in Richtung des Personalen öffnet, rechnet damit, dass die Umsetzung der institutionellen Vorgabe lebensgeschichtlich gleichsam verflüssigt wird. Es sind Geschichten mit Idealen und Zielen, die aber auf Wegen und Umwegen angegangen werden. Schwächt sich die rigide institutionelle Formkraft ab, kann sich das Einmalige und Wechselvolle der einzelnen Lebensgeschichten leichter entfalten und wird auch eher ans Licht der Öffentlichkeit gelangen. Manchen wird dann jene Lebensgestalt gelingen, die sie in Freiheit gewählt haben. Andere werden sich aus einer gewählten Lebensgestalt hinausentwickeln, manche werden aus Schuld und Tragik scheitern und einen Neuanfang wagen.

Übernimmt in unserer Zeit die Kirche ihre Fürsorgepflicht für ihre Priester, dann wird sie nicht nur die persönliche Lebensform zu einer Frage der freien Entscheidung der Person erheben und in diesem Sinn »privatisieren«. Sie wird ihren Priestern wie allen ihren Mitgliedern auch dann zur Seite stehen, wenn sie auf ihrem Weg Unterstützung benötigen. Und dies auch dann, wenn diese ihre Lebensgestalt wechseln.

Dann kann es sein, dass jemand in einer Beziehung, Partnerschaft oder Ehe scheitert und sich danach, wie es bei Buddhisten gegen Ende des Lebens oft geschieht, in einen Orden eintritt. Oder jemand hat auf die Karte der ehelosen Lebensform gesetzt und will irgendwann seinem Leben eine andere Richtung geben: Er verbündet sich mit einem geliebten Menschen (Frau oder Mann), um mit diesem im Frieden alt zu werden.

Die Kirche ist als Arbeitgeberin gut beraten, das private Lebensfeld der Priester mit Sorgfalt zu stützen. Alle Forschung demonstriert, dass die berufliche Arbeitsfähigkeit davon abhängt, ob sich jemand in seinem privaten Lebensfeld beheimatet fühlt und sich dort gut entfalten kann. Für die berufliche Tätigkeit eines Priesters ist es daher wie bei verheirateten Beschäftigten schädlich, wenn es ihm mit der ehelosen Lebensform nicht gut geht. Ebenso wäre es auch schädlich, wenn einer nach der Öffnung der Zugangswege für Verheiratete in einer Ehe oder Partnerschaft bleiben müsste, die ihm Schlaf und Energie raubt und seine berufliche Handlungsfähigkeit lähmt. Es ist eben nicht gut, wenn nicht beide Lebensbeine gesund sind. Um sie noch einmal mit Dorothee Sölle zu benennen: Es sind Lieben und Arbeiten.

Personalisieren heißt Pluralisieren

Wenn sich die Institution Kirche für einen neuen Respekt vor der Person entscheidet, wird sie sich davon verabschieden, die ehelose Lebensform als Zulassungsbedingung zum Priesteramt zu verlangen. Sie wird als Institution die Lebensgestalt den Personen überlassen, wie dies beispielsweise bei den Pastorinnen und Pastoren der evangelischen Kirche der Fall ist. Nicht sinnvoll, weil vormodern wäre es, in dieser Hinsicht den orthodoxen Traditionen zu folgen, welche eine Priesterehe kennen, wo aber die Kandidaten für das Priesteramt sich vor der Weihe für die Ehe oder die Ehelosigkeit entscheiden müssen. Das schafft etwa in der griechisch-katholischen Kirche den oft zu jungen und noch nicht entscheidungsreifen Männern einen ziemlichen Stress, rechtzeitig vor der Weihe eine geeignete und vor allem geliebte Ehefrau für die Gründung einer Familie zu finden. Dass diese Regelung für die katholischen Diakone übernommen wurde, wird von diesen selbst kritisch beurteilt. Es ist schwer einzusehen, dass ein Diakon mit Kindern, der seine Frau verliert, auch sein Amt verliert, wenn er für seine manchmal noch kleinen Kinder eine Mutter sucht.

Im Fall der Verlagerung der Entscheidung über die Lebensform von der Institution zur Person müsste freilich die Kirche in das Gelingen der Ehe ihrer Priester viel investieren. Sie würde wohl auch eine Lösung mit gläubig fundiertem Augenmaß finden, wenn eine Priesterehe zerbricht. Das Argument, dass wegen des möglichen Scheiterns von Priesterehen der Zölibat bleiben müsse, sticht nicht. Denn man kann nicht das Gelingen der Ehe mit dem Misslingen des Zölibats vergleichen, wie ja auch umgekehrt das Gelingen der Ehe noch nicht dafür spricht, den Zölibat aufzugeben, als ob dieser nie gelänge.

Personalisierung der Lebensgestalt der Priester bedeutet immer auch Pluralisierung und Flexibilisierung. Denn das Institutionelle ist von Haus aus stabiler als das Personale. Wird dem Personalen Raum gegeben, kommt es zur bunten Vielfalt und zu nicht immer planbaren flexiblen Entwicklungen.

Schädliche Kluft zwischen Institution und Person

Was der Kirche auf jeden Fall schaden würde und ihr schon jetzt schadet, wäre, wenn die Institution den Zölibat aufrechterhalten würde, zugleich aber immer mehr Priester den Weg der Personalisierung gehen und auch gehen können, getragen von einem kulturellen Klima, das auch in der Kirche prägend wirkt und durchaus einen Fortschritt an Menschlichkeit in sich trägt. Dazu kommt, dass das Institutionelle einst durch das Kirchenvolk getragen war. Die hohe Würde der Hochwürden war ein Moment des Schutzes und der Belohnung der nie einfachen Lebensform.

Laut Umfragen erhalten heute jene Priester mächtige Unterstützung durch viele in ihrer Gemeinde, die sich im Fall, dass sie sich verlieben und eine Partnerschaft eingehen, für diese entscheiden. »Priesterehen ohne Trauschein« haben im Kirchenvolk heute hohe Akzeptanz. Manche Kirchenmitglieder schätzen diese Form der Priesterliebe pragmatisch höher als wenn ein Priester heiratet, weil sie ihn dann als Pfarrer behalten. Nicht wenige Gemeinden rebellieren gegen den Bischof, wenn er einen Priester abzieht, der sich öffentlich zu seiner Partnerschaft bekennt. Aber selbst das bringt die Kirche in Zwiespalt. Denn einerseits erklärt sie jungen Menschen die hohe Bedeutung der Trauung liebender Paare. Lässt sich aber andererseits ein partnerschaftlich liebender Priester trauen und heiratet dieser, was die Leute durchaus verstehen würden, reagiert sie mit Absetzung. In meiner Erzdiözese Wien ist es einmal passiert, dass ein beliebter und seelsorglich überaus fähiger Dechant gehen musste, weil er geheiratet hatte. Sein Nachfolger war ein Doktorand von mir, der aus der Ukraine kam, als griechisch-katholischer Priester verheiratet ist und Kinder in das Pfarrhaus mitbrachte. Aus der Perspektive der Symbolästhetik war das ein für Zeitgenossen in Wien nur schwer verständlicher Vorgang.

Weltkirchliche Vielfalt

In den letzten Jahren haben angesichts des Mangels an ehelosen Priestern immer mehr Initiativen eine Diskussion über die Zulassungsbedingungen zur Weihe gefordert. Einzelne Bischöfe haben Sympathie und Zustimmung bekundet. Der Mainstream der Bischöfe der Weltkirche aber schwieg. Man konnte in Diskussionen von Verteidigern des Status quo hören, dass es etwa in Nigeria Diözesen gebe, die neue Priesterseminare bauen müssen, weil so viele Männer Priester werden wollen. Diese dachten dann heimlich mit, dass ein solcher Aufschwung auch bei uns kommen werde, wenn wir nur inständig um Berufungen beten. Dabei wird nicht nachgefragt, aus welchen Motiven sich unter den vormodernen Bedingungen Afrikas diese Männer für das Priesteramt entscheiden. Könnten es jene Gründe sein, welche im 19. und 20. Jahrhundert viele junge Frauen in apostolische Orden eintreten ließen? Damals haben sie oft nur im Orden eine gute Ausbildung machen können. Sie erlebten als Frauen einen sonst nicht möglichen sozialen Aufstieg und bekamen für ihr Leben Sicherheit.

Kulturen mit vielen Priesteramtskandidaten haben andere Voraussetzungen als wir in Europa oder in Nordamerika. Es wird auch von Kennern der afrikanischen Kultur berichtet, dass Kinder für viele Afrikaner die einzige Form des Fortlebens sind. Ohne Kinder ist ein Mann vom Verbleiben im Strom des Lebens definitiv abgeschnitten. Man sagt, dass diese Grundannahme afrikanischer Kulturen eine gar nicht einfache Voraussetzung für das Zölibatsversprechen und noch mehr für dessen Einhaltung sei.

Die Modernisierung der Kulturen aller Kontinente wird unaufhaltsam rasch voranschreiten. Die Achtung vor der Selbstbestimmung der Person wird in aller Welt unter Hinweis auf die »Menschenrechte« und die Würde der menschlichen Person zunehmen. Die Vielfalt von frei wähl- und abwählbaren Lebensgestalten wird zum Normalfall. Dass jemand ein Leben lang nur einen Beruf hat und in einem langen Leben nur in einer Lebensform verbracht haben wird, wird seltener werden. Muss das unbedingt ein Nachteil oder gar ein Zeichen von Verfall sein?

Jedenfalls stellt sich die Frage, ob sich die Kirche dieser Entwicklung dauerhaft entziehen kann – und das im Interesse ihrer eigenen Botschaft, welcher ja, so betonen wir unentwegt, gerade die Wertschätzung der Person und ihrer Rechte (»Menschenrechte«) entsprungen ist. Es schwächt die Botschaft von der unantastbaren Würde des Menschen, wenn sich die römisch-katholische Kirche im eigenen Haus nicht daran hält.

Coda:
Die Unvollendete

Als Goethe seinen 50. Geburtstag feierte, wurde er bei der festlichen Laudatio mit »Edler Greis!« begrüßt. Heute sagt das zu mir noch niemand, obgleich ich bald 75 Jahre alt werde. Die Lebenserwartung ist gestiegen und steigt jährlich mit dem Fortschritt der Medizin weiter. Dank unserer Hochleistungsmedizin kann ich hoffen, dass ich nicht frühzeitig wie mein Vater oder zwei meiner Brüder an einem Herzinfarkt sterbe.

Wer ehrenamtlich tätig ist, so lese ich in einer US-amerikanischen gerontologischen Studie, bekommt später Alzheimer und hat niedrigeren Blutdruck, was auch längeres Leben erwarten lässt. Ich habe schon während meiner Berufszeit an der Universität enorm viele ehrenamtliche Nebentätigkeiten, Vorträge und Kurse gehalten, geforscht und publiziert. Ich gehe jeden zweiten Tag eine halbe Stunde joggen, genieße im Winter das Langlaufen, löse die komplizierten Rätsel »Um die Ecke gedacht« aus dem ZEIT-Magazin, höre gern »gehört.gewusst« am Sonntagnachmittag in Öl. Dabei habe ich das einzige Mal in meinem Leben mit einer richtigen Antwort einen Preis gewonnen.

Wenn Erik Erikson Recht hat, dann bin ich jetzt in der finalen Erntephase meines irdischen Lebens. Und das unabhängig davon, wie viele Jahre mir noch gegönnt werden. Da lohnte es sich zurückzuschauen, was bisher in meinem Leben geschehen ist, was ich ja in dieser Autobiografie etwas anderer Art ausführlich unternommen habe. Aber die Frage ist unvermeidlich, was noch kommen wird; in den verbleibenden Jahren und vor allem, wenn diese einmal vorbei sein werden. Dabei teile ich mit vielen das Gefühl, dass die Lebensuhr immer rascher tickt und die Lebenszeit immer rascher vergeht. Was dann?

Fragment

Am Beispiel meines Bruders mit der starken geistigen Behinderung ist mir ganz klar geworden, dass wir in unserem Leben alle irgendwie Behinderte sind. Es gehört zu den schmerzlichen Einsichten meiner Lebensevaluierung, dass vieles ein Fragment geblieben ist. Das betrifft das Arbeiten wie das Lieben gleichermaßen.

Was mich tröstet ist, dass gerade große Komponisten Unvollendetes hinterlassen haben. Mozart konnte sein Requiem nicht fertigstellen; sein Schüler hat es so recht und schlecht fertig geschrieben. Von Schubert gibt es eine wunderbare Unvollendete. Auch meine Lebenskomposition wird, wenn ich bei Gott ankommen werde, unvollendet sein. Da bin ich ganz sicher. Nun kann ich mich natürlich über das, was gelungen ist, freuen. Das Glas des Lebens ist nicht leer, es enthält Wein, gekeltert im göttlichen Weinkeller belebender Liebe und guter Arbeit.

Aber vieles steht aus und wird unfertig bleiben – für immer? Das geht letztlich allen Menschen so. Manche Alte haben oft das Gefühl, jetzt wären sie reif wie ein Apfel, um vom Baum dieser Weltzeit gepflückt zu werden. Aber bei der Begleitung von Kranken und Alten wird auch das Versäumte und Ungelebte sichtbar, das viele schmerzt. Mich auch. Wie formulierte doch Karl Rahner: Dass die Rechnungen stets offen bleiben, dass wir nach mehr aus sind, als stattfindet ... Der französische Psychotherapeut Jacques Lacan hat diese Erfahrung mit zwei Begriffen eingefangen, mit denen er die Lage des Menschen charakterisiert. In jedem Menschen wohne ein *desír,* eine Sehnsucht. Diese ist maßlos, passt nicht in Raum und Zeit. Und zugleich erleidet jeder Mensch ein schmerzliches *manque,* einen Mangel, eine Entbehrung. Lebenskunst bedeutet, damit leben zu lernen.

Reinkarnation oder Fegfeuer

In meinen Studien habe ich entdeckt, dass viele Menschen angesichts des Unvollendeten in ihrem Leben mit der Idee der Reinkarnation liebäugeln. Sie hören von einer neuerlichen Lebenschance und hoffen, dass einiges von dem, was sie in diesem Leben versäumt haben, im nächsten stattfindet. Als mich bei einer Tagung mit standfesten Bäuerinnen eine Frau fragte, was ich davon halte, sagte ich nur, dass ich dafür eine bessere Lösung habe. Aber wenn sie diese nicht annehmen könne, rate ich ihr einfach abzuwarten, was dann sein wird, wenn sie so weit ist.

Ich habe ältere Menschen am Ende ihres Lebens kennengelernt, die eine grausige Angst vor dem Fegfeuer hatten. Von der im Tiefen der Seele lauernden Angst, gänzlich zu scheitern, worin ja die Höllenangst besteht, ganz zu schweigen. Aus dem Mittelalter sind uns Bilder vom Fegfeuer und vom Gericht überliefert, die pure Angst verbreiten. Das Evangelium, also die gute Nachricht, hörte da bei vielen auf, eine solche zu sein.

Inzwischen habe ich diese dunklen endzeitlichen Bilder aus meiner Glaubenswelt verbannt. Ich habe gelernt, dass Jesus seine bedrohlichen Worte vor allem deshalb gesprochen hat, um uns zu sagen: Das alles kann und wird euch passieren, wenn ausreift, was in euch da ist. Aber glaubt fest daran, dass gerade deshalb, weil Gott sich für euch stark macht, es anders ausgehen wird. Vertraut nicht auf eure Leistung, sondern auf Gottes Wunder.

Fegfeuer bedeutet dann nichts Bedrohliches. Feuer steht für die Liebe Gottes, in die ich im Tod hineinfallen werde. Durch dieses hindurch werde ich gerettet werden (1 Kor 3,15). Und dort wird dann »gefegt«, gereinigt oder in meine musikalische Sprache übersetzt: Aus der Unvollendeten wird die Vollendete fertig komponiert werden. Das wird ein schmerzlicher Vorgang sein, der sich vielleicht eine Zeit lang wie Feuer anfühlt, weil auch ich meine Taten bis in die letzten Verästelungen ihrer Auswirkungen erleben und durchleiden muss. Das ist ein Bild, mit dem Elisabeth Kübler-Ross in einer Diskussion einer Fragestellerin, welche in Auschwitz Angehörige verloren hatte, erklären wollte, wie sie sich vorstelle, dass Gott selbst Hitler retten werde. Aber in all dem wird Gott die Fragmente des Liebens in meinem Leben aufspüren und zu einer vollendeten Symphonie ausheilen. Das wird er bei Hitler, Stalin und mir schaffen, so habe ich in vielen Vorträgen gesagt. Ich traue es ihm zu. Dabei habe ich im Ohr, dass Karl Rahner uns lehrte, dass wir für alle anderen das erhoffen dürfen, aber auf uns selbst bezogen die Zweifel bleiben. Dann aber fügte er bei: »Aber alle anderen hoffen wiederum für mich.« Und wenn ich dann vollendet sein werde, bin ich »himmelsreif« und kann ein Moment in der final vollendeten Schöpfung sein. Deren Haupt ist Jesus von Nazareth, einer von uns, der in der Auferstehung zum Christus gemacht worden ist (Apg 2,36). Diese Umwandlung hat ihn derart von den Bindungen an Raum und Zeit frei gemacht, dass er nunmehr alles an sich ziehen kann. Der vollendeten Schöpfung Haupt, damit innerstes Lebensprinzip wird Christus sein.

Einmal traf ich bei einem Heurigen den großen Österreichischen Komponisten Gottfried von Einem. Er war schon von schwerer Krankheit gezeichnet und erkennbar im Finale seines Lebens. Wir saßen in Grinzing an einem abgelegenen Tisch. Schon nach kurzer Zeit erreichte unser Gespräch Tiefe. Es beschäftigte ihn, was ihn nach seinem Tod, den er nahen fühlte, erwarten werde. Ob ihm ein Bild helfe, fragte ich ihn. Er:»Welches?« Ein Bild von den Kirchenvätern. Sie stellten sich die ganze Schöpfung als Musik vor. Ein Moment in dieser unvorstellbar schönen Musik werde er selbst sein, mit all seinen Stücken, die er aus diesem Fundus der Musik der Schöpfung schon jetzt herauskomponiert hatte. Es dünkte ihn wundersam und schien ihn getröstet zu haben.

Auch in meinen Vorlesungen habe ich mich, wenn es in der Pastoral zu den so wichtigen Übergängen des Lebens, um den Tod und das Danach ging, nicht auf die dunklen Bilder der christlichen Moralkatechese verlassen. Ich habe auch nicht dogmatische Erklärungen bemüht und biblische Texte zitiert. Ich hielt mich an ein Gedicht von Marie-Luise Kaschnitz. Diese große Poetin vermag meine Hoffnung ein wenig ans Licht zu heben, wohlwissend, dass keine Worte meine Neugierde befriedigen können, die ich habe, wenn ich an den großen finalen Empfang bei Gott denke. So gebe ich Marie-Luise Kaschnitz das Schlusswort:

EIN LEBEN NACH DEM TODE
Glauben Sie fragte man mich
An ein Leben nach dem Tode
Und ich antwortete: ja
Aber dann wußte ich
Keine Antwort zu geben
Wie das aussehen sollte
Wie ich selber
Aussehen sollte
Dort
Ich wußte nur eines
Keine Hierarchie
Von Heiligen auf goldenen Stühlen
Sitzend
Kein Niedersturz
Verdammter Seelen
Nur
Nur Liebe frei gewordene

Niemals aufgezehrte
Mich überflutend
Kein Schutzmantel starr aus Gold
Mit Edelsteinen besetzt
Ein spinnenwebenleichtes Gewand
Ein Hauch
Mir um die Schultern
Liebkosung schöne Bewegung
Wie einst von thyrrhenischen Wellen ...
Wortfetzen
Komm du komm
Schmerzweh mit Tränen besetzt
Berg- und Talfahrt
Und deine Hand
Wieder in meiner
So lagen wir lasest du vor
Schlief ich ein
Wachte auf
Schlief ein
Wache auf
Deine Stimme empfängt mich
Entläßt mich und immer
So fort
Mehr also, fragen die Frager
Erwarten Sie nicht nach dem Tode?
Und ich antwortete
Weniger nicht.

MARIE-LUISE KASCHNITZ[152]

---

152 Marie Luise Kaschnitz, Gesammelte Werke in 7 Bänden, Frankfurt am Main 1981ff.,
     5. Band, 504f.

Lebenslauf

1939	20.12. geboren in Wien-Döbling
1941	Übersiedlung in die Kohlstatt (Niederbayern)
1945	1. Klasse Volksschule in Thalberg (Niederbayern)
1945	von der Kohlstatt (Niederbayern) nach Hinterschiffl (Oberösterreich).
1947	Nach Ottensheim, Volksschule 2. Klasse, dort Erstkommunion; Firmung in Linz
1948	Zurück nach Wien, Volksschule 3. und 4. Klasse
1951–1958	Humanistisches Gymnasium in Wien (Wasagymnasium); 1958 Matura
1959–1964	Universität Innsbruck, Studium der scholastischen Philosophie und der katholischen Theologie; Promotionen 1961 und 1964
	Wissenschaftliche Hilfskraft bei Johannes Schasching am Institut für Ethik und Sozialwissenschaften
1964	Priesterweihe in St. Florian (29.6.); Primiz in Bad Schallerbach (19.7.)
1966	Leopold-Kunschak-Preis für die philosophische Dissertation »Religion in der industriellen Gesellschaft«
1965–1967	Kaplan in Altmannsdorf Wien 12
1967	Theodor-Innitzer-Preis für die theologische Dissertation »Kirche und Austromarxismus«
1967–1969	Studienpräfekt und dann Subregens im Wiener Priesterseminar unter Regens Peter Zehndorfer
	Assistent im Institut für Ethik und Sozialwisssenschaften bei Rudolf Weiler
1969	Theodor-Körner-Preis für »Religion ohne Kirche? Das religiöse Verhalten von Industriearbeitern«

1968–1972	Mitglied bei der Wiener Diözesansynode
1971–1973	Alexander-von-Humboldt-Stipendium der Bundesrepublik Deutschland mit dem Ziel einer Habilitation für Sozialethik in Wien; Studien bei Thomas Luckmann in Konstanz und Karl Rahner in München
1974	Habilitation für Pastoraltheologie und Pastoralsoziologie bei Rolf Zerfaß in Würzburg
1974–1976	Lehrstuhlvertretung in Bamberg und Passau
1975	Berufung nach Passau. Ablehnung eines Rufes nach Bochum (1975) und nach Bonn (1978).
1978	Arbeitsvereinbarung mit dem Seelsorgeamt Passau unter dem Seelsorgeamtsleiter Hans Sommer; Mitarbeit in der Diözese Passau unter den Bischöfen Antonius Hofmann und Franz X. Eder, später von Bischof Wilhelm Schraml aufgekündigt
1984	Berufung nach Wien, an den 1774 von Maria Theresia gegründeten ältesten Lehrstuhl für Pastoraltheologie; Langzeitdekan
1985–2000	Berater des jeweiligen Präsidenten des Rates der Konferenz der Europäischen Bischofskonferenzen (CCEE)
1985/86	Berufenes Mitglied in der Diözesansynode Rottenburg-Stuttgart unter Bischof Georg Moser
1998–2000	Mitarbeit an der Pastoralen Entwicklung Passau (PEP)
2002	Kunó-Klebelsberg-Preis der Universität Szeged
2002	Mitglied der Österreichischen sowie der Europäischen Akademie der Wissenschaften
2004	Universitätsrat in Luzern
2008	Emeritierung
2009	Großes Silbernes Ehrenzeichen für die Verdienste um die Republik Österreich